LAS 100 PREGUNTAS MÁS FRECUENTES SOBRE DIOS Y LA BIBLIA

• • •

Respuestas de las Escrituras sobre el pecado, la salvación, la sexualidad, los últimos tiempos, el cielo y más

S. Michael Houdmann

WHITAKER HOUSE Español

Traducción al español por:
Belmonte Traductores
www.belmontetraductores.com

Editado por Henry Tejada Portales

LAS 100 PREGUNTAS MÁS FRECUENTES SOBRE DIOS Y LA BIBLIA
Respuestas de las Escrituras sobre el pecado, la salvación, la sexualidad, los últimos tiempos, el cielo y más

Publicado originalmente en inglés bajo el título
The 100 Most Asked Questions About God and the Bible,
Bethany House Publishers, a division of Baker Publishing Group
Grand Rapids, Michigan

ISBN: 979-8-88769-363-7
eBook ISBN: 979-8-88769-364-4
Impreso en los Estados Unidos de América

Whitaker House
1030 Hunt Valley Circle
New Kensington, PA 15068
www.espanolwh.com

Por favor, envíe sugerencias sobre este libro a: comentarios@whitakerhouse.com.

1 2 3 4 5 6 7 8 9 10 11 WH 32 31 30 29 28 27 26 25

"*Las 100 preguntas más frecuentes sobre Dios y la Biblia* es esencial para cualquiera que alguna vez ha tenido alguna pregunta sobre la Biblia; y, seamos sinceros, eso nos incluye a todos. Es fascinante ver cuáles son las cien principales preguntas, y es alentador comprobar que tienen respuestas en la Palabra de Dios. Este libro es indispensable para cualquiera que pretenda declarar la verdad en una cultura gobernada por las mentiras".

—Pastor Jack Hibbs, Calvary Chapel Chino Hills

"*Las 100 preguntas más frecuentes sobre Dios y la Biblia,* que aborda cien preguntas difíciles, rebosa de sabiduría y es un rayo de claridad para todos los cristianos. Me encanta cómo fluye el libro y cómo nos invita a sumergirnos en un amplio abanico de temas que ofrecen respuestas bíblicas sólidas que te darán confianza mientras creces y compartes tu fe".

—Jason Jimenez, fundador y presidente de Stand Strong Ministries
y autor de mayor venta

"Este libro es un recurso inestimable para cualquiera que busque respuestas bíblicas a algunas de las preguntas más comunes que tiene la gente acerca de la fe cristiana. Es también un gran recurso apologético para usar en conversaciones con tus hijos y con quienes buscan una comprensión más profunda de lo que creen los cristianos. Animo a todos los cristianos no solo a conseguir un ejemplar de este libro, sino más importante aún, a leerlo en profundidad para formar un buen cimiento para sus creencias teológicas".

—Allen Parr, autor de *Misled: 7 Lies that Distort the Gospel*
y *youtuber* cristiano en The B.E.A.T.

"Nuestros hijos tienen preguntas, y la Biblia tiene respuestas. El problema es que no siempre sabemos bien cómo ayudar a nuestros hijos a encontrar esas respuestas. *Las 100 preguntas más frecuentes sobre Dios y la Biblia* es útil para resolver este problema, pues modela cómo examinar la Biblia como un todo para dar respuestas a esas preguntas difíciles. Recomiendo encarecidamente que todos los padres cristianos tengan este libro a la mano al guiar a sus hijos en la verdad".

—Elizabeth Urbanowicz, fundadora de Foundation Worldview

"GotQuestions.org es mi recurso de referencia y el que recomiendo a las personas que tienen preguntas acerca de la cosmovisión cristiana. Probablemente, es la mejor colección de respuestas a preguntas en una época escéptica. Por eso, *Las 100 preguntas más frecuentes sobre Dios y la Biblia* es un libro tan valioso. Nadie está mejor equipado que S. Michael Houdmann para recolectar y responder a estas preguntas. Si estás buscando un recurso poderoso, conciso y enfocado para hacer crecer tu fe o para alcanzar a tus amigos, ¡consigue este libro!".

—J. Warner Wallace, detective de casos sin resolver destacado en el programa *Dateline*, miembro veterano del Colson Center for Christian Worldview, profesor de apologética y autor

"Mi buen amigo S. Michael Houdmann nos ha hecho a todos un gran servicio al escribir y ahora poner a nuestra disposición este maravilloso recurso: *Las 100 preguntas más frecuentes sobre Dios y la Biblia.* Cualquiera que tome en serio la Biblia y se esté preparando para dar razones de su esperanza en Cristo, ¡necesita este libro!".

—Dr. Mark Yarbrough; presidente del Seminario Teológico de Dallas

"S. Michael Houdmann, fundador y presidente de GotQuestions.org, ha compilado las preguntas más frecuentes en un recurso extraordinario para cristianos y para iglesias. De forma detallada y accesible, Houdmann ofrece respuestas directas a preguntas difíciles, confusiones comunes, y grandes desafíos para la fe. Cubriendo el Antiguo y el Nuevo Testamento, la doctrina básica cristiana, cultura general de historia antigua y aplicaciones prácticas, *Las 100 preguntas más frecuentes sobre Dios y la Biblia* habla consistentemente con gracia y verdad. Sobre todo, Houdmann no se queda atrás a la hora de declarar, de modo firme pero amoroso, el evangelio de Jesucristo. ¡Este libro es imprescindible para cada cristiano y para la librería de cada iglesia!".

—Dr. Christopher Yuan, orador; autor de *Holy Sexuality and the Gospel*, y productor de *The Holy Sexuality Project*

ÍNDICE

SECCIÓN 2: PREGUNTAS ACERCA DE LA SALVACIÓN

SECCIÓN 3: PREGUNTAS ACERCA DE LA IGLESIA

SECCIÓN 4: PREGUNTAS ACERCA DE TEOLOGÍA

SECCIÓN 6: PREGUNTAS ACERCA DEL ANTIGUO TESTAMENTO

SECCIÓN 7: PREGUNTAS ACERCA DEL NUEVO TESTAMENTO

SECCIÓN 8: PREGUNTAS ACERCA DE RELIGIONES, SECTAS Y COSMOVISIONES

SECCIÓN 9: PREGUNTAS ACERCA DEL PECADO

SECCIÓN 10: PREGUNTAS ACERCA DE LA SEXUALIDAD

INTRODUCCIÓN

No podía imaginar lo que Dios tenía en mente cuando lancé GotQuestions.org hace veinte años atrás. Lo que mi esposa y yo pensábamos que sería un pasatiempo divertido se convirtió en algo que Dios tenía la intención de expandir hasta convertirlo en una de las páginas web cristianas más impactantes del mundo. Ahora no solo tengo el trabajo de mis sueños, sino que también puedo observar cómo Dios toma nuestra visión limitada y la usa de maneras mucho más grandes de lo que nosotros podríamos pedir o imaginar.

GotQuestions.org ha recibido más de setecientas cincuenta mil preguntas enviadas de forma personal. Cada mes, los artículos en GotQuestions.org se leen aproximadamente veinte millones de veces. Con los años, nuestros artículos han sido leídos más de dos mil millones de veces. Estas interacciones dan a GotQuestions.org mucha información con respecto a qué preguntas se plantea la gente verdaderamente. *Sabemos* lo que las personas se preguntan. *Sabemos* qué información buscan. Y después de años en los que Dios nos ha refinado tanto a nosotros como el contenido que producimos, hemos mejorado a la hora de responder preguntas de una forma entendible y aplicable.

Este libro contiene las cien preguntas más frecuentes que hemos recibido. Algunas de las preguntas son de vital importancia. Algunas de las preguntas son profundamente personales. Algunas de las preguntas son bastante oscuras. Ninguna de las preguntas es trivial.

Mi esperanza más sincera es que este recurso te resulte interesante, informativo, con precisión bíblica y digno de compartir con otros. Que este libro te motive a seguir haciendo preguntas y a seguir buscando las respuestas en la Palabra de Dios.

—S. Michael Houdmann

SECCIÓN 1

PREGUNTAS ACERCA DE DIOS

1. ¿JESÚS ES DIOS? ¿ALGUNA VEZ JESÚS AFIRMÓ SER DIOS?

Algunos que niegan que Jesús es Dios afirman que Jesús nunca dijo que es Dios. Es correcto que la Biblia nunca registra que Jesús dijera exactamente la frase: "Yo soy Dios". Sin embargo, eso no significa que Jesús nunca afirmó ser Dios.

¿JESÚS ES DIOS? JESÚS AFIRMÓ SER DIOS.

Tomemos como ejemplo las palabras de Jesús en Juan 10:30: *Yo y el Padre somos uno*. Solo tenemos que ver la reacción de los judíos a su declaración para saber que estaba afirmando ser Dios. Ellos intentaron apedrearlo por esa misma razón: *Tú, un hombre común y corriente,* afirmas ser Dios (Juan 10:33 NTV, énfasis del autor). Los judíos entendieron exactamente lo que Jesús estaba afirmando: deidad. Cuando Jesús declaró "Yo y el Padre somos uno", estaba diciendo que Él y el Padre tenían la misma naturaleza y esencia. Juan 8:58 es otro ejemplo. Jesús declaró: *Les digo la verdad,*

¡aun antes de que Abraham naciera, Yo Soy! (NTV). Esta es una referencia a Éxodo 3:14 cuando Dios se reveló como el "Yo Soy". Los judíos que oyeron esta declaración respondieron tomando piedras para matarlo por blasfemia, como ordenaba hacer la ley mosaica (Levítico 24:16). Su indignación demostró que Él estaba afirmando ser Dios.

¿JESÚS ES DIOS? SUS SEGUIDORES LO DECLARARON COMO TAL.

Juan reitera el concepto de la deidad de Jesús: *Y el Verbo [Jesús] era Dios* y *el Verbo se hizo carne* (Juan 1:1, 14). Estos versículos indican claramente que Jesús es Dios hecho carne. Hechos 20:28 nos dice: *Tened cuidado de vosotros y de toda la grey, en medio de la cual el Espíritu Santo os ha hecho obispos para pastorear la iglesia de Dios, la cual Él compró con su propia sangre.* ¿Quién compró la Iglesia con su propia sangre? Jesucristo. Y este mismo versículo declara que Dios compró su Iglesia con su propia sangre. Por lo tanto, Jesús es Dios.

Tomás, el discípulo, declaró con respecto a Jesús: *¡Señor mío y Dios mío!* (Juan 20:28). Jesús no le corrigió. Tito 2:13 nos anima a esperar la venida de nuestro Dios y Salvador, Jesucristo (ver también 2 Pedro 1:1). En Hebreos 1:8 el Padre declara de Jesús: *Tu trono, oh Dios, es por los siglos de los siglos, y cetro de equidad es el cetro de tu reino.* El Padre se refiere a Jesús como Dios, indicando que Jesús, sin duda, es Dios.

En Apocalipsis, un ángel le dijo al apóstol Juan que adorara solo a Dios (Apocalipsis 19:10). Varias veces en la Escritura Jesús recibe adoración (Mateo 2:11; 14:33; 28:9, 17; Lucas 24:52; Juan 9:38). Él nunca reprende a las personas por adorarlo. Si Jesús no fuera Dios, les habría dicho a las personas que no le adoraran, así como hizo el ángel en Apocalipsis. Además, hay muchos otros pasajes de la Biblia que defienden que Jesús es Dios.

¿JESÚS ES DIOS? LA RAZÓN POR LA QUE JESÚS DEBE SER DIOS.

La razón más importante por la que Jesús debe ser Dios es que si Él no es Dios, su muerte no habría sido suficiente para pagar el castigo por los pecados del mundo (1 Juan 2:2). Un ser creado, lo que sería Jesús si no fuera Dios, no podría pagar el castigo infinito exigido por el pecado por un Dios infinito. Solo Dios podía pagar un castigo infinito. Solo Dios podía tomar sobre sí los pecados del mundo (2 Corintios 5:21), morir y resucitar, proveyendo su victoria sobre el pecado y la muerte.

¿Jesús es Dios? Sí. Jesús mismo declaró ser Dios. Sus seguidores creyeron que era Dios. La provisión de la salvación solo actúa si Jesús es Dios. Jesús es Dios encarnado, el Alfa y Omega eterno (Apocalipsis 1:8; 22:13) y Dios nuestro Salvador (2 Pedro 1:1).

2. ¿QUÉ ENSEÑA LA BIBLIA ACERCA DE LA TRINIDAD?

Lo más difícil sobre el concepto cristiano de la Trinidad es que no hay una manera de entenderlo de modo perfecto y completo. La Trinidad es un concepto que es imposible que algún ser humano entienda plenamente, y mucho menos sea capaz de explicarlo. Dios es infinitamente mayor que nosotros; por lo tanto, no deberíamos esperar ser capaces de entenderlo por completo. La Biblia enseña que el Padre es Dios, que Jesús es Dios y que el Espíritu Santo es Dios. La Biblia también enseña que hay solo un Dios. Aunque podemos entender algunos aspectos sobre la relación de las distintas personas de la Trinidad entre sí, al final es incomprensible para la mente humana. Sin embargo, esto no significa que la Trinidad no es verdad o que no está basada en las enseñanzas de la Biblia.

La Trinidad es un Dios que existe en tres personas. Esto no pretende sugerir en modo alguno que haya tres Dioses. Recuerda al estudiar este tema que la palabra *Trinidad* no aparece en la Escritura. Es un término usado para intentar describir al Dios trino: tres personas coexistentes y coeternas que son Dios. Es muy importante que el concepto representado por la palabra *Trinidad* sí existe en la Escritura. A continuación, puedes ver lo que dice la Palabra de Dios sobre la Trinidad:

1. Hay un solo Dios (Deuteronomio 6:4; 1 Corintios 8:4; Gálatas 3:20; 1 Timoteo 2:5).

2. La Trinidad consiste en tres personas (Génesis 1:1, 26; 3:22; 11:7; Isaías 6:8, 61:1; Mateo 3:16-17, 28:19; 2 Corintios 13:14). En Génesis 1:1 se usa el nombre plural hebreo *Elohim*. En Génesis 1:26; 3:22; 11:7; e Isaías 6:8 se usa el pronombre plural *nosotros*. La palabra *Elohim* y el pronombre *nosotros* son plurales, refiriéndose en el lenguaje hebreo a más de dos. Aunque este no es un argumento explícito para la Trinidad, sí denota el aspecto de la pluralidad de Dios. La palabra hebrea usada para *Dios, Elohim,* definitivamente permite el concepto de la Trinidad.

   En Isaías 48:16 y 61:1 el Hijo está hablando mientras hace referencia al Padre y al Espíritu Santo. Compara Isaías 61:1 con Lucas 4:14-19 para ver que es el Hijo quien habla. Mateo 3:16-17 describe el evento del bautismo de Jesús. Aparece en este pasaje Dios el Espíritu Santo descendiendo sobre Dios el Hijo mientras que Dios el Padre proclama su complacencia en el Hijo. Mateo 28:19 y 2 Corintios 13:14 son otros ejemplos de pasajes que presentan tres personas distintas en la Trinidad.

3. Los miembros de la Trinidad se distinguen uno de otro en varios pasajes. En el Antiguo Testamento, *SEÑOR* se distingue de *Señor* (Génesis 19:24; Oseas 1:4). El SEÑOR tiene un Hijo (Salmos 2:7, 12; Proverbios

30:2-4). El Espíritu se distingue del SEÑOR (Números 27:18) y de Dios (Salmos 51:10-12). Dios el Hijo se distingue de Dios el Padre (Salmos 45:6-7; cf. Hebreos 1:8-9). En el Nuevo Testamento, Jesús habla al Padre sobre enviar un Ayudador: el Espíritu Santo (Juan 14:16-17). Esto demuestra que Jesús no se consideraba ser el Padre o el Espíritu Santo. Considera también las otras ocasiones en las que Jesús habla al Padre. ¿Estaba hablando consigo mismo? No. Le hablaba a otra persona de la Trinidad: el Padre.

4. Cada miembro de la Trinidad es Dios. El Padre es Dios (Juan 6:27; Romanos 1;7; 1 Pedro 1:2). El Hijo es Dios (Juan 1:1, 14; Romanos 9:5; Colosenses 2:9; Hebreos 1:8; 1 Juan 5:20). El Espíritu Santo es Dios (Hechos 5:3-4; 1 Corintios 3:16).

5. Hay subordinación dentro de la Trinidad. La Escritura nos muestra que el Espíritu Santo está subordinado al Padre y al Hijo; y el Hijo está subordinado al Padre. Esta es una relación interna y no niega la deidad de cada persona de la Trinidad. Es simplemente algo que nuestra mente finita no puede entender con respecto al Dios infinito. En cuanto al Hijo, consulta Lucas 22:42; Juan 5:36; 20:21; y 1 Juan 4:14. En cuanto al Espíritu Santo, lee Juan 14:16, 26; 15:26; 16:7; y especialmente Juan 16:13-14.

6. Los miembros individuales de la Trinidad tienen tareas distintas. El Padre es la fuente suprema o causa del universo (1 Corintios 8:6; Apocalipsis 4:11), de la revelación divina (Apocalipsis 1:1), de la salvación (Juan 3:16-17), y de las obras humanas de Jesús (Juan 5:17; 14:10). El Padre inicia todas estas cosas.

> El Hijo es el agente mediante el cual el Padre hace las siguientes obras: la creación y mantenimiento del universo (1 Corintios 8:6; Juan 1:3; Colosenses 1:16-17), la revelación divina (Juan 1:1, 16:12-15; Mateo 11:27; Apocalipsis 1:1), y la salvación (2 Corintios 5:19; Mateo 1:21; Juan 4:42). El Padre hace todas estas cosas mediante el Hijo, que actúa como su agente.
>
> El Espíritu Santo es el medio por el cual el Padre hace las siguientes obras: la creación y mantenimiento del universo (Génesis 1:2; Job 26:13; Salmos 104:30), la revelación divina (Juan 16:12-15; Efesios 3:5; 2 Pedro 1:21), la salvación (Juan 3:16; Tito 3:5; 1 Pedro 1:2), y las obras de Jesús (Isaías 61:1; Hechos 10:38). Por lo tanto, el Padre hace todas estas cosas mediante el poder del Espíritu Santo.

Ha habido muchos intentos de desarrollar ilustraciones de la Trinidad; sin embargo, ninguna de las ilustraciones más populares es completamente precisa. La del huevo (o la manzana) no es precisa porque la cáscara, la clara y la yema son partes del huevo, no el huevo en sí mismas, así como la piel, la carne y las semillas de la manzana son partes de esta. El Padre, el Hijo y el Espíritu Santo no son partes de Dios; cada una de ellas es Dios. La ilustración del agua de algún modo es mejor, pero no describe con precisión la Trinidad. El líquido, el vapor y el hielo son formas de agua. El Padre, el Hijo y el Espíritu Santo no son formas de Dios; cada una de ellas es Dios. Así, aunque estas ilustraciones podrían darnos una imagen de la Trinidad, esa imagen no es del todo precisa. Un Dios infinito no puede describirse por completo mediante una ilustración finita.

La doctrina de la Trinidad ha sido un asunto divisivo a lo largo de toda la historia de la Iglesia cristiana. Aunque los aspectos clave de la Trinidad quedan presentados de manera clara en la Palabra de Dios, algunos de los temas secundarios no están tan claros. El Padre es Dios, el Hijo es Dios y el Espíritu Santo es Dios, pero hay solo un Dios. Esa es la doctrina bíblica de la Trinidad. Además de eso, los temas son, hasta cierta medida, debatibles y no esenciales. En lugar de intentar definir plenamente la Trinidad con nuestra mente humana, nos iría mejor si nos enfocamos en lo que está escrito específicamente, en la grandeza de Dios, y en su naturaleza infinitamente más alta. *¡Oh, profundidad de las riquezas y de la sabiduría y del conocimiento de Dios! ¡Cuán insondables son sus juicios e inescrutables sus caminos! Pues, ¿quién ha conocido la mente del Señor? ¿O quién llegó a ser su consejero?* (Romanos 11:33-34).

3. ¿CUÁLES SON LOS DISTINTOS NOMBRES DE DIOS, Y QUÉ SIGNIFICAN?

Cada uno de los muchos nombres de Dios describe un aspecto distinto de su carácter multifacético. Estos son algunos de los nombres más conocidos de Dios en la Biblia:

EL, ELOAH: Dios "poderoso, fuerte, prominente" (Nehemías 9:17; Salmos 139:19; etimológicamente, *El* parece significar "poder" y "fuerza" (Génesis 31:29). *El* está relacionado con otras cualidades, como la integridad (Números 23:19), los celos (Deuteronomio 5:9) y la compasión (Nehemías 9:31), pero la idea principal de "poder" permanece.

ELOHIM: Dios "Creador, Poderoso y Fuerte" (Génesis 17:7; Jeremías 31:33); es la forma plural de *Eloah*. Como plural, *Elohim* acomoda la doctrina de la Trinidad. Desde la primera frase de la Biblia, la naturaleza superlativa del poder de Dios es evidente cuando Dios (Elohim) hace existir el mundo con sus palabras (Génesis 1:1).

EL SHADDAI: "Dios Todopoderoso", "Poderoso de Jacob" (Génesis 49:24; Salmos 132:2, 5); habla del poder supremo de Dios sobre todo.

ADONAI: "Señor" (Génesis 15:2; Jueces 6:15); usado en lugar de *YHWH*, que los judíos consideraban demasiado sagrado como para que los hombres pecadores pudieran pronunciarlo. En el Antiguo Testamento, *YHWH* se usa más frecuentemente en los tratos de Dios con su pueblo, mientras que *Adonai* se usa más cuando trata con los gentiles.

YHWH/YAHVÉ/JEHOVÁ: "Señor" (Deuteronomio 6:4; Daniel 9:14); estrictamente hablando, el único nombre propio de Dios. Traducido en las Biblias en inglés como "SEÑOR" (en mayúscula) para diferenciarlo de *Adonai:* "Señor". La revelación del nombre se le da a Moisés: "Yo soy el que soy" (Éxodo 3:14). Este nombre especifica una inmediatez, una presencia. YAHVÉ está presente, accesible, cercano a quienes lo invocan para liberación (Salmos 107:13), perdón (Salmos 25:11) y guía (Salmos 31:3).

YAHVÉ-JIREH: "El Señor proveerá" (Génesis 22:14), el nombre que Abraham conmemoró cuando Dios proveyó el carnero para ser sacrificado en lugar de Isaac.

YAHVÉ-RAFA: "El Señor que sana" (Éxodo 15:26): "Yo soy el Señor que te sana", tanto en cuerpo como en alma: en cuerpo, preservando y curando enfermedades; y, en alma, perdonando iniquidades.

YAHVÉ-NISSI: "El Señor nuestro estandarte" (Éxodo 17:15), donde el *estandarte* se entiende como un lugar de reunión. Este nombre conmemora la victoria sobre los amalecitas en Éxodo 17.

YAHVÉ-M'KADDESH: "El Señor que santifica, hace santo" (Levítico 20:8; Ezequiel 37:28); Dios deja claro que solo Él, y no la Ley, puede limpiar a su pueblo y hacerlo santo.

YAHVÉ-SHALOM: "El Señor es nuestra paz" (Jueces 6:24), nombre dado por Gedeón al altar que edificó después de que el ángel del Señor le aseguró que no moriría como temía tras haberlo visto.

YAHVÉ-ELOHIM: "Señor Dios" (Génesis 2:4; Salmos 59:5), una combinación del nombre único de Dios YHWH y la palabra genérica para "Dios", que significa que Él es el Señor que es Dios.

YAHVÉ-TSIDKENU: "El Señor nuestra justicia" (Jeremías 33:16). Al igual que *YHWH-M'Kaddesh*, solo Dios proporciona justicia al hombre, finalmente en la persona de su Hijo Jesucristo, quien se hizo pecado por nosotros "para que fuéramos hechos justicia de Dios en Él" (2 Corintios 5:21).

YAHVÉ-ROHI: "El Señor es mi Pastor" (Salmos 23:1). Después de que David reflexionó sobre su relación como pastor con sus ovejas, se dio cuenta de que esa era exactamente la relación que Dios tenía con él, por lo que declara: *El Señor es mi pastor [Yahweh-Rohi]; nada me faltará* (Salmos 23:1).

YAHVÉ-SHAMMAH: "El Señor está allí" (Ezequiel 48:35), el nombre asignado a Jerusalén y al templo allí, indicando que la gloria del Señor, que se había alejado (Ezequiel 8–11), había regresado (Ezequiel 44:1-4).

YAHVÉ-SABAOTH: "El Señor de los ejércitos" (Isaías 1:24; Salmos 46:7); *ejércitos* significa "multitudes" tanto de ángeles como de hombres. Él es el Señor de los ejércitos del cielo y de los habitantes de la tierra, de judíos y gentiles, de ricos y pobres, de amos y esclavos. El nombre expresa la majestad, el poder y la autoridad de Dios, y muestra que Él puede llevar a cabo lo que se propone.

EL ELYON: "El Altísimo" (Deuteronomio 26:19): el nombre deriva de la raíz hebrea para "subir" o "ascender", por lo que la implicación es lo más elevado. *El Elyon* denota exaltación y habla del derecho absoluto al señorío.

EL ROI: "Dios que ve" (Génesis 16:13), es el nombre que Agar asignó a Dios, sola y desesperada en el desierto después de haber sido expulsada por Sara (Génesis 16:1-14). Cuando Agar se encontró con el ángel del Señor, se dio cuenta de que había visto al propio Dios en una teofanía. También comprendió que *El Roi* la vio en su angustia y testificó que Él es un Dios viviente que lo ve todo.

EL-OLAM: "Dios Eterno" (Salmos 90:1-3): la naturaleza de Dios es sin principio ni fin, libre de todas las limitaciones del tiempo, y Él contiene dentro de sí mismo la causa misma del tiempo. *Desde la eternidad y hasta la eternidad tú eres Dios* (Salmos 90:2).

EL-GIBHOR: "Dios Fuerte" (Isaías 9:6): el nombre que describe al Mesías, Cristo Jesús, en esta parte profética de Isaías. Como poderoso guerrero, el Mesías, el Dios Fuerte, logrará la destrucción de los enemigos de Dios y gobernará con vara de hierro (Apocalipsis 19:15).

4. ¿QUÉ SIGNIFICA QUE JESÚS ES EL HIJO UNIGÉNITO DE DIOS?

La frase "Hijo unigénito" aparece en Juan 3:16, que dice: *Porque de tal manera amó Dios al mundo, que dio a su Hijo unigénito, para que todo aquel que cree en Él, no se pierda, mas tenga vida eterna.* El término "unigénito" traduce la palabra griega *monogenes*. Esta palabra se traduce como "solo", "único" y "unigénito".

Esta última palabra ("unigénito", usada en varias traducciones) es la que causa problemas. Los falsos maestros se han aferrado a esta palabra para intentar demostrar su falsa doctrina de que Jesucristo no es Dios; es decir, que Jesús no es igual en esencia a Dios como la segunda persona de la Trinidad. Leen la palabra *unigénito* y dicen que Jesús es un ser creado, porque solo alguien que tuvo un principio en el tiempo puede ser "unigénito". Lo que no observan es que *unigénito* es una traducción de una palabra griega.

Como tal, tenemos que mirar el significado original de la palabra griega, y no transferir significados en español al texto.

Entonces, ¿qué significa *monogenes?* Según el *Greek-English Lexicon of the New Testament and Other Early Christian Literature* (BAGD, 3ª edición), *monogenes* tiene dos definiciones principales.

La primera definición es: "referente a ser el único de su tipo dentro de una relación específica". Este es su significado en Hebreos 11:17, cuando el escritor se refiere a Isaac como el "unigénito" de Abraham (versión RVR-60). Abraham tuvo más de un hijo, pero Isaac fue el único hijo que tuvo con Sara y el único hijo del pacto. Por lo tanto, es la singularidad de Isaac entre los otros hijos lo que permite el uso de *monogenes* en ese contexto.

La segunda definición es: "referente a ser el único de su especie o clase, único en su tipo". Este es el significado implícito en Juan 3:16 (ver también Juan 1:14, 18; 3:18; 1 Juan 4:9). Juan estaba interesado principalmente por demostrar que Jesús es el Hijo de Dios (Juan 20:31), y usa *monogenes* para resaltar a Jesús como el Hijo de Dios de manera única, compartiendo la misma naturaleza divina de Dios, a diferencia de los creyentes que son hijos e hijas de Dios por adopción (Efesios 1:5). Jesús es el "único" Hijo de Dios.

La conclusión es que términos como *Padre* e *Hijo*, que describen a Dios y a Jesús, son términos humanos que nos ayudan a entender la relación entre las diferentes personas de la Trinidad. Si puedes entender la relación existente entre un padre humano y un hijo humano, entonces puedes entender, en parte, la relación entre la primera y la segunda persona de la Trinidad. La analogía se destruye si intentas llevarla demasiado lejos y enseñar, como lo hacen algunas sectas pseudocristianas (como los Testigos de Jehová), que Jesús fue literalmente "engendrado", es decir, producido o creado por Dios el Padre.

5. SI SU NOMBRE ERA YESHÚA, ¿POR QUÉ LO LLAMAMOS JESÚS?

Algunas personas afirman que no deberíamos referirnos a nuestro Señor con el nombre Jesús. En cambio, deberíamos usar solamente el nombre Yeshúa. Algunos llegan a decir incluso que llamarlo Jesús es blasfemo. Otros explican con muchos detalles que el nombre Jesús no es bíblico porque la letra *J* es una invención moderna y no había letra *J* en griego o hebreo.

Yeshúa es el nombre hebreo, y su equivalente en español es "Josué". *Iesous* es la transliteración griega del nombre hebreo, y su equivalente en español es "Jesús". Así, los nombres Josué y Jesús son básicamente lo mismo; ambos son equivalentes en español de los nombres hebreo y griego de nuestro Señor. (Para ejemplos de cómo ambos nombres son intercambiables, lee Hechos 7:45 y Hebreos 4:8. En ambos casos, la palabra Jesús se refiere al Josué del Antiguo Testamento).

Cambiar el lenguaje de una palabra no afecta al significado de la palabra. A un montón de páginas unidas y con tapas le llamamos libro. En alemán es un *Buch*. En inglés es un *book*; en francés, un *libre*. El lenguaje cambia, pero no el objeto en sí. Como dijo Shakespeare: "Lo que llamamos una rosa / Con cualquier otro nombre olería igual de dulce" (Romeo y Julieta, II:1). Del mismo modo, podemos referirnos a Jesús como Jesús, Yeshúa o *YehSou* (cantonés) sin cambiar su naturaleza. En cualquier idioma, su nombre significa "El Señor es salvación".

En cuanto a la controversia por la letra *J*, es mucho ruido y pocas nueces. Es cierto que los lenguajes en los que se escribió la Biblia no tenían letra *J*, pero eso no significa que la Biblia nunca hace referencia a Jerusalén o Judá. Y no significa que no podamos usar la ortografía "Jesús". Si una persona habla y lee en español, es aceptable que escriba las cosas de la manera española. Las ortografías pueden cambiar incluso dentro de un mismo idioma: los estadounidenses escriben "Savior", mientras que los británicos escriben "Saviour". La adición de una *u* (o su eliminación, dependiendo de tu punto de vista) no tiene nada que ver con el sujeto de quien estamos hablando. Jesús es Savior, y Él es Saviour. Jesús, Yeshúa e Iesous se refieren todos a la misma persona.

La Biblia no ordena en ningún lugar que hablemos o escribamos su nombre solo en hebreo o en griego. Nunca insinúa ni siquiera esa idea. Más bien, cuando el mensaje del evangelio estaba siendo proclamado el día de Pentecostés, los apóstoles hablaron en los lenguajes de los "Partos, medos, elamitas, y los que habitamos en Mesopotamia, en Judea, en Capadocia, en el Ponto y en Asia, en Frigia y Panfilia, en Egipto y en las regiones de África más allá de Cirene" (Hechos 2:9-10, RVR60). En el poder del Espíritu Santo, Jesús fue dado a conocer en cada lengua de una forma que podían entender fácilmente. La ortografía no tuvo importancia.

Nos referimos a Él como Jesús porque, como personas hispanohablantes, lo conocemos mediante la traducción al español del griego del Nuevo Testamento. La Escritura no valora un lenguaje más que otro, y no da indicación de que debamos utilizar el lenguaje hebreo cuando nos dirigimos al Señor. El mandato es invocar "el nombre del Señor", con la promesa de que "será salvo" (Hechos 2:21; Joel 2:32). Ya sea que invoquemos al Señor en español, coreano, hindi o hebreo, el resultado es el mismo: el Señor es salvación.

6. ¿QUÉ SON LOS SIETE ESPÍRITUS DE DIOS?

Los "siete Espíritus de Dios" se mencionan en varios lugares en el libro de Apocalipsis:

- Apocalipsis 1:4-5: *Juan, a las siete iglesias que están en Asia: Gracia y paz a ustedes, de parte de Aquel que es y que era y que ha de venir, y de parte de los siete Espíritus que están delante de su trono, y de parte de Jesucristo...*

- Apocalipsis 3:1: *Escribe al ángel de la iglesia en Sardis: El que tiene los siete Espíritus de Dios...*
- Apocalipsis 4:5: *Del trono salían relámpagos, voces, y truenos. Delante del trono había siete lámparas de fuego ardiendo, que son los siete Espíritus de Dios.*
- Apocalipsis 5:6: *Miré, y vi entre el trono (con los cuatro seres vivientes) y los ancianos, a un Cordero, de pie, como inmolado, que tenía siete cuernos y siete ojos, que son los siete Espíritus de Dios enviados por toda la tierra.*

La identidad de "los siete Espíritus" no está explícita en estos pasajes, pero llegar a la interpretación correcta es bastante directo y claro. Los "siete Espíritus" no pueden ser siete seres angelicales como serafines o querubines, debido al contexto de Apocalipsis 1:4. Juan dice que "gracia y paz" vienen a las iglesias de parte de tres fuentes: "Aquel que es y que era y que ha de venir" (v. 4), "los siete Espíritus que están delante de su trono" (v. 4) y "Jesucristo" (v. 5). Esta es una descripción de la Trinidad: la gracia y la paz las dan el Padre, el Hijo y el Espíritu Santo, las tres personas coiguales de la Deidad.

En Apocalipsis 3:1 Jesús "tiene" los siete Espíritus de Dios. En Juan 15:26 Jesús "envía" al Espíritu Santo del Padre. Ambos pasajes sugieren el papel superior del Hijo y el papel subordinado del Espíritu.

En Apocalipsis 4:5 los siete Espíritus de Dios se simbolizan como siete lámparas de fuego ardiendo que están delante del trono de Dios. Esta imagen concuerda con la visión de Zacarías en la que ve al Espíritu Santo simbolizado como "un candelabro todo de oro con su depósito en la parte superior, y sus siete lámparas encima de él" (Zacarías 4:2).

En Apocalipsis 5:6 los siete Espíritus son los "siete ojos" del Cordero, y estos son "enviados por toda la tierra". Los siete ojos hablan de la omnisciencia del Espíritu (y del Cordero), y el hecho de que es enviado por toda la tierra habla de su omnipresencia.

Una vez que identificamos los "siete Espíritus" como el Espíritu Santo, la pregunta sigue siendo: ¿por qué hay siete? La Biblia, y especialmente el libro de Apocalipsis, usa el número siete para referirse a la perfección y completitud. La visión de Juan incluye una imagen del Espíritu Santo completa y perfecta.

Isaías 11:2 también se refiere al Espíritu Santo usando una descripción séptuple: "Y reposará sobre Él el Espíritu del Señor, Espíritu de sabiduría y de inteligencia, Espíritu de consejo y de poder, Espíritu de conocimiento y de temor del Señor". La profecía es que el Mesías sería empoderado no por siete espíritus individuales sino por un solo Espíritu, descrito de siete maneras:

1. El Espíritu del Señor
2. El Espíritu de sabiduría
3. El Espíritu de inteligencia
4. El Espíritu de consejo
5. El Espíritu de poder
6. El Espíritu de conocimiento
7. El Espíritu de temor del Señor

Los "siete Espíritus de Dios" en el libro de Apocalipsis son, por lo tanto, una referencia al Espíritu Santo en la perfección de su ministerio múltiple.

7. ¿QUIÉN ES EL ESPÍRITU SANTO?

Hay muchas ideas erróneas acerca de la identidad del Espíritu Santo. Algunos ven al Espíritu Santo como una fuerza mística.

Otros ven al Espíritu Santo como un poder impersonal que Dios pone a disposición de los seguidores de Cristo. ¿Qué dice la Biblia acerca de la identidad del Espíritu Santo? Dicho de forma sencilla, la Biblia declara que el Espíritu Santo es Dios. La Biblia también nos dice que el Espíritu Santo es una persona divina, un ser provisto de mente, emociones y voluntad.

El hecho de que el Espíritu Santo es Dios se ve claramente en muchos pasajes, incluyendo Hechos 5:3-4. En estos versículos, Pedro confronta a Ananías en cuanto a por qué mintió al Espíritu Santo y le dice: *No has mentido a los hombres sino a Dios*. Es una declaración muy clara de que mentir al Espíritu Santo es mentirle a Dios.

También podemos saber que el Espíritu Santo es Dios porque posee las características de Dios. Por ejemplo, su omnipresencia se ve en Salmos 139:7-8: "¿Adónde me iré de Tu Espíritu, o adónde huiré de Tu presencia? Si subo a los cielos, allí estás Tú; si en el Seol preparo mi lecho, allí Tú estás". Después, en 1 Corintios 2:10-11, vemos la característica de la omnisciencia en el Espíritu Santo. *Pero Dios nos las reveló por medio del Espíritu, porque el Espíritu todo lo escudriña, aun las profundidades de Dios. Porque entre los hombres, ¿quién conoce los pensamientos de un hombre, sino el espíritu del hombre que está en él? Asimismo, nadie conoce los pensamientos de Dios, sino el Espíritu de Dios.*

Podemos saber que el Espíritu Santo es, sin duda alguna, una persona divina porque posee mente, emociones y voluntad. El Espíritu Santo piensa y conoce (1 Corintios 2:10). El Espíritu Santo se puede entristecer (Efesios 4:30). El Espíritu intercede por nosotros (Romanos 8:26-27). Él toma decisiones según su voluntad (1 Corintios 12:7-11). El Espíritu Santo es Dios, la tercera persona de la Trinidad. Como Dios que es, el Espíritu Santo puede actuar verdaderamente como el Consolador que Jesús prometió que enviaría (Juan 14:16; 15:26).

8. ¿CUÁNDO/CÓMO RECIBIMOS EL ESPÍRITU SANTO?

El apóstol Pablo enseñó claramente que recibimos el Espíritu Santo en el momento de recibir a Jesucristo como nuestro Salvador. Primera de Corintios 12:13 declara: *Pues por un mismo Espíritu todos fuimos bautizados en un solo cuerpo, ya judíos o griegos, ya esclavos o libres. A todos se nos dio a beber del mismo Espíritu.* Romanos 8:9 nos dice que, si una persona no tiene al Espíritu Santo, tal persona no pertenece a Cristo: *Sin embargo, ustedes no están en la carne sino en el Espíritu, si en verdad el Espíritu de Dios habita en ustedes. Pero si alguien no tiene el Espíritu de Cristo, el tal no es de Él.* Efesios 1:13-14 enseña que el Espíritu Santo es el sello de salvación para todo el que cree: *Y habiendo creído, fueron sellados en Él con el Espíritu Santo de la promesa, que nos es dado como garantía de nuestra herencia, con miras a la redención de la posesión adquirida de Dios, para alabanza de Su gloria.*

Estos tres pasajes dejan claro que el Espíritu Santo se recibe en el momento de la salvación. Pablo no podría haber dicho que todos fuimos bautizados en un Espíritu y a todos se nos dio a beber de un Espíritu si alguno de los creyentes corintios no tuviera el Espíritu Santo. Romanos 8:9 emplea palabras incluso más fuertes, diciendo que si una persona no tiene el Espíritu, no pertenece a Cristo. Por lo tanto, la posesión del Espíritu es un factor identificador de la posesión de la salvación. Además, el Espíritu Santo no podría ser el sello de la salvación (Efesios 1:13-14) si Él no es recibido en el momento de la salvación. Muchos pasajes dejan saber que nuestra salvación está asegurada en el momento de recibir a Cristo como Salvador.

A veces se confunden los ministerios del Espíritu Santo. El recibimiento o morada del Espíritu ocurre en el momento de la salvación, pero la llenura del Espíritu es un proceso continuado en la vida cristiana. Nosotros sostenemos que el bautismo del Espíritu se produce también en el momento de la salvación. Algunos cristianos creen que el bautismo del Espíritu es subsecuente a la salvación.

En conclusión, ¿cómo recibimos el Espíritu Santo? Recibimos el Espíritu Santo simplemente recibiendo al Señor Jesucristo como nuestro Salvador (Juan 3:5-16). ¿Cuándo recibimos el Espíritu Santo? El Espíritu Santo se convierte en nuestra posesión permanente en el momento en que creemos.

9. ¿CUÁL ES LA FUNCIÓN DEL ESPÍRITU SANTO EN NUESTRA VIDA HOY?

De todos los regalos que Dios ha dado a la humanidad, no hay ninguno más grande que la presencia del Espíritu Santo. El Espíritu tiene muchas funciones, papeles y actividades. Primero, hace una obra en los corazones de todas las personas en todo el mundo. Jesús les dijo a los discípulos que enviaría al Espíritu al mundo con esta tarea: *Convencerá al mundo de pecado, de justicia y de juicio* (Juan 16:8). Todo el mundo tiene una "conciencia de Dios", ya sea que lo admitan o no. El Espíritu aplica las verdades de Dios a las mentes de las personas para convencerles mediante argumentos justos y suficientes de que son pecadores. Responder a esa convicción nos lleva a la salvación.

Una vez que somos salvos y pertenecemos a Dios, el Espíritu establece su residencia en nuestro corazón para siempre, sellándonos con la promesa confirmada, certificada y segura de nuestro estado eterno como sus hijos e hijas. Jesús dijo que enviaría el Espíritu como nuestro Consolador, Ayudador y Guía. *Entonces Yo rogaré al Padre, y Él les dará otro Consolador para que esté con ustedes para siempre* (Juan 14:16). La palabra griega traducida aquí como "Consolador" significa "alguien llamado a ponerse a nuestro lado", y tiene la idea de alguien que anima y exhorta. El Espíritu Santo establece su morada permanente en el corazón de los creyentes

(Romanos 8:9; 1 Corintios 6:19-20; 12:13). Jesús dio al Espíritu como una "compensación" por su ausencia, para llevar a cabo las funciones en nosotros que Él habría hecho si se hubiera quedado personalmente con nosotros.

Entre esas funciones está revelarnos la verdad. La presencia del Espíritu en nosotros nos capacita para entender e interpretar la Palabra de Dios. Jesús les dijo a sus discípulos: *Cuando Él, el Espíritu de verdad venga, los guiará a toda la verdad* (Juan 16:13). Él revela a nuestra mente todo el consejo de Dios en lo tocante a adoración, doctrina y vida cristiana. Él es el guía supremo, quien va adelante abriendo camino, eliminando obstrucciones, abriendo el entendimiento, y haciendo que todas las cosas sean sencillas y claras. Él nos guía por el camino que debemos ir en todas las cosas espirituales. Sin este tipo de guía, seríamos candidatos a caer en el error. Una parte crucial de la verdad que Él revela es que Jesús es quien dijo ser (Juan 15:26; 1 Corintios 12:3). El Espíritu nos convence de la deidad y la encarnación de Cristo, de que es el Mesías, de su sufrimiento y muerte, su resurrección y ascensión, su exaltación a la diestra de Dios y su papel como juez de todo. Él da gloria a Cristo en todas las cosas (Juan 16:14).

Otra de las funciones del Espíritu Santo es la de repartir dones. Primera de Corintios 12 describe los dones espirituales dados a los creyentes para poder actuar como el cuerpo de Cristo en la tierra. Todos estos dones, tanto grandes como pequeños, los reparte el Espíritu para que seamos sus embajadores en el mundo, mostrando su gracia y glorificándolo.

El Espíritu también actúa como productor del fruto en nuestras vidas. Cuando habita en nosotros, comienza la obra de cosechar su fruto en nuestras vidas: amor, gozo, paz, paciencia, benignidad, bondad, fidelidad, mansedumbre y dominio propio (Gálatas 5:22-23). Esto no es obra de nuestra carne, la cual es incapaz de producir este fruto, sino que es producto de la presencia del Espíritu en nuestras vidas.

El conocimiento de que el Espíritu Santo de Dios ha venido a habitar en nuestras vidas, de que lleva a cabo todas estas funciones milagrosas, de que mora con nosotros para siempre, y de que nunca nos dejará ni se olvidará de nosotros es motivo de un gran gozo y consuelo. Gracias a Dios por este precioso regalo: ¡el Espíritu Santo y su obra en nuestras vidas!

10. ¿QUÉ ES LA GLORIA DE DIOS?

La gloria de Dios es la belleza de su espíritu. No es una belleza estética o una belleza material, sino la belleza que emana de su carácter, de todo lo que Él es. La gloria del hombre (la dignidad y el honor humanos) desaparece (1 Pedro 1:24), pero la gloria de Dios, que se manifiesta en todos sus atributos juntos, nunca desaparece. Es eterna.

Moisés le dijo a Dios: *Te ruego que me muestres tu gloria* (Éxodo 33:18). En su respuesta, Dios equipara su gloria a "toda mi bondad" (v. 19). Pero Dios añadió: *No puedes ver Mi rostro; porque nadie me puede ver, y vivir* (v. 20). Así que Dios escondió a Moisés en una "hendidura de la peña" para protegerlo de la plenitud de la gloria de Dios mientras pasaba (v. 21-23). Ningún mortal puede ver el esplendor insuperable de Dios sin quedar totalmente abrumado. La gloria de Dios avergüenza el orgullo del hombre: *Métete en la roca, y escóndete en el polvo del terror del Señor y del esplendor de su majestad. La mirada altiva del hombre será abatida, y humillada la soberbia de los hombres. Solo el Señor será exaltado en aquel día* (Isaías 2:10-11).

A menudo en el Antiguo Testamento, la manifestación de la gloria de Dios estaba acompañada de un fuego sobrenatural, nubes espesas y un gran terremoto en la tierra. Vemos estos fenómenos cuando Dios dio la ley a Moisés: *Todo el monte Sinaí humeaba, porque el Señor había descendido sobre él en fuego. El humo subía como el humo de un horno, y todo el monte se estremecía con violencia* (Éxodo 19:18; ver también Deuteronomio 5:24-25; 1 Reyes 8:10-11 e Isaías 6:1-4). La visión del profeta Ezequiel de la gloria de Dios estaba llena de fuego, rayos y sonidos tumultuosos, después de lo cual él vio *algo semejante a un trono, de aspecto como de piedra de zafiro; y en lo que se asemejaba a un trono, sobre él, en lo más alto, había una figura con apariencia de hombre. Entonces observé que en lo que parecían Sus lomos y hacia arriba, había algo como metal refulgente que lucía como fuego dentro de ella en derredor, y en lo que parecían Sus lomos y hacia abajo vi algo como fuego, y un resplandor a Su alrededor. Como el aspecto del arco iris que aparece en las nubes en un día lluvioso, así era el aspecto del resplandor en derredor. Tal era el aspecto de la semejanza de la gloria del Señor* (Ezequiel 1:26-28).

En el Nuevo Testamento, la gloria de Dios se revela en su Hijo Jesucristo: *El Verbo se hizo carne, y habitó entre nosotros, y vimos Su gloria, gloria como del unigénito del Padre, lleno de gracia y de verdad* (Juan 1:14). Jesús vino como "luz de revelación a los gentiles, y gloria de tu pueblo Israel" (Lucas 2:32). Los milagros que Jesús hizo fueron señales mediante las cuales "manifestó su gloria" (Juan 2:11). En Cristo, la gloria de Dios está velada con humildad, accesible y comprensible. Él promete regresar algún día "sobre las nubes del cielo con poder y gran gloria" (Mateo 24:30).

Isaías 43:7 dice que Dios salvó a Israel para su gloria: en los redimidos se verá la esencia de su gracia, poder y fidelidad. El mundo natural también exhibe la gloria de Dios, revelada a todos los hombres, sin importar su raza, herencia o ubicación. Como dice Salmos 19:1-4: *Los cielos proclaman la gloria de Dios, y el firmamento anuncia la obra de Sus manos. Un día transmite el mensaje al otro día, y una noche a la otra noche revela sabiduría. No hay mensaje, no hay palabras; no se oye su voz. Pero por toda la tierra salió su voz, y hasta los confines del mundo sus palabras.*

Salmos 73:24 llama "gloria" al cielo. A veces, los cristianos hablan de la muerte como ser "recibido en gloria", una frase tomada de este salmo. Cuando el cristiano muere, será llevado a la presencia de Dios y rodeado por su gloria y majestad. En ese lugar, su gloria será vista claramente: "Porque ahora vemos por un espejo, veladamente, pero entonces veremos cara a cara" (1 Corintios 13:12). En la futura nueva Jerusalén, la gloria de Dios será manifiesta: *La ciudad no tiene necesidad de sol ni de luna que la iluminen, porque la gloria de Dios la ilumina, y el Cordero es su lumbrera* (Apocalipsis 21:23).

Dios no compartirá su gloria con nadie (Isaías 42:8; cf. Éxodo 34:14): sin embargo, la gente intenta robar esa gloria. La Escritura acusa a todos los idólatras: *Profesando ser sabios, se volvieron necios, y cambiaron la gloria del Dios incorruptible por una imagen en forma de hombre corruptible, de aves, de cuadrúpedos y de reptiles* (Romanos 1:22-23). Solo Dios es eterno, y sus atributos perfectos y eternos de santidad, majestad, bondad y amor no deben ser intercambiados por las imperfecciones y la corrupción de cualquier cosa en este mundo.

SECCIÓN 2

PREGUNTAS ACERCA DE LA SALVACIÓN

11. ¿QUÉ ES LA SALVACIÓN? ¿CUÁL ES LA DOCTRINA CRISTIANA DE LA SALVACIÓN?

La salvación es la liberación del peligro o el sufrimiento. Salvar es librar o proteger. La palabra implica la idea de victoria, salud o preservación. En ocasiones la Biblia usa las palabras *salvo* o *salvación* para referirse a una liberación física temporal, como la liberación de Pablo de la cárcel (Filipenses 1:19).

Es más común que la palabra *salvación* implique liberación espiritual eterna. Cuando Pablo le dijo al carcelero filipense lo que debía hacer para ser salvo, se estaba refiriendo al destino eterno del carcelero (Hechos 16:30-31). Jesús equiparó ser salvo con entrar en el reino de Dios (Mateo 19:24-25).

¿De qué somos salvados? En la doctrina cristiana de la salvación somos salvados de la "ira", es decir, del juicio de Dios sobre el pecado (Romanos 5:9; 1 Tesalonicenses 5:9). Nuestro pecado nos ha separado de Dios, y la consecuencia del pecado es la muerte (Romanos 6:23). La salvación bíblica se refiere a nuestra liberación

de la consecuencia del pecado y, por lo tanto, conlleva la eliminación del pecado. Somos salvados tanto del poder como del castigo del pecado.

¿*Quién* lleva a cabo la salvación? Solo Dios puede eliminar el pecado y librarnos del castigo del pecado (2 Timoteo 1:9; Tito 3:5).

¿*Cómo* salva Dios? En la doctrina cristiana de la salvación, Dios nos ha rescatado a través de Jesucristo (Juan 3:17). Específicamente, fue la muerte de Jesús en la cruz y su posterior resurrección lo que logró nuestra salvación (Romanos 5:10; Efesios 1:7). La Escritura es clara en que la salvación es un regalo de gracia de parte de Dios que no merecemos (Efesios 2:5, 8), y solo está disponible mediante la fe en Jesucristo (Hechos 4:12).

¿*Cómo recibimos* la salvación? Somos salvos por *fe*. Primero, debemos *escuchar* el evangelio: las buenas nuevas de la muerte y resurrección de Jesús (Efesios 1:13). Después debemos *creer*: confiar por completo en el Señor Jesús (Romanos 1:16). Esto conlleva arrepentimiento, un cambio de actitud con respecto al pecado y Cristo (Hechos 3:19), e invocar el nombre del Señor (Romanos 10:9-10, 13).

Una definición de la doctrina cristiana de la salvación sería: "la liberación, por la gracia de Dios, del castigo eterno del pecado que se concede a quienes aceptan por la fe las condiciones de Dios de arrepentimiento y fe en el Señor Jesús". La salvación está disponible solo en Jesús (Juan 14:6; Hechos 4:12) solo por fe (Efesios 2:8-9), y depende únicamente de Dios en cuanto a la provisión y seguridad.

12. ¿QUÉ ES EL ARREPENTIMIENTO? ¿ES NECESARIO PARA LA SALVACIÓN?

Muchos entienden que el término *arrepentimiento* significa "alejarse del pecado". Lamentar el pecado y alejarse de él son cosas relacionadas con el arrepentimiento, pero el significado preciso de la palabra es un poco diferente. En la Biblia, la palabra *arrepentirse* significa "cambio de mentalidad". La Biblia también nos dice que el verdadero arrepentimiento dará como resultado un cambio de conducta (Lucas 3:8-14; Hechos 3:19). Al resumir su ministerio, Pablo declara: *Sino que anunciaba [...] que debían arrepentirse y volverse a Dios, haciendo obras dignas de arrepentimiento* (Hechos 26:20). La definición bíblica breve de *arrepentimiento* es "un cambio de mentalidad que resulta en un cambio de conducta".

¿Cuál es la conexión, entonces, entre arrepentimiento y salvación? El libro de Hechos se enfoca especialmente en el arrepentimiento con respecto a la salvación (Hechos 2:38; 3:19; 11:18; 17:30; 20:21; 26:20). Arrepentirse, con respecto a la salvación, es cambiar nuestra manera de pensar sobre el pecado y Jesucristo. En el sermón de Pedro el día de Pentecostés (Hechos, capítulo 2), él concluye con un llamado a que la gente se arrepienta (Hechos 2:38). Arrepentirse ¿de qué? Pedro llama a la gente que rechazó a Jesús (Hechos 2:36) a cambiar de idea en cuanto al pecado y a cambiar de idea en cuanto a Cristo mismo, reconociendo que sin duda Él es "Señor y Cristo" (Hechos 2:36). Pedro hace un llamado a que cambien de idea, a que aborrezcan su rechazo de Cristo del pasado y a que abracen la fe en Él como su Mesías y Salvador.

El arrepentimiento conlleva reconocer que has pensado erróneamente en el pasado y decidir pensar correctamente en el futuro. La persona arrepentida lo ha pensado mejor en cuanto a la mentalidad que tenía anteriormente. Hay un cambio de disposición y una nueva manera de pensar con respecto a Dios, el pecado, la santidad y hacer la voluntad de Dios. El verdadero arrepentimiento está impulsado por una "tristeza" piadosa y "conduce a la salvación" (2 Corintios 7:10).

Podemos entender el arrepentimiento y la fe como dos caras de la misma moneda. Es imposible poner tu fe en Jesucristo como

Salvador sin cambiar tu manera de pensar sobre el pecado, quién es Jesús y lo que ha hecho. Ya sea un arrepentimiento de un rechazo voluntario o arrepentimiento por ignorancia o falta de interés, es un cambio de mentalidad. El arrepentimiento bíblico, en relación con la salvación, es cambiar tu manera de pensar de rechazar a Cristo a poner tu fe en Cristo.

El arrepentimiento no es una obra que hacemos para ganarnos la salvación. Nadie puede arrepentirse y acercarse a Dios a menos que Dios atraiga a esa persona a Él mismo (Juan 6:44). El arrepentimiento es algo que Dios da, y solo es posible por su gracia (Hechos 5:31; 11:18). Nadie puede arrepentirse a menos que Dios le conceda el arrepentimiento. Toda la salvación, incluyendo el arrepentimiento y la fe, es un resultado de que Dios nos acerque, abra nuestros ojos y cambie nuestro corazón. La paciencia de Dios nos conduce al arrepentimiento (2 Pedro 3:9), así como su bondad (Romanos 2:4).

Aunque el arrepentimiento no es una obra que nos permite ganarnos la salvación, el arrepentimiento para salvación da como resultado las obras. Es imposible cambiar verdaderamente tu manera de pensar sin cambiar tus acciones de alguna manera. En la Biblia, el arrepentimiento da como resultado un cambio de conducta. Por eso Juan el Bautista llamó a la gente a dar "frutos dignos de arrepentimiento" (Mateo 3:8). Una persona que se ha arrepentido verdaderamente de pecado y ha puesto su fe en Cristo, dará evidencia de un cambio de vida (2 Corintios 5:17; Gálatas 5:19-23; Santiago 2:14-26).

Para ver cómo sería el arrepentimiento en la vida real, lee la historia de Zaqueo. Era un hombre que engañaba, robaba, y vivía de modo extravagante con sus ganancias ilícitas, hasta que tuvo un encuentro con Jesús. En ese punto tuvo un cambio de mentalidad radical: *Señor, la mitad de mis bienes daré a los pobres, y si en algo he defraudado a alguien, se lo restituiré cuadruplicado* (Lucas 19:8).

Jesús proclamó felizmente que la salvación había llegado a la casa de Zaqueo, y que incluso el recaudador de impuestos era ahora "hijo de Abraham" (v. 9), una referencia a la fe de Zaqueo. El tramposo se convirtió en filántropo; el ladrón restituyó lo robado. Eso es arrepentimiento, unido a la fe en Cristo.

El arrepentimiento, propiamente definido, es necesario para la salvación. El arrepentimiento bíblico es cambiar de idea con respecto a tu pecado, donde el pecado deja de ser algo con lo que jugar para convertirse en algo que olvidas mientras huyes "de la ira que está al venir" (Mateo 3:7). Es también cambiar de idea en cuanto a Jesucristo; ahora Él ya no es objeto de tu burla, descrédito o ignorancia, sino que se convierte en el Salvador al cual te aferras, en el Señor al que adoras.

13. ¿QUÉ SIGNIFICA SER CRISTIANO NACIDO DE NUEVO?

¿Qué significa ser cristiano nacido de nuevo? El clásico pasaje de la Biblia que responde a esta pregunta es Juan 3:1-21. El Señor Jesucristo está hablando con Nicodemo, un fariseo prominente y miembro del sanedrín (el órgano de gobierno de los judíos). Nicodemo había acudido a Jesús de noche con algunas preguntas.

Mientras Jesús hablaba con Nicodemo, dijo: *"En verdad te digo que el que no nace de nuevo no puede ver el reino de Dios". Nicodemo le dijo: "¿Cómo puede un hombre nacer siendo ya viejo? ¿Acaso puede entrar por segunda vez en el vientre de su madre y nacer?". Jesús respondió: "En verdad te digo que el que no nace de agua y del Espíritu no puede entrar en el reino de Dios. Lo que es nacido de la carne, carne es, y lo que es nacido del Espíritu, espíritu es. No te asombres de que te haya dicho: "Tienen que nacer de nuevo"* (Juan 3:3-7).

La frase "nacer de nuevo" también puede traducirse como "nacer de lo alto". Nicodemo tenía una necesidad real: necesitaba un cambio de corazón, una transformación espiritual que solo podía venir de lo alto. El nuevo nacimiento, o nacer de nuevo, es un acto de Dios mediante el cual se imparte vida eterna a la persona que cree (2 Corintios 5:17; Tito 3:5; 1 Pedro 1:3; 1 Juan 2:29; 3:9; 4:7; 5:1-4, 18). Juan 1:12-13 también indica que "nacer de nuevo" implica convertirse en "hijos de Dios" mediante la confianza en el nombre de Jesucristo.

Por lo tanto, es lógico que ahora nos preguntemos: "¿Por qué una persona necesita nacer de nuevo?". El apóstol Pablo en Efesios 2:1 (RVR-60) dice: *Y él os dio vida a vosotros, cuando estabais muertos en vuestros delitos y pecados*. A los romanos les escribió: *Por cuanto todos pecaron y no alcanzan la gloria de Dios* (Romanos 3:23). Los pecadores están espiritualmente muertos; cuando reciben la vida espiritual mediante la fe en Cristo, la Biblia lo asemeja a volver a nacer. Solo quienes nacen de nuevo reciben perdón de pecados y una relación con Dios.

Dos veces en su conversación con Nicodemo, Jesús enfatizó la verdad de que la persona debe nacer de nuevo para entrar en el reino de Dios (Juan 3:3, 5). Nacer *una* vez nos convierte en hijos de Adán, y compartimos la corrupción de Adán. Para ser hijos de Dios necesitamos un *segundo* nacimiento, un nacimiento espiritual. Debemos nacer de nuevo.

¿Cómo ocurre el nuevo nacimiento? Efesios 2:8-9 afirma: *Porque por gracia ustedes han sido salvados por medio de la fe, y esto no procede de ustedes, sino que es don de Dios; no por obras, para que nadie se gloríe*. Cuando una persona es salva, ha nacido de nuevo, ha sido espiritualmente renovada, y ahora es una hija o un hijo de Dios por derecho de ese nuevo nacimiento. La fe en Jesucristo, quien pagó el castigo del pecado cuando murió en la cruz, es el medio por el que nacemos de nuevo. *De modo que si alguno está en Cristo, nueva criatura es; las cosas viejas pasaron, ahora han sido hechas nuevas* (2 Corintios 5:17).

Si nunca has puesto tu confianza en el Señor Jesucristo como tu Salvador, ¿considerarás el llamado del Espíritu Santo mientras habla a tu corazón? Tienes que nacer de nuevo. ¿Harás una oración de arrepentimiento y fe y te convertirás hoy en una nueva criatura en Cristo? *Pero a todos los que lo recibieron, les dio el derecho de llegar a ser hijos de Dios, es decir, a los que creen en Su nombre, que no nacieron de sangre, ni de la voluntad de la carne, ni de la voluntad del hombre, sino de Dios.* (Juan 1:12-13).

14. ¿PUEDE UN CRISTIANO PERDER LA SALVACIÓN?

En primer lugar, hay que definir el término *cristiano*. Un cristiano no es una persona que ha hecho una oración, ha recorrido el pasillo de una iglesia o se ha criado en una familia cristiana. Aunque cada una de estas cosas podría ser parte de la experiencia cristiana, no son las que nos hacen ser cristianos. Un cristiano es una persona que ha confiado plenamente en Jesucristo como el único Salvador y, por lo tanto, posee al Espíritu Santo (Juan 3:16; Hechos 16:31; Efesios 2:8-9).

Entonces, con esta definición en mente, ¿puede un cristiano perder la salvación? Es una pregunta crucialmente importante. Tal vez la mejor manera de responder es examinar lo que dice la Biblia que ocurre en la salvación, y estudiar lo que conllevaría perder la misma.

Un cristiano es una nueva criatura: *De modo que si alguno está en Cristo, nueva criatura es; las cosas viejas pasaron; he aquí, son hechas nuevas* (2 Corintios 5:17). Un cristiano no es simplemente una versión "mejorada" de una persona, sino una criatura totalmente nueva. Ahora está "en Cristo". Para que un cristiano perdiera la salvación, esa nueva criatura tendría que ser destruida.

Un cristiano es redimido: *Saben que no fuisteis redimidos de su vana manera de vivir heredada de sus padres con cosas perecederas como oro o plata, sino con sangre preciosa, como de un cordero sin tacha y sin mancha: la sangre de Cristo* (1 Pedro 1:18-19). La palabra *redimido* se refiere a una compra que se hace, un precio que se paga. Fuimos comprados a precio de la muerte de Cristo. Para que un cristiano pierda su salvación, Dios mismo tendría que revocar su compra de ese individuo por el que pagó con la preciosa sangre de Cristo.

Un cristiano es justificado: *Por tanto, habiendo sido justificados por la fe, tenemos paz para con Dios por medio de nuestro Señor Jesucristo* (Romanos 5:1). Justificar es declarar justo. Todo aquel que recibe a Jesús como Salvador es declarado justo por Dios. Para que un cristiano pierda la salvación, Dios tendría que desdecirse de su Palabra y "des-declarar" lo que previamente había declarado. Los que habían sido absueltos de culpa tendrían que volver a ser juzgados y ser hallados culpables. Dios tendría que revertir la sentencia que dictaminó desde el banquillo divino.

Un cristiano tiene prometida la vida eterna: *Porque de tal manera amó Dios al mundo, que dio a Su Hijo unigénito, para que todo aquel que cree en Él, no se pierda, sino que tenga vida eterna* (Juan 3:16). La vida eterna es la promesa de pasar la eternidad en el cielo con Dios. Dios promete que si creemos, tendremos vida eterna. Para que un cristiano pierda la salvación habría que redefinir *la vida eterna*. El cristiano tiene la promesa de vivir para siempre. ¿Acaso *eterno* no significa "para siempre"?

Un cristiano ha sido marcado por Dios y sellado por el Espíritu: *En Él también ustedes, después de escuchar el mensaje de la verdad, el evangelio de su salvación, y habiendo creído, fueron sellados en Él con el Espíritu Santo de la promesa, que nos es dado como garantía de nuestra herencia, con miras a la redención de la posesión adquirida de Dios, para alabanza de Su gloria* (Efesios 1:13-14). En el momento de creer, el nuevo cristiano es marcado y sellado con el Espíritu que fue prometido para que actuara como un depósito a fin de *garantizar* la herencia celestial. El resultado final es que se alaba la gloria de Dios. Para que un cristiano pierda la salvación, Dios tendría que borrar la marca, retirar al Espíritu, cancelar el depósito, romper su promesa, anular la garantía, quedarse la herencia, renunciar a la alabanza y disminuir su gloria.

Un cristiano tiene garantizada la glorificación: *A los que predestinó, a esos también llamó. A los que llamó, a esos también justificó. A los que justificó, a esos también glorificó* (Romanos 8:30). Según Romanos 5:1 la justificación es nuestra en el momento de creer. Según Romanos 8:30 la glorificación viene con la justificación. Todos aquellos a quienes Dios justifica tienen prometida la glorificación. Esta promesa se cumplirá cuando los cristianos reciban sus cuerpos perfectos de resurrección en el cielo. Si un cristiano puede perder la salvación, entonces Romanos 8:30 está equivocado, porque Dios no podría garantizar la glorificación para todos aquellos a los que predestina, llama y justifica.

Un cristiano no puede perder la salvación: la mayoría —sino todo— de lo que dice la Biblia que nos ocurre cuando recibimos a Cristo, sería invalidado si la salvación se pudiera perder. La salvación es el regalo de Dios, y los regalos de Dios son "irrevocables" (Romanos 11:29). Un cristiano no puede ser "descreado". Los redimidos no pueden ser "descomprados". La vida eterna no puede ser temporal. Dios no puede renegar de su Palabra. La Escritura dice que Dios no puede mentir (Tito 1:2).

Dos objeciones comunes a la creencia de que un cristiano no puede perder la salvación se refieren a estos asuntos experienciales: 1) ¿Qué pasa con los cristianos que viven un estilo de vida pecaminoso y no se arrepienten? 2) ¿Qué pasa con los cristianos que rechazan la fe y niegan a Cristo? El problema con estas objeciones es la suposición de que todo aquel que se llama a sí mismo cristiano ha nacido de nuevo realmente. La Biblia declara que un verdadero cristiano *no* vivirá en un estado continuo de pecado y sin arrepentirse (1 Juan 3:6). La Biblia también dice que cualquiera que abandone la fe está demostrando que nunca fue verdaderamente cristiano (1 Juan 2:19). Puede haber sido religioso, puede haber dado una buena impresión, pero nunca nació de nuevo por el poder de Dios. "Por sus frutos los conocerán" (Mateo 7:16). Los redimidos de Dios pertenecen "a aquel que resucitó de entre los muertos, a fin de que llevemos fruto para Dios" (Romanos 7:4).

Nada puede separar a un hijo de Dios del amor del Padre (Romanos 8:38-39). Nada puede arrancar a un cristiano de la mano de Dios (Juan 10:28-29). Dios garantiza vida eterna y mantiene la salvación que nos ha dado. El Buen Pastor busca la oveja perdida, y "al encontrarla, la pone sobre sus hombros, gozoso" (Lucas 15:5-6). Ha encontrado la oveja y el Pastor lleva contento la carga; nuestro Señor asume toda la responsabilidad de llevar a la oveja perdida a casa.

Judas 1:24-25 enfatiza aún más la bondad y fidelidad de nuestro Salvador: *Y a Aquel que es poderoso para guardarlos a ustedes sin caída y para presentarlos sin mancha en presencia de Su gloria con gran alegría, al único Dios nuestro Salvador, por medio de Jesucristo nuestro Señor, sea gloria, majestad, dominio y autoridad, antes de todo tiempo, y ahora y por todos los siglos. Amén.*

15. ¿RECIBISTE LA VIDA ETERNA? ¿ESTÁS SEGURO DE QUE TENDRÁS VIDA ETERNA EN EL CIELO CON DIOS?

La Biblia presenta un camino claro a la vida eterna. Primero, debemos reconocer que hemos pecado contra Dios: *Por cuanto todos pecaron y no alcanzan la gloria de Dios* (Romanos 3:23). Todos hemos hecho cosas que desagradan a Dios, lo cual nos hace merecedores del castigo. Como todos nuestros pecados van en última instancia contra un Dios eterno, solo sería suficiente un castigo eterno. *Porque la paga del pecado es muerte, pero la dádiva de Dios es vida eterna en Cristo Jesús Señor nuestro* (Romanos 6:23).

Sin embargo, Jesucristo, el Hijo eterno de Dios sin pecado (1 Pedro 2:22), se hizo hombre (Juan 1:1, 14) y murió para pagar nuestro castigo. *Pero Dios demuestra su amor para con nosotros, en que siendo aún pecadores, Cristo murió por nosotros* (Romanos 5:8). Jesucristo murió en la cruz (Juan 19:31-42), tomando el castigo que nosotros merecemos (1 Corintios 15:1-4), demostrando su victoria sobre el pecado y la muerte; "quien según su gran misericordia, nos ha hecho nacer de nuevo a una esperanza viva, mediante la resurrección de Jesucristo de entre los muertos" (1 Pedro 1:3).

Por fe, debemos cambiar nuestra mentalidad con respecto a Cristo, quién es Él, qué hizo y por qué lo hizo, tocante a nuestra salvación (Hechos 3:19). Si ponemos nuestra fe en Él, confiando en su muerte en la cruz para pagar por nuestros pecados, seremos perdonados y recibiremos la promesa de la vida eterna en el cielo. *Porque de tal manera amó Dios al mundo, que dio a Su Hijo unigénito, para que todo aquel que cree en Él, no se pierda, sino que tenga vida eterna* (Juan 3:16). *Que si confiesas con tu boca a Jesús por Señor, y crees en tu corazón que Dios lo resucitó de entre los muertos, serás salvo* (Romanos 10:9). La fe y solo la fe en la obra completa de Cristo en la cruz ¡es el único camino verdadero a la vida eterna! *Porque por gracia ustedes han sido salvados por medio de la fe, y esto no procede de ustedes, sino que es don de Dios; no por obras, para que nadie se glorie* (Efesios 2:8-9).

Si quieres aceptar a Jesucristo como tu Salvador, aquí tienes una oración modelo. Recuerda que hacer esta oración o cualquier otra oración no es lo que te salva. Es solo tu confianza en Cristo lo que te salva del pecado. Esta oración es simplemente una manera de expresarle a Dios tu fe en Él y darle gracias por proveer para tu salvación: "Dios, sé que he pecado contra ti y merezco tu castigo, pero Jesucristo tomó el castigo que yo merezco para que, mediante la fe en Él, pudiera ser perdonado. Pongo mi confianza en ti en cuanto a la salvación. Gracias por tu gracia y perdón maravillosos, ¡el regalo de la vida eterna! ¡Amén!".

16. ¿CUÁL ES EL CAMINO DE ROMANOS PARA LA SALVACIÓN?

El Camino de Romanos para la salvación es una manera de explicar las buenas nuevas de salvación usando versículos del libro de Romanos. El Camino de Romanos es un método sencillo pero muy poderoso de explicar por qué necesitamos la salvación, cómo proveyó Dios la salvación, cómo podemos recibir la salvación y cuáles son los resultados de la salvación.

El primer versículo del Camino de Romanos es Romanos 3:23: *Por cuanto todos pecaron y no alcanzan la gloria de Dios.* Todos pecamos. Todos hicimos cosas que desagradan a Dios. No hay nadie que sea inocente. Romanos 3:10-18 da una imagen detallada de lo que es el pecado en nuestra vida.

El segundo versículo del Camino de Romanos para la salvación, Romanos 6:23, nos enseña sobre las consecuencias del pecado: *Porque la paga del pecado es muerte.* El castigo que nos hemos ganado por nuestros pecados es la muerte. No solo la muerte física, ¡sino también la muerte espiritual!

El tercer versículo del Camino de Romanos para la salvación comienza en mitad de Romanos 6:23: *Pero la dádiva de Dios es vida eterna en Cristo Jesús Señor nuestro.* Romanos 5:8 declara: *Pero Dios demuestra su amor para con nosotros, en que siendo aún pecadores, Cristo murió por nosotros.* ¡Jesucristo murió por nosotros! La muerte de Jesús fue el pago del precio de nuestros pecados. La resurrección de Jesús demuestra que Dios aceptó la muerte de Jesús como pago por nuestros pecados.

La cuarta parada del Camino de Romanos para la salvación es Romanos 10:9: *Que si confiesas con tu boca a Jesús por Señor, y crees en tu corazón que Dios lo resucitó de entre los muertos, serás salvo.* Debido a la muerte de Jesús por nosotros, lo único que tenemos que hacer es creer en Él, confiar en que su muerte fue el pago de nuestros pecados, ¡y seremos salvos! Romanos 10:13 lo dice de nuevo: *Porque: "Todo aquel que invoque el nombre del Señor será salvo".* Jesús murió para pagar el castigo de nuestros pecados y rescatarnos de la muerte eterna. La salvación, el perdón de pecados, está disponible para cualquiera que confíe en Jesucristo como Señor y Salvador.

El aspecto final del Camino de Romanos para la salvación es el resultado de la salvación. Romanos 5:1 tiene este maravilloso mensaje: *Por tanto, habiendo sido justificados por la fe, tenemos paz para con Dios por medio de nuestro Señor Jesucristo.* A través de Jesucristo podemos tener una relación de paz con Dios. Romanos 8:1 dice: *Por tanto, ahora no hay condenación para los que están en Cristo Jesús.* Gracias a que Jesús murió por nosotros, nunca seremos condenados por nuestros pecados. Finalmente, tenemos esta preciosa promesa de Dios de Romanos 8:38-39: *Porque estoy convencido de que ni la muerte, ni la vida, ni ángeles, ni principados, ni lo presente, ni lo por venir, ni los poderes, ni lo alto, ni lo profundo, ni ninguna otra cosa creada nos podrá separar del amor de Dios que es en Cristo Jesús Señor nuestro.*

17. ¿DÓNDE ENCUENTRO LA EDAD DE LA RESPONSABILIDAD EN LA BIBLIA?

La idea de la "edad de la responsabilidad" es que los niños no son responsables delante de Dios por sus pecados hasta que no llegan a cierta edad, y que si un niño muere antes de llegar a esa edad de responsabilidad, ese niño —por la gracia y misericordia de Dios— recibirá la entrada al cielo. ¿Es bíblica esta idea de la edad de la responsabilidad? ¿Existe algo como una "edad de inocencia"?

Muy frecuentemente en la discusión sobre la edad de la responsabilidad queda perdido el hecho de que los niños, por muy pequeños que sean, no son "inocentes" en el sentido de no tener pecado. La Biblia nos dice que aunque un bebé o un niño no haya cometido un pecado personal, todas las personas, incluyendo bebés y niños, son culpables delante de Dios por el pecado heredado e imputado. El pecado heredado es lo que nuestros padres nos transmitieron. En Salmos 51:5 David escribió: *Yo nací en iniquidad, y en pecado me concibió mi madre.* David reconoció que incluso en la concepción era un pecador. El triste hecho de que los niños a veces mueren demuestra que incluso los bebés son influidos por el pecado de Adán, ya que la muerte física y espiritual fue el resultado del pecado original de Adán.

Cada persona, sea bebé o adulto, es culpable delante de Dios; cada persona ha ofendido la santidad de Dios. La única manera en la que Dios puede ser justo y al mismo tiempo declarar que una persona es justa es que esa persona haya recibido perdón por la fe en Cristo. Cristo es el único camino. Juan 14:6 narra lo que Jesús dijo: *Yo soy el camino, la verdad y la vida; nadie viene al Padre sino por Mí.* Además, Pedro dice en Hechos 4:12: *En ningún otro hay salvación, porque no hay otro nombre bajo el cielo dado a los hombres, en el cual podamos ser salvos.*

¿Y qué hay de los bebés y de los niños que nunca alcanzan la capacidad para tomar la decisión personal de creer en Jesús? Algunos creen que quienes mueren antes de llegar a la edad de la responsabilidad intelectual o moral son salvos automáticamente por la gracia de Dios en Cristo. El razonamiento es que, si alguien es verdaderamente incapaz de tomar una decisión a favor o en contra de Cristo, entonces tal persona recibe la misericordia de Dios. Charles Spurgeon tenía esta perspectiva: "Me alegra saber que las almas de todos los bebés, en cuanto mueren, van directas al Paraíso. ¡Me imagino la multitud tan grande que forman!".[1]

La Biblia no habla directamente sobre ninguna edad de la responsabilidad. Un versículo que podría hablar del tema indirectamente es Romanos 1:20: *Porque desde la creación del mundo, Sus atributos invisibles, su eterno poder y divinidad, se han visto con toda claridad, siendo entendidos por medio de lo creado, de manera que ellos no tienen excusa.* Según esto, la culpa de la humanidad delante de Dios está basada, al menos en parte, en un rechazo de lo que se puede "ver con toda claridad" sobre la existencia, eternidad y poder de Dios. Por lo tanto, ¿qué ocurre con los niños que no tienen la facultad de "ver con toda claridad" o razonar acerca de Dios? ¿Acaso su incapacidad natural para observar y razonar no les excusa del juicio?

La edad de los trece años es la más sugerida para esta edad de responsabilidad, con base en la costumbre judía de que un niño se convierte en adulto a los trece años. Sin embargo, la Biblia no da bases para defender que la edad de trece años sea una edad de responsabilidad correcta. La edad en la que un niño puede distinguir lo bueno de lo malo y ser capaz de escoger a Cristo puede variar de un niño a otro.

Con todo lo anterior en mente, piensa también en lo siguiente: la muerte de Cristo se presenta como suficiente para toda la humanidad. Primera de Juan 2:2 dice que Jesús es "la propiciación por nuestros pecados, y no solo por los nuestros, sino también por los del mundo entero". Este versículo es claro en cuanto a que la muerte de Jesús fue un pago suficiente para todos los pecados, no solo los pecados de los que acuden a Él con fe. El hecho de que la muerte de Cristo fue suficiente para todos los pecados, permitiría al menos la *posibilidad* de que Dios aplicara ese pago a quienes nunca fueron capaces de creer.

Algunos ven un vínculo entre la edad de responsabilidad y la relación de pacto entre la nación de Israel y el Señor. En esa dispensación, un niño varón entraba en el pacto mediante la circuncisión, que estaba totalmente fuera de su control ya que se realizaba a los ocho días tras su nacimiento. No se le imponía ningún otro requisito (Éxodo 12:48-50; Levítico 12:3).

El pasaje citado más frecuentemente como apoyo a una edad de responsabilidad es 2 Samuel 12:21-23. El contexto es que el rey David cometió adulterio con Betsabé, el cual resultó en un embarazo. El Señor envió al profeta Natán para decirle a David que debido a su pecado, el Señor dejaría que el niño conociera la muerte. David respondió apenándose y orando por el niño; sin embargo, cuando el niño murió, se acabó también la pena de David. Los siervos de David estaban sorprendidos al escuchar esto, así que le dijeron al rey David: *¿Qué es esto que ha hecho? Mientras el niño vivía, usted ayunaba y lloraba, pero cuando el niño murió, se levantó y comió pan*. La respuesta de David fue: *Mientras el niño aún vivía, yo ayunaba y lloraba, pues me decía: "¿Quién sabe si el Señor tendrá compasión de mí y el niño viva?". Pero ahora que ha muerto, ¿por qué he de ayunar? ¿Podré hacer que vuelva? Yo iré a él, pero él no volverá a mí*. Las palabras de David se podían haber referido simplemente al hecho de que su hijo estaba en la tumba, pero parece que le consolaba saber algo. La paz que sintió sugiere que creía que volvería a ver a su hijo nuevamente (en el cielo).

Como conclusión, es posible que Dios aplique el pago de Cristo por el pecado a los niños y otras personas incapaces de tener fe, pero la Biblia no dice específicamente que Él hace eso. Por lo tanto, este es un tema sobre el que no deberíamos ser muy dogmáticos. Que Dios extienda gracia a los que no pueden creer, parecería algo consistente con su carácter. Nuestra postura es que Dios sí aplica el pago de Cristo por el pecado a los bebés y a aquellos que mentalmente están incapacitados, ya que no pueden entender su estado pecaminoso y su necesidad de un Salvador. De nuevo, *no podemos* ser dogmáticos. De esto estamos seguros: Dios es amoroso, santo, misericordioso y justo. Todo lo que Dios hace es siempre correcto y bueno, y Él ama a los niños (Mateo 19:14).

SECCIÓN 3

PREGUNTAS ACERCA DE LA IGLESIA

18. ¿QUÉ DICE LA BIBLIA SOBRE LAS MUJERES PASTORAS?

No hay quizá un asunto debatido más calurosamente en la Iglesia hoy en día como el que las mujeres sirvan como pastoras o predicadoras. Como resultado, es importante no ver este tema como hombres contra mujeres. Hay mujeres que creen que las mujeres no deberían servir como pastoras y que la Biblia pone restricciones para que las mujeres estén en el ministerio, y hay hombres que creen que las mujeres pueden ser predicadoras y que no hay restricciones para que las mujeres estén en el ministerio. Este no es un asunto de machismo o discriminación. Es un asunto de interpretación bíblica.

La Palabra de Dios proclama: *Que la mujer aprenda calladamente, con toda obediencia. Yo no permito que la mujer enseñe ni que ejerza autoridad sobre el hombre, sino que permanezca callada* (1 Timoteo 2:11-12). En la Iglesia, Dios asigna distintos roles a varones y mujeres. Esto es un resultado del modo en que fue creada la humanidad y el modo en que el pecado entró en el mundo

(1 Timoteo 2:13-14). Dios, por medio del apóstol Pablo, restringe a las mujeres para servir en funciones de enseñanza o tener autoridad espiritual sobre los varones en la Iglesia. Esto excluye a las mujeres de servir como pastoras sobre los varones, ya que pastorear definitivamente incluye predicar, enseñar públicamente y ejercer autoridad espiritual.

Hay muchas objeciones a esta perspectiva de que las mujeres no estén en el ministerio pastoral. Una muy común es que Pablo restringe a las mujeres de la enseñanza porque en el primer siglo las mujeres por lo general no tenían educación formal. Sin embargo, 1 Timoteo 2:11-14 no menciona en ningún lugar el estatus educativo. Si la educación fuera una descalificación para el ministerio, entonces la mayoría de los discípulos de Jesús no habrían obtenido la calificación.

Una segunda objeción muy común es que Pablo solo restringe a las mujeres *de Éfeso* sobre enseñar a los varones (1 Timoteo fue escrita a Timoteo, el pastor de la iglesia en Éfeso). Éfeso era conocida por su templo a Artemisa, y las mujeres eran las autoridades en esa rama del paganismo; por lo tanto, dice la teoría, Pablo solo estaba reaccionando contra las costumbres dirigidas por las mujeres de los idólatras efesios, y la iglesia necesitaba ser distinta. Sin embargo, el libro de 1 Timoteo no menciona en ningún lugar a Artemisa, ni Pablo menciona la práctica estandarizada de los adoradores de Artemisa como una razón para la restricción de 1 Timoteo 2:11-12.

Una tercera objeción es que Pablo solo se está refiriendo a los esposos y esposas, no a varones y mujeres en general. Las palabras griegas para "mujer" y "hombre" en 1 Timoteo 2 *se podrían* referir a esposos y esposas; sin embargo, el significado básico de las palabras es más amplio. Además, las mismas palabras griegas se usan en los vv. 8-10. ¿Son solo los *esposos* los que deben levantar manos santas en oración sin ira ni contienda (v. 8)? ¿Son solo las *esposas* las que deben vestir decorosamente, hacer buenas obras y adorar a Dios? (v. 9-10). No. Los vv. 8-10 se refieren claramente a todos los varones y las mujeres, no solo a los esposos y las esposas. No hay nada en el contexto que pudiera indicar que estaba hablando solo a los esposos y las esposas en los vv. 11-14.

Hay aun otra objeción a esta interpretación de las mujeres en el ministerio pastoral que hace referencia a las mujeres en puestos de liderazgo en la Biblia, específicamente Mirian, Débora y Hulda en el Antiguo Testamento. Es cierto que estas mujeres fueron escogidas por Dios para un servicio especial a Él y que sirven como modelos de fe, valor y sí, liderazgo. Sin embargo, la autoridad de las mujeres en el Antiguo Testamento no es relevante para el asunto de los pastores de la iglesia. Las epístolas del Nuevo Testamento presentan un nuevo paradigma para el pueblo de Dios (la Iglesia, el cuerpo de Cristo), y ese paradigma incluye una estructura de autoridad única de la Iglesia, no para la nación de Israel o para ninguna otra entidad del Antiguo Testamento.

Se usan argumentos similares para el caso de Priscila y Febe en el Nuevo Testamento. En Hechos 18, Priscila y Aquila se presentan como fieles ministros de Cristo. En el v. 18 se menciona primero el nombre de Priscila, sugiriendo para algunos que era más prominente en el ministerio que su esposo. (El detalle de qué nombre va primero es probablemente irrelevante, porque en los vv. 2 y 26 el orden es el contrario al del v. 18). ¿Le enseñaron Priscila y su esposo el evangelio de Jesucristo a Apolos? Sí, en su hogar ellos "explicaron con mayor exactitud el camino de Dios" (Hechos 18:26). ¿Dice la Biblia alguna vez que Priscila pastoreaba una iglesia, enseñaba públicamente o se convirtió en la líder espiritual de una congregación de santos? No. Hasta donde sabemos, Priscila no estaba involucrada en una actividad ministerial que contradiga 1 Timoteo 2:11-14.

En Romanos 16:1 Febe es llamada "diaconisa" (o "sierva") de la iglesia y Pablo la elogia mucho. Pero, como en el caso de Priscila, no hay nada en la Escritura que indique que Febe era pastora o maestra de varones en la iglesia. "Apto para enseñar" se da como un requisito para ancianos, no para diáconos (1 Timoteo 3:1-13; Tito 1:6-9).

La estructura de 1 Timoteo 2:11-14 da la razón por la que las mujeres no pueden ser pastoras de forma muy clara. El versículo 13 comienza con "Porque", dando la "causa" de la declaración de Pablo en los vv. 11-12. ¿Por qué no deberían las mujeres enseñar o tener autoridad sobre los varones? Porque "Adán fue creado primero, después Eva. Y Adán no fue el engañado, sino que la mujer, siendo engañada completamente, cayó en transgresión" (vv. 13-14). Dios creó primero a Adán y luego creó a Eva para ser una "ayuda idónea" para Adán. El orden de la creación tiene una aplicación universal tanto en la familia (Efesios 5:22-33) como en la Iglesia.

El hecho de que Eva fue engañada también se menciona como una razón por la cual las mujeres no deben servir como pastoras o tener autoridad espiritual sobre los varones (1 Timoteo 2:14). Esto no significa que las mujeres sean más ingenuas o más fácilmente engañadas que los hombres. Si todas las mujeres fueran más fácilmente engañadas, ¿por qué se les permitiría enseñar a los niños (que son más susceptibles de ser engañados) y a otras mujeres (quienes, según la suposición, también serían más engañadas)? El texto simplemente indica que las mujeres no deben enseñar ni tener autoridad espiritual sobre los varones debido a que *Eva* fue engañada. Dios ha decidido dar a los varones la principal autoridad de enseñanza en la Iglesia.

Muchas mujeres sobresalen en dones como la hospitalidad, la misericordia, la enseñanza, la evangelización y la ayuda o el servicio. Gran parte del ministerio de la iglesia local depende de las mujeres. No se prohíbe a las mujeres orar públicamente o profetizar (1 Corintios 11:5), solo tener autoridad espiritual sobre los varones. La Biblia no restringe a las mujeres de ejercer los dones del Espíritu Santo (1 Corintios 12). Tanto mujeres como varones están llamados a ministrar a otros, a demostrar el fruto del Espíritu (Gálatas 5:22-23), y a proclamar el evangelio a los perdidos (Mateo 28:18-20; Hechos 1:8; 1 Pedro 3:15).

Dios ha ordenado que solo los varones sirvan en posiciones de autoridad espiritual en la Iglesia. Esto no implica que los hombres sean mejores maestros o que las mujeres sean inferiores o menos inteligentes. Es simplemente el diseño de Dios para el funcionamiento de la Iglesia. Los varones deben ser ejemplo en liderazgo espiritual, tanto en sus vidas como en sus palabras. Las mujeres deben tomar una función de menos autoridad, y se les anima a enseñar a otras mujeres (Tito 2:3-5). La Biblia tampoco restringe a las mujeres de enseñar a los niños. Las únicas restricciones para las mujeres son enseñar y tener autoridad espiritual sobre los varones. Esto impide a las mujeres servir como pastoras de los varones. Esto no hace que las mujeres sean menos importantes, de ningún modo; más bien, les da un enfoque ministerial más en consonancia con el plan y los dones de Dios.

19. ¿CUÁL ES LA DIFERENCIA ENTRE ALABANZA Y ADORACIÓN?

Entender la diferencia entre alabanza y adoración puede dar una nueva profundidad al modo en que honramos al Señor. A lo largo de toda la Biblia encontramos numerosos mandatos de alabar al Señor. A los ángeles y a las huestes celestiales se les ordena alabar al Señor (Salmos 89:5; 103:20; 148:2). Se enseña a todos los habitantes de la tierra que alaben al Señor (Salmos 138:4; Romanos 15:11). Podemos alabarle con cantos (Isaías 12:5; Salmos 9:11), con gritos (Salmos 33:3; 98:4), con danza (Salmos 150:4) y con instrumentos musicales (1 Crónicas 13:8; Salmos 108:2; 150:3-5).

La alabanza es volver a contar gozosamente todo lo que Dios ha hecho por nosotros. Está íntimamente mezclada con la acción de gracias al ofrecer a Dios nuestro aprecio por sus poderosas obras por nosotros. La alabanza puede ser también un elemento de otras relaciones. Podemos alabar a nuestra familia, nuestros amigos, nuestro jefe o el repartidor del correo. Alabar no nos exige nada. Es meramente el verdadero reconocimiento de los actos justos de otro. Como Dios ha hecho muchas obras maravillosas, Él es digno de alabanza (Salmos 18:3).

La adoración viene de un lugar diferente dentro de nuestro espíritu. La adoración debemos reservarla solo para Dios (Lucas 4:8). La adoración es el arte de perderse en la adoración de otro. La alabanza puede ser parte de la adoración, pero la adoración va más allá de la alabanza. La alabanza es fácil; la adoración no. La adoración llega al centro de quiénes somos. Para adorar verdaderamente a Dios, debemos dejar de adorarnos a nosotros mismos. Debemos estar dispuestos a humillarnos ante Dios, rendir cada parte de nuestra vida a su control y adorarlo por quién es Él y no solo por lo que ha hecho. La adoración es un estilo de vida, no solo una actividad ocasional. Jesús dijo que el Padre busca personas que le adoren "en espíritu y en verdad" (Juan 4:23).

En la Escritura, la alabanza por lo general se presenta como bulliciosa, gozosa y desinhibida. Dios invita a su creación a alabarlo de todas las maneras. Jesús dijo que si la gente no alababa a Dios, incluso "las piedras clamarán" (Lucas 19:40). Cuando la Biblia menciona la adoración, sin embargo, el tono cambia. Leemos versículos como: *Adorad a Jehová en la hermosura de la santidad* (Salmos 96:9, RVR-60); *Vengan, adoremos y postrémonos* (Salmos 95:6). A menudo la adoración está acompañada del acto de postrarse o arrodillarse, lo cual muestra humildad y contrición (2 Crónicas 29:28; Hebreos 11:21; Apocalipsis 19:10). Es mediante la verdadera adoración como invitamos al Espíritu Santo a hablarnos, convencernos y consolarnos. Mediante la adoración reubicamos nuestras prioridades con las de Dios y lo reconocemos una vez más como el legítimo Señor de nuestras vidas.

Así como la alabanza está entremezclada con el agradecimiento, la adoración está entremezclada con la rendición. Es imposible adorar a Dios y a cualquier otra cosa al mismo tiempo (Lucas 4:8). Los actos físicos a menudo están asociados con la adoración: postrarse, arrodillarse, alzar las manos. Todo esto ayuda a crear la actitud necesaria de humildad requerida para una verdadera adoración. Los líderes de adoración sabios saben cómo estructurar un servicio de adoración para permitir que los participantes alaben y también adoren al Señor. A menudo los servicios comienzan con cantos de alabanza gozosos y luego se hace una transición a una oportunidad de adorar más introspectivamente.

La adoración es una actitud del corazón. Una persona puede realizar todas las acciones externas y no estar adorando (Salmos 51:16-17; Mateo 6:5-6). Dios ve el corazón, y desea y merece una alabanza *y* adoración sinceras y sentidas.

20. ¿QUÉ DÍA ES EL *SABBAT* O DÍA DE REPOSO: SÁBADO O DOMINGO? ¿TIENEN QUE GUARDAR LOS CRISTIANOS EL DÍA DE REPOSO?

A menudo se afirma que Dios instituyó el día de reposo en el Edén por la conexión entre el día de reposo y la creación en Éxodo 20:11. Aunque el descanso de Dios en el séptimo día (Génesis 2:3) presagió una futura ley sabática, no hay registro bíblico del día de reposo antes de que los hijos de Israel salieran de la tierra de Egipto. En ningún lugar de la Escritura hay pista alguna de que se practicara guardar el día de reposo desde Adán hasta Moisés.

La Palabra de Dios deja bastante claro que la observancia del día de reposo era una señal especial entre Dios e Israel: *Los israelitas guardarán, pues, el día de reposo, celebrándolo por todas sus generaciones como pacto perpetuo. Es una señal entre Yo y los israelitas para siempre. Pues en seis días el Señor hizo los cielos y la tierra, y en el séptimo día cesó de trabajar y reposó* (Éxodo 31:16-17).

En Deuteronomio 5 Moisés vuelve a declarar los Diez Mandamientos a la siguiente generación de israelitas. Aquí, después de mandar la observancia del día de reposo en los vv. 12-14, Moisés da la razón por la que se le dio el día de reposo a la nación de Israel: *Acuérdate que fuiste esclavo en la tierra de Egipto, y que el Señor tu Dios te sacó de allí con mano fuerte y brazo extendido; por tanto, el Señor tu Dios te ha ordenado que guardes el día de reposo* (Deuteronomio 5:15).

La intención de Dios al dar el día de reposo a Israel no era que recordaran la creación, sino que recordaran su esclavitud en Egipto y la liberación del Señor. Observemos los requisitos para guardar el día de reposo: una persona bajo la ley sabática no podía salir de su hogar el día de reposo (Éxodo 16:29), no podía encender un fuego (Éxodo 35:3) y no podía hacer que ninguna otra persona trabajara (Deuteronomio 5:14). Una persona que rompía la ley sabática debía ser sentenciada a muerte (Éxodo 31:15; Números 15:32-35).

Un examen de los pasajes del Nuevo Testamento revela cuatro puntos importantes con respecto al día de reposo:

1. Siempre que Cristo aparece en su forma resucitada y se menciona el día, es siempre el primer día de la semana (Mateo 28:1-10; Marcos 16:9; Lucas 24:1-15; Juan 20:19-26).
2. Las únicas ocasiones en las que se menciona el día de reposo desde Hechos hasta Apocalipsis es en el contexto de la evangelización judía, y el entorno es normalmente una sinagoga (Hechos 13-18). Pablo escribió: *A*

los judíos me hice como judío, para poder ganar a los judíos (1 Corintios 9:20). Pablo no iba a la sinagoga para tener comunión con los santos y edificarlos, sino para convencer y salvar a los perdidos.

3. Tras la declaración de Pablo "desde ahora me iré a los gentiles" (Hechos 18:6), nunca se vuelve a mencionar el día de reposo.
4. En lugar de sugerir adherencia al día de reposo, el recordatorio del Nuevo Testamento implica lo opuesto (incluyendo la única excepción al punto 3, arriba, que se halla en Colosenses 2:16).

Mirar con más detalle el punto 4 anterior revelará que no hay obligación para el creyente del Nuevo Testamento de guardar el día de reposo, y también mostrará que la idea de un domingo como "día de reposo cristiano" tampoco es bíblica. Como hemos mencionado, hay una sola vez en la que el día de reposo se menciona después de que Pablo comenzara a enfocarse en los gentiles: *Por tanto, que nadie se constituya en juez de ustedes con respecto a comida o bebida, o en cuanto a día de fiesta, o luna nueva, o día de reposo, cosas que solo son sombra de lo que ha de venir, pero el cuerpo pertenece a Cristo* (Colosenses 2:16-17). El día de reposo judío se abolió en la cruz donde Cristo canceló "el documento de deuda que consistía en decretos contra nosotros" (Colosenses 2:14).

Nuestra libertad de las estipulaciones del día de reposo se repite más de una vez en el Nuevo Testamento: *Uno juzga que un día es superior a otro, otro juzga iguales todos los días. Cada cual esté plenamente convencido según su propio sentir. El que guarda cierto día, para el Señor lo guarda* (Romanos 14:5-6). *Pero ahora que conocen a Dios, o más bien, que son conocidos por Dios, ¿cómo es que se vuelven otra vez a las cosas débiles, inútiles y elementales, a las cuales desean volver a estar esclavizados de nuevo? Ustedes observan los días, los meses, las estaciones y los años* (Gálatas 4:9-10).

Algunos afirman que un mandato del emperador Constantino en el año 321 d. C. "cambió" el día de reposo del sábado al domingo. ¿Qué día se reunía la iglesia primitiva para adorar? La Escritura nunca menciona ninguna reunión en día de reposo (sábado) por parte de los creyentes para tener comunión o adorar; sin embargo, hay pasajes que mencionan el primer día de la semana. Por ejemplo, Hechos 20:7 dice: *El primer día de la semana, cuando estábamos reunidos para partir el pan.* En 1 Corintios 16:2 Pablo da esta instrucción: *Que el primer día de la semana, cada uno de ustedes aparte y guarde según haya prosperado.* Como Pablo designa esta ofrenda como "servicio" en 2 Corintios 9:12, esta colecta debe haber estado unida al servicio de adoración del domingo de la asamblea cristiana. Históricamente, el domingo y no el sábado era el día normal de reunión para los cristianos en la iglesia, y su práctica se remonta al primer siglo.

El día de reposo se le dio a Israel, no a la Iglesia. El día de reposo sigue siendo el sábado, no el domingo, y nunca se ha cambiado. El día de reposo es parte de la Ley del Antiguo Testamento, y los cristianos están libres de la esclavitud a la ley (Gálatas 4:1-26; Romanos 6:14). A los cristianos no se les exige guardar el día de reposo, ya sea el sábado o el domingo. El primer día de la semana, el domingo, el día del Señor (Apocalipsis 1:10), celebra la nueva creación con Cristo como nuestro Señor resucitado. El apóstol Pablo dijo que cada cristiano debería decidir si guardar o no un descanso sabático: *Uno juzga que un día es superior a otro, otro juzga iguales todos los días. Cada cual esté plenamente convencido según su propio sentir* (Romanos 14:5). Debemos adorar a Dios cada día, no solo el sábado o el domingo.

21. ¿QUÉ DICE LA BIBLIA SOBRE EL DIEZMO CRISTIANO? ¿DEBERÍA DIEZMAR UN CRISTIANO?

Muchos cristianos lidian con el tema del diezmo. En algunas iglesias se hace demasiado hincapié en el tema de ofrendar. Al mismo tiempo, muchos cristianos se niegan a someterse a las exhortaciones bíblicas de hacer ofrendas al Señor. Diezmar u ofrendar ha de ser un gozo y una bendición. Tristemente, algunas veces no es el caso en la Iglesia actualmente.

Diezmar es un concepto del Antiguo Testamento. El diezmo era un requisito de la Ley en el que los israelitas debían ofrendar el 10 por ciento de las cosechas que cultivaban y el ganado que criaban para el tabernáculo/templo (Levítico 27:30; Números 18:26; Deuteronomio 14:24; 2 Crónicas 31:5). De hecho, la Ley del Antiguo Testamento exigía múltiples diezmos: uno para los levitas, uno para el uso del templo y las fiestas y uno para los pobres de la tierra, lo cual sumaría un total cercano al 23.3 por ciento. Algunos entienden el diezmo del Antiguo Testamento como un método de impuestos para proveer para las necesidades de los sacerdotes y levitas en el sistema de sacrificios.

Después de que la muerte de Jesucristo cumpliera la Ley, el Nuevo Testamento no ordena en ningún lugar, ni siquiera recomienda, que los cristianos se sometan a un sistema de diezmos legalista. El Nuevo Testamento no designa en ningún lugar un porcentaje de ingresos que las personas deban apartar, pero solo dice que las ofrendas deben ser "según haya prosperado" (1 Corintios 16:2). Algunos en la Iglesia cristiana han tomado la cifra del 10 por ciento del diezmo del Antiguo Testamento y lo han aplicado como un mínimo recomendado para que los cristianos ofrenden.

Aunque al cristiano no se le exige ningún diezmo, el Nuevo Testamento habla sobre la importancia y los beneficios de ofrendar. Tenemos que dar según podamos. A veces eso significa dar más del 10 por ciento; a veces eso podría significar dar menos. Todo depende de la capacidad del cristiano y las necesidades del cuerpo de Cristo. Cada cristiano debería orar diligentemente y buscar la sabiduría de Dios en este asunto (Santiago 1:5). Por encima de todo, las ofrendas deberían darse con motivaciones puras y con una actitud de adoración a Dios y servicio al cuerpo de Cristo. *Que cada uno dé como propuso en su corazón, no de mala gana ni por obligación, porque Dios ama al que da con alegría* (2 Corintios 9:7).

22. ¿QUÉ IMPORTANCIA TIENE EL BAUTISMO CRISTIANO?

El bautismo cristiano es una de las dos ordenanzas que Jesús instituyó para la Iglesia. Justo antes de su ascensión, Jesús dijo: *Vayan, pues, y hagan discípulos de todas las naciones, bautizándolos en el nombre del Padre y del Hijo y del Espíritu Santo, enseñándoles a guardar todo lo que les he mandado; y ¡recuerden! Yo estoy con ustedes todos los días, hasta el fin del mundo* (Mateo 28:19-20). Estas instrucciones especifican que la Iglesia es responsable de enseñar la palabra de Jesús, hacer discípulos y bautizar a esos discípulos. Estas cosas se deben hacer en todas partes ("todas las naciones") hasta "el fin del mundo". Por lo tanto, aunque no hubiera otra razón, el bautismo es importante porque Jesús lo ordenó.

El bautismo se practicaba antes de la fundación de la Iglesia. Los judíos de tiempos antiguos bautizaban a los prosélitos para dar a entender la naturaleza "limpiada" de los convertidos. Juan el Bautista usó el bautismo para preparar el camino del Señor, exigiendo que *todos*, no solo los gentiles, se bautizaran porque *todos* necesitaban arrepentimiento. Sin embargo, el bautismo de Juan, que era para arrepentimiento, no es el mismo que el bautismo cristiano, como vemos en Hechos 18:24-26 y 19:1-7. El bautismo cristiano tiene un significado más profundo.

El bautismo debe hacerse en el nombre del Padre, del Hijo y del Espíritu; esto es lo que lo hace ser un bautismo *cristiano*. Es mediante esta ordenanza como una persona es admitida en la comunión de la Iglesia. Cuando somos salvos, somos "bautizados" por el Espíritu en el cuerpo de Cristo, que es la Iglesia. Primera de Corintios 12:13 dice: *Pues por un mismo Espíritu todos fuimos bautizados en un solo cuerpo, ya judíos o griegos, ya esclavos o libres. A todos se nos dio a beber del mismo Espíritu.* El bautismo en agua es una "reinstauración" del bautismo por el Espíritu.

El bautismo cristiano es el medio por el cual una persona hace una profesión pública de fe y discipulado. En las aguas del bautismo, la persona expresa sin palabras: "Confieso mi fe en Cristo; Jesús ha limpiado mi alma del pecado y ahora tengo una nueva vida de santificación".

El bautismo cristiano ilustra de manera drástica la muerte, sepultura y resurrección de Cristo. Al mismo tiempo, también representa nuestra muerte al pecado y nuestra nueva vida en Cristo. Al confesar al Señor Jesús, el pecador muere al pecado (Romanos 6:11) y es resucitado a una vida nueva (Colosenses 2:12). Ser sumergido en el agua simboliza la muerte al pecado, y al salir del agua se representa la vida limpia y santa que sigue a la salvación. Romanos 6:4 lo explica así: *Por tanto, hemos sido sepultados con Él por medio del bautismo para muerte, a fin de que como Cristo resucitó de entre los muertos por la gloria del Padre, así también nosotros andemos en novedad de vida.*

En términos sencillos, el bautismo es un testimonio externo del cambio interno en la vida de un creyente. El bautismo cristiano es un acto de obediencia al Señor *después* de la salvación; aunque está estrechamente relacionado con la salvación, no es un requisito para ser salvo. La Biblia muestra en muchos lugares que el orden de los sucesos es: 1) una persona cree en el Señor Jesús, y 2) es bautizada. Este orden se ve en Hechos 2:41: *Entonces los que habían recibido su palabra [de Pedro] fueron bautizados* (ver también Hechos 16:14–15).

Un nuevo creyente en Jesucristo debería desear ser bautizado lo antes posible. En Hechos 8, Felipe le predica "el evangelio de Jesús" al eunuco etíope, y "yendo por el camino, llegaron a un lugar donde había agua; y el eunuco dijo: 'Ahí hay agua. ¿Qué impide que yo sea bautizado?'" (vv. 35-36). De inmediato, detuvieron el carro y Felipe bautizó al hombre.

El bautismo ilustra la identificación del creyente con la muerte, sepultura y resurrección de Cristo. Dondequiera que se predica el evangelio y las personas son atraídas a la fe en Cristo, deben ser bautizadas.

23. ¿REGISTRA LA BIBLIA LA MUERTE DE LOS APÓSTOLES? ¿CÓMO MURIÓ CADA UNO DE LOS APÓSTOLES?

El único apóstol cuya muerte quedó registrada en la Biblia es Jacobo (o Santiago) en Hechos 12:2. El rey Herodes "hizo matar a espada" a Santiago, probablemente refiriéndose a la decapitación. Las circunstancias de las muertes de los demás apóstoles se conocen a través de la tradición de la Iglesia, así que no deberíamos poner demasiado peso sobre ninguno de los demás relatos. La tradición de la Iglesia más comúnmente aceptada con respecto a la muerte de un apóstol es la de Pedro, crucificado boca abajo en Roma en cumplimiento de la profecía de Jesús (Juan 21:18). Las siguientes son las "tradiciones" más populares con respecto a las muertes de los demás apóstoles:

Mateo sufrió martirio en Etiopía, asesinado a filo de espada. Juan se enfrentó al martirio cuando fue hervido en un gran barril para hervir aceite durante una oleada de persecución en Roma; sin embargo, fue milagrosamente librado de la muerte. Juan después fue sentenciado a las minas en la prisión de la isla de Patmos. Escribió su libro profético de Apocalipsis en Patmos. El apóstol Juan después fue liberado y regresó a lo que es hoy la actual Turquía. Murió siendo anciano, el único apóstol que murió pacíficamente.

Santiago, el hermano de Jesús (que no fue oficialmente un apóstol), fue el líder de la iglesia en Jerusalén. Fue arrojado desde el pináculo sureste del templo (una altura de unos treinta metros) al rehusar negar su fe en Cristo. Cuando descubrieron que sobrevivió a la caída, sus enemigos mataron a golpes a Santiago con un palo. Se cree que este es el mismo pináculo donde Satanás había llevado a Jesús durante su tentación.

Bartolomé, también conocido como Natanael, fue misionero en Asia. Dio testimonio en la actual Turquía y fue martirizado por su predicación en Armenia, siendo flagelado hasta la muerte con un látigo. Andrés fue crucificado en una cruz con forma de X en Grecia. Después de que siete soldados azotaran a Andrés severamente, ataron su cuerpo a la cruz con cuerdas para prolongar su agonía. Sus seguidores dijeron que cuando lo llevaban a la cruz, Andrés saludó con estas palabras: "He deseado y esperado esta feliz hora desde hace mucho tiempo. La cruz ha sido consagrada por el cuerpo de Cristo al colgar en ella". Siguió predicando a quienes lo atormentaban durante dos días hasta que murió. El apóstol Tomás fue traspasado con una lanza en India durante uno de sus viajes misioneros para establecer allí una iglesia. Matías, el apóstol escogido para reemplazar al traidor Judas Iscariote, fue apedreado y después decapitado. El apóstol Pablo fue torturado y después decapitado por el malvado emperador Nerón en Roma en el año 67 d. C. Hay tradiciones con respecto a los otros apóstoles también, pero ninguna tiene un apoyo tradicional o histórico confiable.

No es tan importante cómo murieron los apóstoles. Lo que importa es el hecho de que todos estuvieron dispuestos a morir por su fe. Si Jesús no hubiera resucitado, los discípulos lo habrían sabido. La gente no morirá por algo que sabe que es una mentira. El hecho de que todos los apóstoles estuvieron dispuestos a sufrir una muerte horrible, al negarse a renunciar a su fe en Cristo, es una evidencia tremenda de que verdaderamente habían sido testigos de la resurrección de Jesucristo.

SECCIÓN 4

PREGUNTAS ACERCA DE TEOLOGÍA

24. ¿QUÉ SIGNIFICA QUE LA HUMANIDAD FUE CREADA A IMAGEN DE DIOS (IMAGO DEI)?

El último día de la creación, dijo Dios: *Hagamos al hombre a Nuestra imagen, conforme a Nuestra semejanza* (Génesis 1:26). Así, terminó su obra con un "toque personal". Dios formó a Adán del polvo y le dio vida compartiendo su propio aliento (Génesis 2:7). Por lo tanto, la humanidad es única entre el resto de la creación de Dios por tener un cuerpo material y también un alma/espíritu inmaterial. La humanidad fue creada a imagen de Dios para parecerse a Dios, identificarse con Dios y reflejar a Dios en lo moral, mental y social.

Tener la "imagen" o "semejanza" de Dios significa, en términos sencillos, que fuimos creados para reflejar a Dios. Adán no se parecía a Dios en el sentido de que Dios tenga carne y sangre. La Escritura dice que "Dios es espíritu" (Juan 4:24) y, por lo tanto, existe sin un cuerpo. Sin embargo, el cuerpo de Adán sí reflejaba la vida de Dios en cuanto a que fue creado con salud perfecta y no estaba sujeto a la muerte.

La imagen de Dios (en latín, *imago dei*) se refiere a la parte inmaterial de la humanidad. Separa a los seres humanos del mundo animal, los capacita para el dominio que Dios pretendía que tuvieran sobre la tierra (Génesis 1:28), y les permite tener comunión con su Creador. Es una semejanza en lo mental, moral y social.

En lo mental, la humanidad fue creada como un agente racional, volitivo. En otras palabras, los seres humanos pueden razonar y escoger. Este es un reflejo del intelecto y la libertad de Dios. Siempre que alguien inventa una máquina, escribe un libro, pinta un paisaje, disfruta de una sinfonía, calcula una suma o pone nombre a una mascota, está proclamando el hecho de que fuimos creados a imagen de Dios.

En el aspecto moral, la humanidad fue creada en justicia y perfecta inocencia: un reflejo de la santidad de Dios. Dios vio todo lo que había creado (la humanidad incluida) y dijo que era "muy bueno" (Génesis 1:31). Nuestra conciencia o "brújula moral" es un vestigio de ese estado original. Cuando alguien redacta una ley, se aparta del mal, elogia la buena conducta o se siente culpable, está confirmando que fuimos creados a imagen de Dios.

En lo social, la humanidad fue creada para tener comunión. Esto refleja la naturaleza trina de Dios y su amor. En el Edén, la principal relación de la humanidad era con Dios (Génesis 3:8 implica comunión con Dios), y Dios creó a la primera mujer porque no era bueno que el hombre estuviera solo (Génesis 2:18). Cada vez que alguien se casa, hace un amigo, abraza a un niño o asiste a la iglesia, está demostrando que fuimos creados a semejanza de Dios.

Parte de ser creados a imagen de Dios es que Adán tenía la capacidad de tomar decisiones libres. Aunque recibieron una naturaleza recta, Adán y Eva tomaron una mala decisión al rebelarse contra su Creador. Al hacerlo, estropearon la imagen de Dios que tenían en su interior y transmitieron esa semejanza dañada a todos sus descendientes (Romanos 5:12). Hoy, todavía seguimos portando la imagen de Dios (Santiago 3:9), pero también llevamos las cicatrices del pecado. En los aspectos mental, moral, social y físicamente, mostramos los efectos del pecado.

La buena noticia es que, cuando Dios redime a una persona, comienza a restaurar la imagen original de Dios, creando un nuevo hombre, el cual "ha sido creado en la justicia y santidad de la verdad" (Efesios 4:24). Esa redención solo está disponible por la gracia de Dios mediante la fe en Jesucristo como nuestro Salvador del pecado que nos separa de Dios (Efesios 2:8-9). A través de Cristo, somos hechos nuevas criaturas a semejanza de Dios (2 Corintios 5:17) y somos capaces de reflejar con mayor plenitud el carácter y llamado de Dios ante quienes nos rodean.

25. ¿POR QUÉ PERMITE DIOS QUE LES OCURRAN COSAS MALAS A PERSONAS BUENAS?

Vivimos en un mundo de dolor y sufrimiento. Todos están afectados por las crudas realidades de la vida, y la pregunta "¿por qué les suceden cosas malas a personas buenas?" es una de las preguntas más difíciles de toda la teología. Dios es soberano, así que todo lo que ocurre al menos debe haber sido permitido por Él, si es que no lo hizo directamente. Desde el principio, debemos reconocer que los seres humanos, que no son eternos, infinitos y omniscientes, no pueden esperar entender completamente los propósitos y caminos de Dios.

El libro de Job habla del asunto de por qué Dios permite que les pasen cosas malas a personas buenas. Job era un hombre justo (Job 1:1), pero sufrió de maneras casi incomprensibles. Dios permitió que Satanás le hiciera a Job todo lo que quisiera salvo quitarle la vida, y Satanás hizo lo peor. ¿Cuál fue la reacción de Job? *Aunque Él me mate, en Él esperaré* (Job 13:15). *El Señor dio y el Señor quitó; bendito sea el nombre del Señor* (Job 1:21). Job no entendía por qué Dios había permitido todas esas cosas, pero sabía que Dios era bueno y, por lo tanto, siguió confiando en Él. En última instancia, esa debería ser también nuestra reacción.

¿Por qué les ocurren cosas malas a las personas buenas? Por difícil que sea reconocerlo, debemos recordar que no hay personas "buenas" en el sentido absoluto de la palabra. Todos estamos afectados e infectados por el pecado (Eclesiastés 7:20; Romanos 3:23; 1 Juan 1:8). Como dijo Jesús: *Nadie es bueno, sino solo uno, Dios* (Lucas 18:19). Todos sentimos los efetos del pecado de un modo u otro. A veces es nuestro propio pecado personal, y otras veces es el pecado de otros. Vivimos en un mundo caído, y experimentamos los efectos de la caída. Uno de esos efectos es la injusticia y el sufrimiento que aparentemente no tienen sentido.

Cuando nos preguntamos por qué Dios permite que les ocurran cosas malas a personas buenas, también es bueno considerar estas cuatro cosas sobre las cosas malas que ocurren:

1. En este mundo a las personas buenas les pueden pasar cosas malas, *pero este mundo no es el final*. Los cristianos tienen una perspectiva eterna: *Por tanto no desfallecemos, antes bien, aunque nuestro hombre exterior va decayendo, sin embargo nuestro hombre interior se renueva de día en día. Pues esta aflicción leve y pasajera nos produce un eterno peso de gloria que sobrepasa toda comparación, al no poner nuestra vista en las cosas que se ven, sino en las que no se ven. Porque las cosas que se ven son temporales, pero las que no se ven son eternas* (2 Corintios 4:16-18). Tendremos una recompensa algún día, y será glorioso.

2. A las personas buenas les suceden cosas malas, *pero Dios usa esas cosas malas para un bien supremo y duradero. Y sabemos que para los que aman a Dios, todas las cosas cooperan para bien, esto es, para los que son llamados conforme a Su propósito* (Romanos 8:28). Cuando José, inocente de obrar mal, finalmente pasó por sus horribles sufrimientos, pudo ver el buen plan de Dios en todo ello (ver Génesis 50:19-21).
3. A las personas buenas les suceden cosas malas, *pero esas cosas malas equipan a los creyentes para un ministerio más profundo. Bendito sea el [...] Padre de misericordias y Dios de toda consolación, el cual nos consuela en todas nuestras tribulaciones, para que también nosotros podamos consolar a los que están en cualquier aflicción, dándoles el consuelo con que nosotros mismos somos consolados por Dios. Porque así como los sufrimientos de Cristo son nuestros en abundancia, así también abunda nuestro consuelo por medio de Cristo* (2 Corintios 1:3-5). Los que tienen cicatrices de guerra pueden ayudar mejor a los que están atravesando batallas.
4. A las personas buenas les suceden cosas malas, *y las peores cosas le sucedieron a la mejor Persona*. Jesús fue el único verdaderamente Justo, y aun así sufrió más de lo que podemos imaginar. Nosotros seguimos sus pasos: *Pero si cuando hacen lo bueno sufren por ello y lo soportan con paciencia, esto halla gracia con Dios. Porque para este propósito han sido llamados, pues también Cristo sufrió por ustedes, dejándoles ejemplo para que sigan Sus pasos, el cual no cometió pecado, ni engaño alguno se halló en Su boca; y quien cuando lo ultrajaban, no respondía ultrajando. Cuando padecía, no amenazaba, sino que se encomendaba a aquel que juzga con justicia* (1 Pedro 2:20-23). Jesús no es ajeno a nuestro dolor.

Romanos 5:8 declara: *Pero Dios demuestra su amor para con nosotros, en que siendo aún pecadores, Cristo murió por nosotros.* Al margen de la naturaleza pecaminosa de las personas de este mundo, Dios sigue amándonos. Jesús nos amó lo suficiente como para morir para llevar el castigo de nuestros pecados (Romanos 6:23). Si recibimos a Jesucristo como Salvador (Juan 3:16; Romanos 10:9), seremos perdonados y se nos promete un hogar eterno en el cielo (Romanos 8:1).

Dios permite que sucedan las cosas por una razón. Entendamos o no sus razones, debemos recordar que Dios es bueno, justo, amoroso y misericordioso (Salmos 89:14; 135:3; 145:8; Efesios 2:4-5). A menudo nos suceden cosas malas que sencillamente no podemos entender. En lugar de dudar de la bondad de Dios, nuestra reacción debería ser confiar en Él. *Confía en el Señor con todo tu corazón, y no te apoyes en tu propio entendimiento. Reconócelo en todos tus caminos, y Él enderezará tus sendas* (Proverbios 3:5-6). Andamos por fe, no por vista.

26. ¿QUÉ SIGNIFICA TENER EL TEMOR DE DIOS?

Para el incrédulo, el temor de Dios es el temor al juicio de Dios y la muerte eterna, que es la separación eterna de Dios (Lucas 12:5; Hebreos 10:31). Para el creyente, el temor de Dios es algo muy distinto. El temor del creyente es reverencia ante Dios. Hebreos 12:28-29 es una buena descripción de esto: *Así que nosotros, que estamos recibiendo un reino que no se puede alterar, seamos agradecidos. Y porque estamos agradecidos, adoremos a Dios como a él le gusta, con honra y reverencia. Porque nuestro Dios es fuego consumidor* (NBV). Esta honra y reverencia es exactamente lo que significa el temor de Dios para los cristianos. Este es el factor motivador para que nos rindamos al Creador del universo.

Proverbios 1:7 declara: *El temor del Señor es el principio de la sabiduría.* Hasta que entendamos quién es Dios y desarrollemos un temor reverente de Él, no podremos tener verdadera sabiduría. La verdadera sabiduría solo viene al entender quién es Dios y que Él es santo, justo y recto. Deuteronomio 10:12, 20-21 dice: *Y ahora, Israel, ¿qué requiere de ti el Señor tu Dios, sino que temas al Señor tu Dios, que andes en todos sus caminos, que lo ames y que sirvas al Señor tu Dios con todo tu corazón y con toda tu alma...Temerás al Señor tu Dios; le servirás, te allegarás a Él y solo en Su nombre jurarás. Él es el objeto de tu alabanza y Él es tu Dios, que ha hecho por ti estas cosas grandes y portentosas que tus ojos han visto.* El temor de Dios es la base para que andemos en sus caminos, lo sirvamos y, sí, lo amemos.

Algunos redefinen el temor de Dios para los creyentes como "respetarlo". Aunque el respeto sin duda alguna está incluido en el concepto de temer a Dios, es más que eso. Un temor de Dios bíblico incluye entender lo mucho que Dios aborrece el pecado y temer su juicio del pecado, incluso en la vida de un creyente. Hebreos 12:5-11 describe la disciplina de Dios con el creyente. Aunque se hace con amor (Hebreos 12:6), sigue siendo algo que da miedo. Cuando éramos niños, nuestro temor a la disciplina de nuestros padres sin duda nos impedía hacer algunas cosas malas. Lo mismo debería suceder en nuestra relación con Dios. Deberíamos temer su disciplina y, por lo tanto, buscar vivir nuestra vida de una manera agradable a Él.

Los creyentes no deben tener miedo de Dios. No tenemos razón alguna para tenerle miedo. Tenemos su promesa de que nada nos puede separar de su amor (Romanos 8:38-39). Tenemos su promesa de que nunca nos dejará ni nos desamparará (Hebreos 13:5). Temer a Dios significa reverenciarlo de modo que influya en gran medida en nuestra manera de vivir. El temor de Dios es respetarlo, obedecerlo, someternos a su disciplina y adorarlo con asombro.

27. ¿CÓMO, POR QUÉ Y CUÁNDO CAYÓ SATANÁS DEL CIELO?

La caída de Satanás del cielo se describe simbólicamente en Isaías 14:12-14 y Ezequiel 28:12-18. Aunque estos dos pasajes se refieren específicamente a los reyes de Babilonia y de Tiro, creemos que también hacen referencia al poder espiritual detrás de estos reyes, es decir, a Satanás. Estos pasajes describen *por qué* cayó Satanás, pero no dicen *cuándo* ocurrió la caída. Jesús, el Hijo eterno de Dios, fue testigo de la caída de Satanás, y lo menciona en Lucas 10:18: *Yo veía a Satanás caer del cielo como un rayo*. Sabemos que los ángeles fueron creados antes que la tierra (Job 38:4-7). Satanás cayó antes de tentar a Adán y Eva en el jardín (Génesis 3:1-14). La caída de Satanás, por consiguiente, debió haber ocurrido en algún momento después de que los ángeles fueran creados y antes de que tentara a Adán y Eva en el jardín del Edén. La Biblia no dice si la caída de Satanás ocurrió horas, días o años antes de que tentara a Adán y Eva en el jardín.

El libro de Job nos dice, al menos en el tiempo de Job, que Satanás todavía tenía acceso al cielo y al trono de Dios. *Un día, cuando los hijos de Dios vinieron a presentarse delante del Señor, Satanás vino también entre ellos. Y el Señor preguntó a Satanás: "¿De dónde vienes?". Entonces Satanás respondió al Señor: "De recorrer la tierra y de andar por ella"* (Job 1:6-7). Aparentemente en ese tiempo, Satanás aún se movía con libertad entre el cielo y la tierra, hablando directamente a Dios y dando cuentas de sus actividades. Si Dios ha discontinuado este acceso es asunto de debate. Algunos dicen que el acceso de Satanás al cielo terminó con la muerte de Cristo. Otros creen que el acceso de Satanás al cielo terminará en la guerra en el cielo de los últimos tiempos (Apocalipsis 12:7-12).

¿Por qué cayó Satanás del cielo? Satanás cayó debido al orgullo. Deseó ser Dios en lugar de ser un siervo de Dios. Observemos las muchas frases de Isaías 14:12-15 que contienen la forma verbal futura en primera persona. Ezequiel 28:12-15 describe a Satanás como un ángel extremadamente bello. Satanás probablemente era el más elevado de todos los ángeles, el querubín ungido, la más bella creación de Dios, pero no estuvo contento con su posición. En cambio, Satanás deseó ser Dios, básicamente echar a Dios de su trono y tomar el gobierno del universo. Satanás quiso ser Dios, y es interesante que ese fue el deseo con el que tentó a Adán y Eva en el jardín del Edén (Génesis 3:1-5).

¿Cómo cayó Satanás del cielo? Debido al pecado de Satanás, Dios lo expulsó del cielo (Isaías 14:15; Ezequiel 28:16-17). El cielo no es un lugar para los malvados. Satanás cayó porque fue *empujado*.

28. ¿CUÁL ES LA DIFERENCIA ENTRE SEOL, HADES, INFIERNO, LAGO DE FUEGO, PARAÍSO Y SENO DE ABRAHAM?

Los distintos términos usados en la Biblia para cielo e infierno, como seol, hades, gehena, el lago de fuego, paraíso y seno de Abraham, son temas de gran debate y pueden ser confusos.

La palabra *paraíso* se usa como un sinónimo del *cielo* (2 Corintios 12:3-4; Apocalipsis 2:7). Cuando Jesús estaba muriendo en la cruz y uno de los ladrones que estaba siendo crucificado con Él le pidió misericordia, Jesús respondió: *En verdad te digo: hoy estarás conmigo en el paraíso* (Lucas 23:43). Jesús sabía que su muerte era inminente y que pronto estaría en el cielo con su Padre. En sus palabras de consuelo al penitente ladrón, Jesús usó *paraíso* como sinónimo del *cielo*, y la palabra se ha asociado con cualquier lugar de deleite y amor ideal.

El seno de Abraham solo aparece una vez en la Biblia, en la historia de Lázaro y el joven rico (Lucas 16:19-31). *El seno de Abraham* se usaba en el Talmud como un sinónimo del *cielo* (*Seder Nashim, Kiddushin* 72b). La imagen en la historia es la de Lázaro reclinándose en una mesa apoyado en el pecho de Abraham en el banquete celestial, como Juan se apoyó en el pecho de Jesús en la última cena. El punto de la historia es que los hombres malvados verán a los justos en un estado de felicidad, mientras que ellos mismos están en tormento, y que existe entre ellos "un gran abismo" que no se puede cruzar (Lucas 16:26). El seno de Abraham es obviamente un lugar de paz, descanso y gozo; en otras palabras, el paraíso.

En las Escrituras hebreas, la palabra usada para describir el lugar de los muertos es *seol*. Simplemente significa "el lugar de los muertos" o "el lugar de las almas o los espíritus que se han ido". El equivalente griego en el Nuevo Testamento de *seol* es *hades*, que también es una referencia general al "lugar de los muertos". El seol o hades está dividido en un lugar de bendición (donde estaba Lázaro en Lucas 16) y un lugar de tormento (donde estaba el hombre rico en Lucas 16). El seol también parece ser un lugar temporal donde las almas están a la espera de la resurrección final. Las almas de los justos, al morir van directamente a la presencia de Dios: la parte del seol llamada "cielo", "paraíso" o "seno de Abraham" (Lucas 23:32; 2 Corintios 5:8; Filipenses 1:23).

La palabra griega *gehena* se usa en el Nuevo Testamento para referirse al "infierno" (ver Mateo 5:29; 23:33). La palabra se deriva de la palabra hebrea *ge-hinnom*, que designa a un valle al sur de Jerusalén, un lugar repulsivo donde se quemaban la basura y desechos. Jesús hizo referencia a la *gehena* como un símbolo del lugar del juicio después de la muerte.

El lago de fuego, mencionado solo en Apocalipsis 19:20 y 20:10, 14-15, es el infierno final, el lugar de castigo eterno para todos los rebeldes no arrepentidos, tanto angélicos como humanos

(Mateo 25:41). Está descrito como un lugar de azufre ardiente, y los que están en él experimentan una agonía eterna inexplicable de una naturaleza incesante (Lucas 16:24; Marcos 9:45-46). Los que han rechazado a Cristo y están en la morada temporal de los muertos en el hades o seol tienen el lago de fuego como su destino final.

Sin embargo, aquellos cuyos nombres están escritos en el libro de la vida del Cordero no deberían tener miedo de este terrible destino. Por la fe en Cristo y su sangre derramada en la cruz por nuestros pecados, estamos destinados a vivir eternamente en la presencia de Dios.

29. ¿FUE JESÚS AL INFIERNO ENTRE SU MUERTE Y RESURRECCIÓN?

Hay mucha confusión en cuanto a esta pregunta. El concepto de que Jesús fue al infierno después de su muerte en la cruz viene principalmente del Credo de los apóstoles, que dice: "Descendió al infierno". También hay unos cuantos pasajes bíblicos que, dependiendo de cómo se traduzcan, describen a Jesús yendo al "infierno". Al estudiar este tema, es importante entender primero lo que enseña la Biblia acerca del mundo de los muertos.

En las Escrituras hebreas, la palabra que se usa para describir el mundo de los muertos es *seol*. Simplemente significa "el lugar de los muertos" o "el lugar de las almas o espíritus que se han ido". El equivalente griego del Nuevo Testamento de *seol* es *hades*, que también hace referencia "al lugar de los muertos". El Nuevo Testamento indica que el seol o hades es un lugar temporal, donde están las almas mientras esperan la resurrección y el juicio final. Apocalipsis 20:11-15 hace una distinción clara entre hades y el lago de fuego. El lago de fuego es el lugar final y permanente de juicio para los perdidos. El hades, entonces, es un lugar temporal. Muchas personas hacen referencia tanto al hades como al lago de fuego con la palabra "infierno", y esto causa confusión. Jesús no fue a un lugar de tormento después de su muerte, sino que fue al hades.

El seol o hades es un lugar con dos divisiones: un lugar de bendición y un lugar de juicio (Mateo 11:23; 16:18; Lucas 10:15; 16:23; Hechos 2:27-31). A las moradas de los salvos y de los perdidos generalmente se les llama "hades" en la Biblia. A la morada de los salvos también se le llama "el seno de Abraham" en Lucas 16:22 y "paraíso" en Lucas 23:43. Las moradas de los salvos y de los perdidos están separadas por un "gran abismo" (Lucas 16:26). Cuando Jesús murió, fue al lugar bueno del seol, o paraíso. (Algunos creen, con base en una interpretación particular de Efesios 4:8-10, que Jesús llevó con Él creyentes desde el seol a otro lugar de dicha que ahora llamamos cielo. Es más probable que Efesios 4 se refiera a la ascensión de Cristo). Todos los no creyentes muertos van al lugar malo del hades para esperar el juicio final. Todos los creyentes muertos van al lugar bueno del hades en espera de la resurrección. ¿Fue Jesús al seol o hades? Sí, según las propias palabras de Jesús, fue al seol (Mateo 12:39-40): al lugar bueno del seol.

Parte de la confusión se ha producido por pasajes como Salmos 16:10, que en algunas traducciones (como la versión en inglés King James [KJV]) dice lo siguiente: "Porque no dejarás mi alma en el infierno; ni permitirás que tu Santo vea corrupción. Me mostrarás la senda de la vida". "Infierno" no es una traducción correcta en este versículo. Una lectura correcta sería "el sepulcro" o "seol". Jesús le dijo al ladrón a su lado: *Hoy estarás conmigo en el paraíso* (Lucas 23:43); Él no dijo: "Te veré en el infierno". El cuerpo de Jesús estuvo en la tumba; su alma/espíritu fue con los benditos en el seol o hades. Por desgracia, en algunas versiones de la Biblia los traductores no son consistentes o específicos en cómo traducen las palabras en hebreo y griego para "seol", "hades" e "infierno".

Algunos tienen el punto de vista de que Jesús fue al "infierno" o el lugar de sufrimiento del seol o hades para ser castigado todavía más por nuestros pecados. Esta idea no es bíblica de ningún modo. Fue la muerte de Jesús en la cruz lo que proveyó suficientemente para nuestra redención. Fue su sangre vertida la que produjo nuestra propia limpieza del pecado (1 Juan 1:7-9). Mientras colgaba en la cruz, Él tomó la carga del pecado de toda la raza humana sobre sí mismo. Se hizo pecado por nosotros: *Al que no conoció pecado, lo hizo pecado por nosotros, para que fuéramos hechos justicia de Dios en Él* (2 Corintios 5:21). Esta imputación del pecado nos ayuda a entender la lucha de Cristo en el huerto de Getsemaní con la copa que pidió que pasara de Él si era posible (Mateo 26:39).

Cuando Jesús estaba cerca de su muerte, dijo: *¡Consumado es!* (Juan 19:30). Su sufrimiento en nuestro lugar se completó. Su alma/espíritu fue al hades (el lugar de los muertos). Jesús no fue al "infierno" o el lugar de sufrimiento del hades; fue al "seno de Abraham" o el lugar bueno del hades. El sufrimiento de Jesús terminó en el momento en que murió. El pago por el pecado estaba hecho. Después esperó la resurrección de su cuerpo y su regreso a la gloria en su ascensión. ¿Fue Jesús al infierno? No. ¿Fue Jesús al seol o hades? Sí.

30. ¿QUÉ SUCEDE DESPUÉS DE LA MUERTE?

Dentro de la fe cristiana hay bastante confusión en cuanto a lo que ocurre después de la muerte. Algunos sostienen que después de la muerte todos "duermen" hasta el juicio final, después del cual todos serán enviados al cielo o al infierno. Otros creen que en el momento de la muerte la persona es juzgada instantáneamente y enviada a su destino eterno. Y hay otros que afirman que cuando la gente muere, su alma/espíritu es enviado a un cielo o infierno temporal en espera de la resurrección final, el juicio final y la finalidad de su destino eterno. Por lo tanto, ¿qué dice la Biblia que ocurre después de la muerte?

En primer lugar, para el creyente en Jesucristo, la Biblia nos dice que después de la muerte las almas/espíritus de los creyentes son llevadas al cielo, porque sus pecados fueron perdonados cuando recibieron a Cristo como Salvador (Juan 3:16, 18, 36). Para los creyentes, la muerte significa estar "ausentes del cuerpo y presentes ante el Señor" (2 Corintios 5:6-8). Sin embargo, pasajes como 1 Corintios 15:50-54 y 1 Tesalonicenses 4:13-17 describen a los creyentes siendo resucitados y recibiendo cuerpos glorificados. Si los creyentes van a estar con Cristo inmediatamente después de la muerte, ¿cuál es el propósito de esta resurrección? Parece que, aunque las almas/espíritus de los creyentes van a estar con Cristo inmediatamente al morir, el cuerpo físico permanece en la tumba "durmiendo". En la resurrección de los creyentes, el cuerpo físico será resucitado, glorificado y reunido con el alma/espíritu. Este cuerpo-alma-espíritu glorificado y reunido será el estado de existencia para los creyentes por la eternidad en los nuevos cielos y la nueva tierra (Apocalipsis 21–22).

En segundo lugar, para aquellos que no reciben a Jesucristo como Salvador, la muerte significa castigo eterno; sin embargo, al igual que el destino de los creyentes, parece que los incrédulos también van a un lugar de espera temporal para aguardar su resurrección final, su juicio y destino eterno. Lucas 16:22-23 describe a un hombre rico siendo atormentado inmediatamente después de la muerte. Apocalipsis 20:11-15 describe a todos los muertos incrédulos resucitados, juzgados ante el gran trono blanco y arrojados al lago de fuego. Por lo tanto, los incrédulos no son enviados al infierno (el lago de fuego) inmediatamente después de la muerte, sino que son enviados a un reino temporal de juicio y angustia. El hombre rico clamó: *Estoy en agonía en esta llama* (Lucas 16:24).

Después de la muerte, una persona reside en un lugar de consuelo o en un lugar de tormento. Estos ámbitos actúan como un "cielo" temporal y un "infierno" temporal hasta la resurrección. En ese momento, el alma se reúne con el cuerpo, pero el destino eterno no cambiará. La primera resurrección es para los "benditos y santos" (Apocalipsis 20:6), todos los que están en Cristo, y aquellos que son parte de la primera resurrección entrarán en el reino milenial y, en última instancia, en el nuevo cielo y la nueva tierra (Apocalipsis 21:1). La otra resurrección ocurre después del reino milenial de Cristo y conlleva un juicio sobre los malvados e incrédulos "según sus obras" (Apocalipsis 20:13). Estos, cuyos nombres no están en el libro de la vida, serán enviados al lago de fuego para experimentar la "segunda muerte" (Apocalipsis 20:14-15). La nueva tierra y el lago de fuego: estos dos destinos son finales y eternos. Las personas van a uno o al otro, basándose completamente en si han confiado en Jesucristo para salvación (Mateo 25:46; Juan 3:36).

31. ¿CUÁL ES LA DIFERENCIA ENTRE EL ALMA Y EL ESPÍRITU DE LA HUMANIDAD?

El alma y el espíritu son las dos partes principales inmateriales atribuidas a la humanidad en la Escritura. Discernir las diferencias precisas entre ambas puede resultar algo confuso. La palabra *espíritu* se refiere solo a la faceta inmaterial de la humanidad. Los seres humanos tienen un espíritu, pero nosotros no somos espíritus. Sin embargo, en la Escritura se dice que solo los creyentes están espiritualmente vivos (1 Corintios 2:11; Hebreos 4:12; Santiago 2:26); los no creyentes están espiritualmente muertos (Efesios 2:1-5; Colosenses 2:13). En los escritos de Pablo, lo espiritual es central para la vida del creyente (1 Corintios 2:14; 3:1; Efesios 1:3; 5:19; Colosenses 1:9; 3:16). El espíritu es el elemento de la humanidad que nos da la capacidad de tener una relación íntima con Dios. La palabra *espíritu* se refiere a la parte inmaterial de la humanidad que "conecta" con Dios, pues Él mismo es espíritu (Juan 4:24).

La palabra *alma* se puede referir tanto a los aspectos inmateriales como materiales de la humanidad. Los humanos *tienen* un espíritu, pero *son* almas. En su sentido más básico, la palabra *alma* significa "vida"; además de este significado esencial, la Biblia habla del alma en muchos contextos. Uno de ellos en relación con el egoísmo básico de la humanidad (por ej., Lucas 12:19). Los seres humanos tienen una naturaleza pecaminosa, y nuestra alma está manchada por el pecado. El alma, como la esencia de vida del cuerpo, es quitada en el momento de la muerte física (Génesis 35:18). El alma, igual que el espíritu, es el centro de muchas experiencias espirituales y emocionales (Job 30:25; Salmos 43:5; Jeremías 13:17). La palabra *alma* se puede referir a la persona completa, ya sea viva en la tierra o en la vida después de la muerte (ver Apocalipsis 6:9).

El alma y el espíritu están conectados, pero se pueden separar (Hebreos 4:12). El alma es la esencia del ser de la humanidad; es quienes somos. El espíritu es la parte inmaterial de la humanidad que conecta con Dios.

32. ¿VAN AL CIELO LAS MASCOTAS?

La Biblia no enseña explícitamente si las mascotas/animales tienen alma o espíritu, o si las mascotas/animales estarán en el cielo. Sin embargo, podemos usar principios bíblicos generales para desarrollar algo de claridad sobre este tema. La Biblia dice que tanto el hombre (Génesis 2:7) como los animales (Génesis 1:30; 6:17; 7:15, 22) tienen el "soplo de vida"; es decir, que tanto el hombre como los animales son seres vivos. La principal diferencia entre los seres humanos y los animales es que la humanidad es creada a imagen y semejanza de Dios (Génesis 1:26-27), mientras que los animales no. Ser creados a imagen y semejanza de Dios significa que los seres humanos son como Dios en algunos aspectos; son capaces de tener espiritualidad; tienen mente, emociones y voluntad; y parte de su ser continúa después de la muerte. Si las mascotas/animales tienen "alma" (o espíritu o aspecto inmaterial), debe ser de una "calidad" distinta y menor. Esta diferencia posiblemente significa que el alma de la mascota/animal continúa existiendo después de la muerte.

Otro factor a considerar con respecto a si las mascotas estarán en el cielo es que los animales son parte del proceso creativo de Dios en Génesis. Dios creó los animales y dijo que eran buenos (Génesis 1:25). Por lo tanto, no hay razón para pensar que no pueda haber mascotas/animales en la nueva tierra (Apocalipsis 21:1). Lo más probable es que haya animales durante el reino milenial (Isaías 11:6; 65:25). Es imposible decir de forma definitiva si algunos de estos animales podrían ser las mascotas que tuvimos aquí en la tierra. Sabemos que Dios es justo, y que cuando vayamos al cielo estaremos totalmente de acuerdo con su decisión sobre este asunto, sea cual sea.

33. ¿CUÁL ES EL DON DE HABLAR EN LENGUAS?

El primer caso de hablar en lenguas se produjo el día de Pentecostés en Hechos 2:1-4. Los apóstoles compartieron el evangelio con las multitudes hablándoles en sus propias lenguas. Las multitudes estaban asombradas: *Les oímos hablar en nuestras lenguas las maravillas de Dios* (Hechos 2:11, RVR-60). La palabra griega traducida como "lenguas" significa literalmente "lenguajes". Por lo tanto, el don de lenguas es hablar en un lenguaje que quien lo habla no lo aprendió nunca para ministrar a alguien que sí habla ese lenguaje. En 1 Corintios 12–14 Pablo habla sobre los dones milagrosos, diciendo: *Ahora bien, hermanos, si yo voy a ustedes hablando en lenguas, ¿de qué provecho les seré a menos de que les hable por medio de revelación, o de conocimiento, o de profecía, o de enseñanza?*

(1 Corintios 14:6). Según el apóstol Pablo, y en acuerdo con las lenguas descritas en Hechos, hablar en lenguas es valioso para el que oye el mensaje de Dios en su propio idioma, pero no vale para nada para todos los demás a menos que este se interprete o traduzca.

Una persona con el don de interpretación de lenguas (1 Corintios 12:30) podría entender lo que alguien que habla en lenguas estaba diciendo, aunque no conozca el lenguaje que se habló. El que interpreta las lenguas después comunicaría el mensaje de quien habló en lenguas a todos los demás, para que todos entiendan. *Por tanto, el que habla en lenguas, pida en oración para que pueda interpretar* (1 Corintios 14:13). La conclusión de Pablo con respecto a las lenguas que no se interpretan es poderosa: *Sin embargo, en la iglesia prefiero hablar cinco palabras con mi entendimiento, para instruir también a otros, antes que diez mil palabras en lenguas* (1 Corintios 14:19).

¿Es para hoy el don de lenguas? Primera de Corintios 13:8 menciona el cese del don de lenguas, aunque conecta el cese con la llegada de lo "perfecto" en 1 Corintios 13:10. Algunos apuntan a una diferencia de los tiempos verbales en griego, la profecía y el conocimiento "se acabarán", pero las lenguas "cesarán", como evidencia del cese de las lenguas antes de la llegada de lo "perfecto". Aunque pudiera ser una interpretación posible, no está explícitamente claro según el texto. Algunos también citan pasajes como Isaías 28:11 y Joel 2:28-29 como evidencia de que hablar en lenguas era una señal del juicio venidero de Dios. Primera de Corintios 14:22 describe las lenguas como una "señal, no para los que creen, sino para los incrédulos". Usando este versículo, los cesacionistas argumentan que el don de lenguas era una advertencia para los judíos de que Dios iba a juzgar a Israel por rechazar a Jesucristo como el Mesías. Por lo tanto, cuando Dios realmente juzgó a Israel (con la destrucción de Jerusalén por los romanos en el año 70 d. C.), el don de lengas dejó de servir para su propósito. Este punto de vista también es posible, pero el propósito principal cumplido de las lenguas no necesariamente significa que el don haya cesado. La Escritura no afirma de manera concluyente que el don de hablar en lenguas haya cesado.

A la vez, si el don de hablar en lenguas estuviera activo en la Iglesia hoy, se haría de acuerdo con la Escritura. Sería un lenguaje real e inteligible (1 Corintios 14:10). Tendría el propósito de comunicar la Palabra de Dios a una persona en otro lenguaje (Hechos 2:6-12). Se ejercería en la Iglesia de acuerdo con el mandato que Dios dio a través de Pablo: *Si alguien habla en lenguas, que hablen dos, o a lo más tres, y por turno, y que uno interprete. Pero si no hay intérprete, que guarde silencio en la iglesia y que hable para sí y para Dios* (1 Corintios 14:27-28). También sería acorde a 1 Corintios 14:33: *Porque Dios no es Dios de confusión, sino de paz, como en todas las iglesias de los santos.*

Definitivamente, Dios puede dar a una persona el don de hablar en lenguas para capacitarle para comunicarse con una persona que habla en otro lenguaje. El Espíritu Santo es soberano en la distribución de los dones espirituales (1 Corintios 12:11). Tan solo imaginemos cuánto más productivos serían los misioneros si no tuvieran que ir a una escuela de idiomas y pudieran hablar al instante a las personas en su propio idioma. Sin embargo, no parece que Dios haga eso. Las lenguas no parece que ocurran hoy como ocurrieron en el Nuevo Testamento, a pesar del hecho de que sería inmensamente útil. La mayoría de los creyentes que afirman practicar el don de hablar en lenguas no lo hacen en consonancia con los versículos citados arriba. Estos hechos nos llevan a la conclusión de que el don de lenguas ha cesado o al menos es algo poco frecuente en el plan de Dios para la Iglesia hoy.

34. ¿QUÉ ES LA UNCIÓN? ¿QUÉ SIGNIFICA ESTAR UNGIDO?

En la Biblia, la unción con aceite se realizaba en las ceremonias religiosas y se usaba para el aseo personal (Rut 3:3; Mateo 6:17), como refrescante (Lucas 7:46), en tratamientos medicinales (Lucas 10:34) y en tradiciones funerarias (Marcos 16:1).

La unción ceremonial en el Antiguo Testamento era un acto físico que consistía en untar, frotar o verter aceite sagrado sobre la cabeza de alguien (o sobre un objeto) como símbolo externo de que Dios había elegido y apartado a esa persona (u objeto) para un propósito santo específico.

El término hebreo *mashach* significaba "ungir o untar con aceite". El aceite utilizado para la unción religiosa se mezclaba cuidadosamente con finas especias, siguiendo una fórmula específica prescrita por el Señor (Éxodo 30:22-32). Usar este aceite para cualquier otro propósito era una ofensa grave que conllevaba la pena de ser "excluido" de la comunidad (Éxodo 30:33).

Reyes, sacerdotes y profetas eran ungidos externamente con aceite para simbolizar una realidad espiritual más profunda: que la presencia de Dios estaba con ellos y su favor estaba sobre ellos (Salmos 20:6; 28:8). Aunque David era aún un joven pastor, Dios le dijo a Samuel que lo ungiera para hacerlo rey sobre Israel (1 Samuel 16:3). A partir de ese día, el Espíritu del Señor reposó poderosamente sobre la vida de David (1 Samuel 16:13; Salmos 89:20).

Siglos antes de la época de David, el Señor había indicado a Moisés que consagrara a Aarón y a sus hijos para servir como sacerdotes (Éxodo 28:41; 30:30; Levítico 8:30; 10:7). Dios corroboró su ministerio sacerdotal con la gloria ardiente de su presencia que consumió sus ofrendas. Objetos sagrados, incluido el tabernáculo mismo, también fueron apartados o consagrados mediante la unción para su uso en ceremonias de adoración y sacrificio (Génesis 28:18; Éxodo 30:26-29; 40:9-11).

La Biblia contiene una referencia literal a la unción de un profeta cuando el Señor le ordenó a Elías ungir a Eliseo como su sucesor (1 Reyes 19:16). También incluye referencias metafóricas a la unción para indicar que los profetas eran capacitados y protegidos por el Espíritu del Señor para cumplir con su llamado (1 Crónicas 16:22; Salmos 105:15).

Ungir la cabeza con aceite también era una antigua costumbre de hospitalidad mostrada a invitados de honor. En Salmos 23:5 el rey David se ve a sí mismo como un invitado estimado en la mesa del Señor. Esta práctica de ungir a un invitado con aceite reaparece en los Evangelios (Lucas 7:46; Marcos 14:3-9; Juan 12:3).

En el Nuevo Testamento, Jesucristo se revela a sí mismo como nuestro Rey, Sacerdote y Profeta ungido. Él es el Hijo santo y escogido de Dios, el Mesías. De hecho, *Mesías*, que literalmente significa "ungido", se deriva de la palabra hebrea usada para "ungido". *Cristo* (*Cristos* en griego) significa "el ungido".

Jesús declaró en el lanzamiento de su ministerio: *El Espíritu del Señor está sobre mí, porque me ha ungido para anunciar el evangelio a los pobres. […] para proclamar libertad a los cautivos, y la recuperación de la vista a los ciegos; para poner en libertad a los oprimidos* (Lucas 4:18; cf. Isaías 61:1). Jesucristo cumplió la profecía del Antiguo Testamento como el Ungido, el Mesías escogido (Lucas 4:21). Demostró su unción mediante los milagros que hizo y la vida que sacrificó como Salvador del mundo (Hechos 10:38-40).

Hay también un sentido en el que los cristianos hoy son ungidos. A través de Jesucristo, los creyentes reciben "la unción del Santo" (1 Juan 2:20). Esta unción no se expresa en una ceremonia exterior sino al compartir el don del Espíritu Santo (Romanos 8:11). En el momento de la salvación, los creyentes reciben la morada del Espíritu Santo y se unen a Cristo, el Ungido. Como resultado, participamos de su unción (2 Corintios 1:21-22). Según un erudito, esta unción "expresa la influencia santificadora del Espíritu Santo sobre los cristianos que son sacerdotes y reyes para Dios".[1]

El Nuevo Testamento también asocia la unción con la sanidad y la oración. Cuando Jesús envió a los doce a predicar el evangelio, "también expulsaban muchos demonios y sanaban a muchos enfermos ungiéndolos con aceite de oliva" (Marcos 6:13, NTV). Santiago instruye a los creyentes: *Llame a los ancianos de la iglesia y que ellos oren por él, ungiéndolo con aceite en el nombre del Señor* para sanidad (Santiago 5:14).

Los que pertenecen a círculos religiosos carismáticos hablan de "la unción" como algo que los cristianos pueden y deberían buscar. Es común para ellos hablar de predicadores, sermones, ministerios, o cantos ungidos, y aconsejar a otros "abrir su unción" o "caminar en la unción". La idea es que la unción es un derramamiento del poder de Dios para lograr una tarea mediante el ungido. Los carismáticos afirman que hay unciones colectivas, así como varios tipos de unciones individuales: la unción quíntuple; la unción apostólica; y para las mujeres, la unción de Rut, la unción de Débora, la unción de Ana, etc. Algunos incluso hablan de una "unción davídica" sobre los instrumentos musicales, instrumentos "ungidos" que Dios mismo toca para echar fuera demonios y llevar la adoración a un nivel más elevado que nunca. Dicen que las unciones especiales permiten a una persona usar su don espiritual en un "grado más elevado". Los carismáticos dicen que las unciones especiales se reciben cuando "uno libera su fe".

Gran parte de la enseñanza carismática sobre la unción va más allá de lo que dice la Escritura. En su hambre por señales y maravillas, muchos carismáticos buscan experiencias nuevas y cada vez más estimulantes, lo cual requiere más derramamientos, más bautismos espirituales y más unciones. Sin embargo, la Biblia señala una sola unción del Espíritu, así como señala un solo bautismo: *En cuanto a ustedes, la unción que recibieron de Él permanece en ustedes* (1 Juan 2:27; véase también 2 Timoteo 1:14). Este mismo pasaje también refuta otro malentendido, a saber, que Satanás puede robar de alguna manera la unción de un creyente. No necesitamos preocuparnos por perder la unción que recibimos porque la Escritura dice que *permanece*.

Otra enseñanza errónea relacionada con la unción del Espíritu es la "unción *Mimshach*". *Mimshach* es una palabra hebrea relacionada con *mashach* ("ungir") y solo se encuentra en Ezequiel 28:14, donde se dice que el ungido "protege" (NVI) o "cubre y protege" (AMP). Según algunos en el ámbito de la Palabra de Fe, la unción *Mimshach* (que fue otorgada a Lucifer antes de su caída) ahora está disponible para los creyentes. Al recibir esta unción, todo lo que uno toque aumentará o se expandirá, y la persona ungida experimentará niveles más altos de éxito, ganancia material, salud y poder.

En lugar de perseguir una nueva unción, los creyentes deben recordar que *ya* tienen el don del Espíritu Santo. El Espíritu no se da en partes, no llega en porciones o dosis, y no se retira. Tenemos la promesa de que "Su divino poder nos ha concedido todo cuanto concierne a la vida y a la piedad, mediante el verdadero conocimiento de Aquel que nos llamó por Su gloria y excelencia" (2 Pedro 1:3).

35. ¿CUÁL ES LA DIFERENCIA ENTRE MISERICORDIA Y GRACIA?

La misericordia y la gracia están íntimamente relacionadas. Aunque los términos tienen significados similares, *gracia* y *misericordia* no es exactamente lo mismo. La misericordia tiene que ver con la bondad y la compasión; a menudo se habla de ella en el contexto de que Dios no nos castiga según lo que merecemos por nuestros pecados. La gracia incluye bondad y compasión, pero también tiene implícita la idea de conceder un don o favor. Puede ser útil ver la misericordia como un subconjunto de la gracia. En la Escritura, la misericordia a menudo se equipara con la liberación del juicio (por ej., Deuteronomio 4:30-41; 1 Timoteo 1:13), y la gracia es siempre extender una bendición a los que son indignos de ella.

Según la Biblia, todos hemos pecado (Eclesiastés 7:20; Romanos 3:23; 1 Juan 1:8). Como resultado de ese pecado, todos merecemos la muerte (Romanos 6:23) y el juicio eterno en el lago de fuego (Apocalipsis 20:12-15). Sabiendo lo que merecemos, cada día que vivimos es un acto de la misericordia de Dios. Si Dios nos diera todo lo que merecemos, todos estaríamos en este mismo momento condenados por toda la eternidad. En Salmos 51:1-2 David clama: *Ten piedad de mí, oh Dios, conforme a Tu misericordia; conforme a lo inmenso de Tu compasión, borra mis transgresiones. Lávame por completo de mi maldad, y límpiame de mi pecado.* Rogar la misericordia de Dios es pedirle que muestre bondad y retire el juicio que merecemos.

No merecemos nada bueno de Dios. Dios no nos debe ninguna cosa buena. Cualquier bondad que experimentemos es como resultado de la gracia de Dios (Efesios 2:5). *Gracia* se define simplemente como "favor inmerecido". Dios nos favorece, nos muestra aprobación y bondad, al bendecirnos con cosas buenas que no merecemos y que nunca nos podríamos ganar. La gracia común se refiere a las bendiciones que Dios concede a toda la humanidad al margen de cuál sea su estado espiritual delante de Él, mientras que la gracia salvadora es esa bendición especial mediante la cual Dios da soberanamente ayuda divina inmerecida a sus elegidos para su regeneración y santificación.

La misericordia y la gracia son evidentes en la salvación que está disponible a través de Jesucristo. Merecemos juicio, pero en

Cristo recibimos misericordia de Dios y somos librados del juicio. En Cristo recibimos salvación, perdón de pecados y vida abundante por la eternidad (Juan 10:10), todo ellos dones de la gracia. Nuestra respuesta a la misericordia y la gracia de Dios debería ser caer de rodillas en adoración y acción de gracias. Hebreos 4:16 declara: *Por tanto, acerquémonos con confianza al trono de la gracia para que recibamos misericordia, y hallemos gracia para la ayuda oportuna.*

36. CALVINISMO VS. ARMINIANISMO; ¿QUÉ POSTURA ES LA CORRECTA?

Calvinismo y arminianismo son dos sistemas de teología que intentan explicar la relación existente entre la soberanía de Dios y la responsabilidad del hombre en materia de salvación. Se llama calvinismo por Juan Calvino, un teólogo francés que vivió del 1509 al 1564. Se llama arminianismo por Jacobo Arminio, un teólogo holandés que vivió del 1560 al 1609.

Ambos sistemas se pueden resumir en cinco puntos. El calvinismo sostiene la depravación total del hombre mientras que el arminianismo sostiene la depravación parcial. La doctrina del calvinismo de la total depravación defiende que cada aspecto de la humanidad está corrompido por el pecado; por lo tanto, los seres humanos son incapaces de acudir a Dios por su propia cuenta. La depravación parcial afirma que cada aspecto de la humanidad está manchado por el pecado, pero no hasta el punto de que los seres humanos sean incapaces de tener fe en Dios por su propia cuenta. Nota: el arminianismo clásico rechaza la "depravación parcial" y defiende una visión muy cercana a la "depravación total" calvinista (aunque el grado y significado de esa depravación se debaten en círculos arminianos). En general, los arminianos creen que hay un estado intermedio entre la depravación total y la salvación. En este estado, posibilitado por la gracia preveniente, el pecador está siendo atraído a Cristo y tiene la capacidad dada por Dios de escoger la salvación.

El calvinismo incluye la creencia de que la elección es incondicional, mientras que el arminianismo cree en la elección condicional. La elección incondicional es la idea de que Dios elige individuos para la salvación basado por completo en su voluntad, no en nada inherentemente digno en el individuo o en ningún hecho que haya llevado a cabo el individuo. La elección condicional afirma que Dios elige individuos para la salvación sobre la base de su presciencia de quién creerá en Cristo para salvación, por ende bajo la condición de que el individuo elija a Dios.

El calvinismo ve la expiación como limitada, mientras que el arminianismo la ve como ilimitada. Este es probablemente el punto más polémico de los cinco. La expiación limitada es la creencia de que Jesús murió solamente por los elegidos. La expiación ilimitada es la creencia de que Jesús murió por todos, pero que su muerte no es eficaz hasta que la persona no le recibe mediante la fe.

El calvinismo incluye la creencia de que la gracia de Dios es irresistible, mientras que el arminianismo dice que un individuo puede resistir la gracia de Dios. La gracia irresistible argumenta que, cuando Dios llama a una persona para salvación, esa persona inevitablemente vendrá a la salvación. La gracia resistible dice que Dios llama a la salvación, pero que muchas personas resisten y rechazan este llamado.

El calvinismo defiende la perseverancia de los santos mientras que el arminianismo defiende la salvación condicional. La perseverancia de los santos se refiere al concepto de que una persona que es elegida por Dios perseverará en fe y no negará permanentemente a Cristo o se alejará de Él. La salvación condicional es la idea de que un creyente en Cristo puede, por su propio libre albedrío, alejarse de Cristo y por lo tanto perder la salvación. Nota: muchos arminianos niegan la "salvación condicional" y en su lugar defienden la "seguridad eterna".

Por lo tanto, en el debate calvinismo vs. arminianismo, ¿quién está en lo correcto? Es interesante que en la diversidad del cuerpo de Cristo hay todo tipo de mezclas de calvinismo y arminianismo. Hay calvinistas de cinco puntos y arminianos de cinco puntos, y calvinistas de tres puntos y arminianos de dos puntos. Muchos creyentes llegan a algún tipo de mezcla de las dos posturas. En última instancia, nuestra opinión es que ambos sistemas fallan en cuanto a que intentan explicar lo inexplicable. Los seres humanos somos incapaces de entender plenamente un concepto como este. Sí, Dios es absolutamente soberano y lo sabe todo. Sí, los seres humanos somos llamados a tomar la decisión genuina de poner nuestra fe en Cristo para salvación. Estas dos facetas nos parecen contradictorias, pero en la mente de Dios tienen todo el sentido.

37. ¿CUÁL ES EL SIGNIFICADO DE A. C. Y D. C.?

Por lo general, se piensa que a. C. significa "antes de Cristo" y d. C. significa "después de la muerte de Cristo". Esto es correcto solamente en la mitad. ¿Cómo podría el año 1 a. C. haber sido "antes de Cristo" y el año 1 d. C. haber sido "después de la muerte de Cristo"? El término a. C. sí significa "antes de Cristo", y d. C. en realidad significa el término en latín *Anno Domini,* que significa "en el año de nuestro Señor". El sistema de fechas a. C. y d. C. no se enseña en la Biblia. Realmente no fue implementado y aceptado por completo hasta varios siglos después de la muerte de Jesús.

Es interesante observar que el propósito del sistema de fechas a. C. y d. C. era hacer del nacimiento de Cristo el punto de división de la historia del mundo. Sin embargo, cuando se estaba calculando el sistema de fechas a. C. y d. C. se cometió un error al precisar el año del nacimiento de Jesús. Eruditos determinaron más adelante que Jesús nació alrededor del 6–4 a. C. y no el año 1 d. C. Ese no es el asunto crucial. El nacimiento, vida, ministerio, muerte y resurrección de Cristo son los puntos de inflexión en la historia del mundo. Es adecuado, por lo tanto, que Jesucristo sea la separación de lo viejo y lo nuevo. La fecha a. C. era "antes de Cristo", y desde su nacimiento hemos estado viviendo "en el año de nuestro Señor". Considerar nuestra era como "el año de nuestro Señor" es apropiado porque Él *es* Señor. Filipenses 2:10-11 dice: *Para que al nombre de Jesús se doble toda rodilla de los que están en el cielo, y en la tierra, y debajo de la tierra, y toda lengua confiese que Jesucristo es Señor, para gloria de Dios Padre.*

En tiempos recientes se ha pretendido sustituir las etiquetas a. C. y d. C. por a. e. c. y e. c., con el significado de "antes de la era común" y "era común", respectivamente. El cambio es simplemente de semántica; es decir, 100 d. C. es lo mismo que 100 e. c.; todos esos cambios son de etiqueta. Los defensores del cambio dicen que las designaciones más nuevas son mejores en cuanto a que quitan la connotación religiosa y, por lo tanto, evitan ofender a otras culturas y religiones que tal vez no consideran Señor a Jesús. La ironía, sin duda, está en que lo que distingue a. e. c. de e. c. sigue siendo la vida y los tiempos de Jesucristo.

SECCIÓN 5

PREGUNTAS ACERCA DE LOS ÚLTIMOS TIEMPOS

38. ¿QUÉ SEÑALES INDICAN QUE SE ACERCAN LOS ÚLTIMOS TIEMPOS?

En Mateo 24:5-8 Jesús nos da algunas pistas importantes para discernir la llegada de los últimos tiempos: *Porque muchos vendrán en mi nombre, diciendo: "Yo soy el Cristo", y engañarán a muchos. Ustedes van a oír de guerras y rumores de guerras. ¡Cuidado! No se alarmen, porque es necesario que todo esto suceda; pero todavía no es el fin. Porque se levantará nación contra nación, y reino contra reino, y en diferentes lugares habrá hambre y terremotos. Pero todo esto es solo el comienzo de dolores.* Un aumento de falsos Cristos, un aumento de guerras y aumento de hambres, plagas y desastres naturales; estas son señales de los últimos tiempos. En este pasaje, sin embargo, se nos da un aviso: no debemos dejarnos engañar porque estos eventos son solo el comienzo de los dolores de parto; el final todavía no ha llegado.

Algunos intérpretes ven cada terremoto, cada agitación política y cada ataque sobre Israel como una señal segura de que se acercan rápidamente los últimos tiempos. Aunque puede que los eventos apunten a la llegada de los últimos días, no son necesariamente indicadores de que hayan llegado los últimos tiempos. El apóstol Pablo advirtió que los últimos días traerían un claro aumento de falsa enseñanza: *El Espíritu dice claramente que en los últimos tiempos algunos se apartarán de la fe, prestando atención a espíritus engañadores y a doctrinas de demonios* (1 Timoteo 4:1). Los últimos días se describen como "tiempos difíciles" por el aumento del carácter malvado de los hombres y las personas que "se oponen a la verdad" de manera activa (2 Timoteo 3:1-9; ver también 2 Tesalonicenses 2:3).

Otras posibles señales de los últimos tiempos serían la reconstrucción de un templo judío en Jerusalén, un aumento de la hostilidad contra Israel y avances hacia un gobierno mundial. La señal más destacada de los últimos tiempos, sin embargo, es la propia nación de Israel. En 1948 Israel fue reconocida como un estado soberano, básicamente por primera vez desde el año 605 a. C. cuando los babilonios tomaron control de Judá. Dios prometió a Abraham que su posteridad tendría Canaán como "posesión perpetua" (Génesis 17:8), y Ezequiel profetizó una resucitación física y espiritual de Israel (Ezequiel 37). Tener a Israel como nación en su propia tierra es importante a la luz de la profecía de los últimos tiempos por la importancia de Israel en la escatología (Daniel 10:14; 11:41; Apocalipsis 11:8).

Con estas señales en mente, podemos ser sabios y discernir en cuanto a la expectativa de los últimos tiempos. Sin embargo, no deberíamos interpretar ninguno de estos eventos singulares como un indicador claro de la pronta venida de los últimos tiempos. Dios nos ha dado información suficiente para que podamos prepararnos, y eso es lo que estamos llamados a hacer mientras nuestro corazón clama: *Ven, Señor Jesús* (Apocalipsis 22:20).

39. ¿QUÉ REPRESENTAN LAS SIETE IGLESIAS DE APOCALIPSIS?

Las siete iglesias descritas en Apocalipsis 2–3 son siete iglesias del tiempo en el que el apóstol Juan estaba escribiendo Apocalipsis. Aunque eran iglesias que existían en Asia Menor en ese entonces, hay también un significado espiritual para las iglesias y creyentes de hoy. El primer propósito de las cartas era comunicarse con las iglesias y suplir sus necesidades. El segundo propósito era revelar siete tipos distintos de individuos o iglesias a lo largo de la historia e instruirlas en la verdad de Dios.

Un posible tercer propósito es usar las siete iglesias para anunciar siete periodos distintos de la historia de la iglesia. El problema con esta postura es que cada iglesia muestra características que podrían encajar con la iglesia universal en cualquier época de la historia. Por lo tanto, aunque puede que haya algo de verdad en que las siete iglesias representen siete eras, hay demasiada especulación en este aspecto. Nuestro enfoque debería estar en los mensajes que Dios nos está dando a través de las siete iglesias.

Las siete iglesias son las siguientes:

1. Éfeso (Apocalipsis 2:1-7): la iglesia que había olvidado su primer amor (2:4).
2. Esmirna (Apocalipsis 2:8-11): la iglesia que sufriría persecución (2:10).
3. Pérgamo (Apocalipsis 2:12-17): la iglesia que tenía que arrepentirse (2:16).
4. Tiatira (Apocalipsis 2:18-29): la iglesia que tenía una falsa profetisa (2:20).
5. Sardis (Apocalipsis 3:1-6): la iglesia que se había dormido (3:2).

6. Filadelfia (Apocalipsis 3:7:13): la iglesia que había sufrido pacientemente (3:10).
7. Laodicea (Apocalipsis 3:14-22): la iglesia con una fe tibia (3:16).

40. ¿QUIÉNES SON LOS CUATRO JINETES DEL APOCALIPSIS?

Los cuatro jinetes del Apocalipsis, o simplemente los cuatro jinetes, se describen en Apocalipsis 6:1-8. Los cuatro jinetes son descripciones simbólicas de diferentes eventos que ocurrirán en los últimos tiempos. Como ejemplo de la influencia de la Biblia en la cultura en general, se ha aludido a los cuatro jinetes del Apocalipsis muchas veces en la literatura, en cuadros, películas u otros medios de comunicación, a menudo como presagios de un cataclismo inminente o el medio por el cual sucede un desastre.

Los cuatro jinetes se corresponden con los cuatro primeros sellos abiertos por el Cordero cuando abre el rollo del juicio en el cielo (ver Apocalipsis 5). Cuando el Cordero abre el primer sello, uno de los seres vivientes delante del trono celestial dice a Juan con voz de trueno: *Ven* (Apocalipsis 6:1). Juan después escribe lo que ve: *Miré, y había un caballo blanco. El que estaba montado en él tenía un arco. Se le dio una corona, y salió conquistando y para conquistar* (Apocalipsis 6:2).

El primer jinete probablemente se refiere al Anticristo. Es el falso imitador del verdadero Cristo, que también está relacionado con un caballo blanco (Apocalipsis 19:11-16). Al comienzo de la tribulación, el Anticristo recibirá autoridad ("una corona"), y hará guerra ("un arco"), venciendo a todo el que se opone a él. Esta descripción concuerda con la visión de Daniel sobre un "cuerno, uno pequeño" (Daniel 7:8) que asciende al poder y se inclina por la conquista: *Se le concedió hacer guerra contra los santos y vencerlos* (Daniel 7:21; cf. Apocalipsis 13:7).

Cuando el Cordero abre el segundo sello, el segundo ser viviente dice: *Ven* (Apocalipsis 6:3). Juan mira y escribe responsablemente lo que ve: *Entonces salió otro caballo, rojo. Al que estaba montado en él se le concedió quitar la paz de la tierra y que los hombres se mataran unos a otros; y se le dio una gran espada* (Apocalipsis 6:4). El segundo jinete se refiere a la terrible batalla que se producirá al final de los tiempos. Esas guerras incluyen el ascenso al poder del Anticristo, lo cual requiere la caída de otros tres reyes (Daniel 7:8), y posiblemente la batalla de Gog y Magog (Ezequiel 38–39).

El Cordero abre después el tercer sello, y el tercer ser viviente invita a Juan con un *Ven* (Apocalipsis 6:5). Entonces aparece el tercer jinete: *Y miré, y había un caballo negro. El que estaba montado en él tenía una balanza en la mano. Y oí como una voz en medio de los cuatro seres vivientes que decía: "Un litro de trigo por un denario, y tres litros de cebada por un denario, y no dañes el aceite y el vino"* (Apocalipsis 6:5-6). El tercer jinete del Apocalipsis retrata una gran hambruna que ocurrirá. Los alimentos serán escasos, y los precios estarán altísimos. El mandato de no dañar el aceite y el vino parece significar que los lujos (aceite y vino) todavía se podrán conseguir durante el hambre, pero no lo básico.

Cuando el Cordero abre el cuarto sello, el cuarto ser viviente dice: *Ven* (Apocalipsis 6:7). Juan dice: *Y miré, y había un caballo amarillento. El que estaba montado en él se llamaba Muerte, y el Hades lo seguía. Y se les dio autoridad sobre la cuarta parte de la tierra, para matar con espada, con hambre, con pestilencia y con las fieras de la tierra* (Apocalipsis 6:8). El cuarto jinete del Apocalipsis es simbólico de la muerte y la devastación. El color pálido del caballo (en el lenguaje original, es "verde pálido" o "verde amarillento") denota debilidad y un aspecto bilioso. El cuarto jinete del Apocalipsis traerá más guerra y terribles hambrunas junto a terribles plagas, enfermedades y ataques de animales salvajes. Una cuarta parte de la población de la tierra morirá.

Lo más asombroso, o tal vez aterrador, es que los cuatro jinetes del Apocalipsis son solo precursores de juicios incluso peores que ocurrirán después en la tribulación (Apocalipsis capítulos 8–9 y 16). A pesar de todo el horror causado por los cuatro jinetes, hay mucho más por llegar.

41. ¿QUÉ ES LA TRIBULACIÓN? ¿CÓMO SABEMOS QUE LA TRIBULACIÓN DURARÁ SIETE AÑOS?

La tribulación es un periodo futuro de siete años en el que Dios pondrá fin a su disciplina a Israel y finalizará su juicio al mundo incrédulo. La Iglesia, compuesta por todos los que han confiado en la persona y obra del Señor Jesús, no estará presente durante la tribulación (el Ministerio de Got Questions adopta una postura pre-tribulacionista de la escatología). La Iglesia será apartada de la tierra en el evento comúnmente conocido como el rapto (1 Tesalonicenses 4:13-18; 1 Corintios 15:51-53). De este modo, la Iglesia es salvada de la ira venidera (1 Tesalonicenses 5:9).

A lo largo de la Escritura, la tribulación se asocia al día del Señor: el tiempo durante el cual Dios interviene personalmente en la historia para cumplir su plan (ver Isaías 2:12; 13:6-9; Joel 1:15; 2:1-31; 3:14; 1 Tesalonicenses 5:2). Se describe como "en los postreros días, cuando estés angustiado" (Deuteronomio 4:30); "una gran tribulación", que hace referencia a la segunda mitad más intensa de este periodo de siete años (Mateo 24:21); "un tiempo de angustia" (Daniel 12:1); y "tiempo de angustia para Jacob" (Jeremías 30:7). Y tenemos esta descripción de la tribulación que acompaña al día del Señor:

Día de ira aquel día,
Día de congoja y de angustia,
Día de destrucción y desolación,
Día de tinieblas y densas sombras,

Día nublado y de densa oscuridad,
Día de trompeta y grito de guerra. (Sofonías 1:15-16)

La tribulación estará marcada por varios juicios divinos, interrupciones celestiales, desastres naturales y terribles plagas (ver Apocalipsis 6–16). En su misericordia, Dios establece un límite a la duración de la tribulación. Como dijo Jesús: *Porque aquellos días serán de tribulación, tal como no ha acontecido desde el principio de la creación que hizo Dios hasta ahora, ni acontecerá jamás. Si el Señor no hubiera acortado aquellos días, nadie se salvaría; pero por causa de los escogidos que Él eligió, acortó los días* (Marcos 13:19-20).

Daniel 9:24-27 revela el propósito y el tiempo de la tribulación. Este pasaje habla de 70 semanas que han sido declaradas sobre "tu pueblo". El pueblo de Daniel son los judíos, la nación de Israel, y Daniel 9:24 habla de un periodo de tiempo en el que el propósito de Dios es "para poner fin a la transgresión, para terminar con el pecado, para expiar la iniquidad, para traer justicia eterna, para sellar la visión y la profecía, y para ungir el lugar santísimo". Dios declara que "setenta semanas" cumplirán todas estas cosas. Los "sietes" son grupos de años, así que 70 sietes son 490 años. (Algunas traducciones se refieren a ello como 70 "semanas" de años).

En Daniel 9:25 y 26 el Mesías será cortado después de "siete semanas y sesenta y dos semanas" (69 semanas en total), comenzando desde el decreto de reconstruir Jerusalén. En otras palabras, 69 sietes (483 años) después del decreto de reconstrucción, el Mesías morirá. Los historiadores bíblicos confirman que pasaron 483 años desde el tiempo del decreto para reconstruir Jerusalén hasta el tiempo en el que Jesús fue crucificado. La mayoría de los eruditos cristianos, al margen de cuál sea su postura escatológica, tienen el entendimiento anterior de las 70 semanas de Daniel.

Dios dijo que se habían determinado 70 semanas (490 años), pero con la muerte del Mesías solo tenemos 69 semanas (483 años). Esto deja un periodo por cumplirse de siete años "para poner fin a la transgresión, para terminar con el pecado, para expiar la iniquidad, para traer justicia eterna, para sellar la visión y la profecía, y para ungir el lugar santísimo" (Daniel 9:24). Este periodo final de siete años es lo que llamamos la tribulación: el tiempo en el que Dios termina de juzgar a Israel y trae de nuevo hacia Él a los israelitas.

Daniel 9:27 nos da unos destellos de la semana final, el periodo de tribulación de siete años: *Y él [un gobernante] hará un pacto firme con muchos por una semana, pero a la mitad de la semana pondrá fin al sacrificio y a la ofrenda de cereal. Sobre el ala de abominaciones vendrá el desolador, hasta que una destrucción completa, la que está decretada, sea derramada sobre el desolador.* Jesús se refiere a este pasaje en Mateo 24:15. El gobernante que confirma el pacto y luego culmina la abominación es llamado "la bestia" en Apocalipsis 13. Según Daniel 9:27 el pacto de la bestia será durante siete años, pero en medio de esta semana (a los 3 años y medio de la tribulación) la bestia romperá el pacto, deteniendo los sacrificios judíos. Apocalipsis 13 explica que la bestia pondrá una imagen de sí mismo en el templo y exigirá que el mundo le adore. Apocalipsis 13:5 dice que esto continuará durante 42 meses, que son tres años y medio (la segunda mitad de la tribulación). Así que vemos un pacto que dura hasta la mitad de la "semana" (Daniel 9:27) y la bestia que hizo el pacto demandando adoración durante 42 meses (Apocalipsis 113:5). Por lo tanto, la duración total de tiempo es de 84 meses o 7 años.

También tenemos una referencia a la segunda mitad de la tribulación en Daniel 7:25 (RVR-60). Ahí, el gobernante oprimirá al pueblo de Dios por "tiempo, y tiempos, y medio tiempo" (tiempo=1 año; tiempos=2 años; medio tiempo=medio año; 3 años y medio en total). Este tiempo de opresión contra los judíos también se describe en Apocalipsis 13:5-7 y es parte de la gran tribulación, la segunda mitad de los siete años de tribulación cuando la bestia, o el Anticristo, estará en el poder.

Otra referencia más al tiempo de los acontecimientos en la tribulación se encuentra en Apocalipsis 11:2-3, que habla de 1260 días y 42 meses (ambos constituyen 3 años y medio, usando el "año profético" de 360 días). Además, Daniel 12:11-12 habla de 1290 días y 1335 días desde el punto medio de la tribulación. Los días adicionales de Daniel 12 podrían incluir el tiempo después de la tribulación para el juicio de las naciones (Mateo 25:31-46) y el tiempo para el establecimiento del reino milenial de Cristo (Apocalipsis 20:4-6).

En resumen, la tribulación es el periodo de siete años al final de los tiempos en el que la decadencia y depravación de la humanidad alcanzarán todo su esplendor, con Dios juzgando en consecuencia. Además, durante ese tiempo Israel se arrepentirá de su pecado y recibirá a Jesús como su Mesías, dando con ello inicio a un tiempo de gran bendición y restauración (Sofonías 2:9-20; Isaías 12; 35).

42. ¿PROFETIZA LA BIBLIA UN GOBIERNO Y UNA MONEDA MUNDIALES EN LOS ÚLTIMOS TIEMPOS?

La Biblia no usa la frase *un gobierno mundial* o *una moneda mundial* al referirse a los últimos tiempos. Sin embargo, sí ofrece amplia evidencia para permitirnos llegar a la conclusión de que ambas cosas existirán bajo el reinado del Anticristo en los últimos días.

En su visión apocalíptica del libro de Apocalipsis, el apóstol Juan ve la "bestia", a quien identificamos como el Anticristo, surgiendo del mar con siete cabezas y diez cuernos (Apocalipsis 13:1). Comparando esta visión con la visión parecida de Daniel (Daniel 7:16-24), podemos concluir que existirá algún tipo de sistema de gobierno mundial que habrá inaugurado la bestia, que es el "cuerno" más poderoso (Daniel 7:21), a quien se le concedió "hacer guerra contra los santos y vencerlos" (Apocalipsis 13:7). La confederación de diez naciones también se ve en la estatua de Daniel 2:41-42, donde el gobierno mundial final está compuesto por diez entidades representadas por los diez dedos de los pies de la estatua. Sean cuales sean las diez naciones y cómo lleguen a unirse, la Escritura es clara en que la bestia someterá a tres de ellas (Daniel 7:8), y las demás seguirán sus órdenes.

Juan describe al gobernador de este vasto imperio como alguien con poder y gran autoridad (Apocalipsis 13:2), dados a él por el propio Satanás. Este gobernante recibe adoración de "la tierra entera" (Apocalipsis 13:3-4) y tendrá autoridad sobre "toda tribu, pueblo, lengua y nación" (Apocalipsis 13:7). Esta persona será verdaderamente el líder de un gobierno mundial que es reconocido como soberano sobre todos los demás gobiernos. Vemos naciones en la actualidad dispuestas a ceder parte de su soberanía para combatir el cambio climático; es fácil imaginar que los desastres y las plagas descritas en Apocalipsis 6–11 crearan una crisis tan monumental que las naciones del mundo abrazaran a cualquiera que prometa una solución.

Una vez afianzada en el poder, la bestia (el Anticristo) y el poder detrás suyo (Satanás) procederán a establecer un control absoluto. Al demandar adoración, Satanás se dirige hacia su meta de ser como Dios (ver Isaías 14:12-14). Para controlar verdaderamente a las personas, debe controlar el comercio. Apocalipsis 13 describe cómo sucederá esto. Todos, "pequeños y grandes, ricos y pobres, libres y esclavos" serán forzados a recibir algún tipo de marca "en la mano derecha o en la frente" para comprar y vender (Apocalipsis 13:16). No cabe duda de que la mayoría de la gente del mundo recibirá la marca simplemente para sobrevivir. Este nuevo sistema de comercio será universal, obligatorio, y estará asociado con la adoración de la bestia (Apocalipsis 13:15). Hay una gran especulación en cuanto a cuál será la forma de la marca y cómo se fijará, pero las tecnologías disponibles en este momento podrían conseguir hacerlo fácilmente.

Los que se queden tras el rapto de la iglesia se verán ante una decisión crucial: aceptar la marca de la bestia o morir de hambre y sufrir una terrible persecución del Anticristo y sus seguidores; pero los que acudan a Cristo durante ese tiempo, aquellos cuyos nombres están escritos en el libro de la vida del Cordero (Apocalipsis 13:8), decidirán soportarlo incluso teniendo que sufrir el martirio.

43. ¿PODREMOS VER Y CONOCER A NUESTROS AMIGOS Y FAMILIARES EN EL CIELO? ¿NOS RECONOCEREMOS EN EL CIELO?

Muchas personas dicen que lo primero que quieren hacer cuando lleguen al cielo es ver a todos sus amigos y seres queridos que han muerto antes que ellos. Sin lugar a duda, será un tiempo especial cuando los creyentes se reúnan para tener comunión, adorar a Dios y disfrutar de las gloriosas maravillas del cielo. Una de las bendiciones es que conoceremos a nuestros amigos y familiares en el cielo, y seremos conocidos.

Nuestra habilidad para reconocer a personas en el más allá se sugiere en varios pasajes de la Escritura. En la transfiguración de Cristo, Moisés y Elías aparecieron y eran reconocibles (Mateo 17:3-4). Aunque habían dejado este mundo siglos antes, tanto Moisés como Elías seguían siendo personas distintas que no habían perdido su identidad. En Lucas 16:19-31 Abraham, Lázaro y el rico se reconocían después de la muerte. El rey Saúl reconoció la descripción de Samuel que hizo la adivina de Endor cuando llamó a Samuel de entre los muertos (1 Samuel 28:8-17). Y, cuando el bebé de David murió, David declaró: *Yo iré a él, pero él no volverá a mí* (2 Samuel 12:23). Las palabras de David implican que creía que reconocería a su hijo en el cielo. En todos estos ejemplos, la Biblia parece indicar que después de la muerte, todavía seremos reconocibles entre nosotros, ya sea por nuestra apariencia o por conocimiento.

La Biblia declara que, cuando lleguemos al cielo, "seremos semejantes a Él [Jesús], porque lo veremos como Él es" (1 Juan 3:2). Así como nuestros cuerpos terrenales eran del primer hombre, Adán, también nuestros cuerpos resucitados serán como el cuerpo glorioso de Cristo (1 Corintios 15:47; Filipenses 3:21). *Y tal como hemos traído la imagen del terrenal, traeremos también la imagen del celestial... Porque es necesario que esto corruptible se vista de incorrupción, y esto mortal se vista de inmortalidad* (1 Corintios 15:49, 53). Jesús era reconocible después de su resurrección (Juan 20:16, 20; 21:12; 1 Corintios 15:4-7), así que es razonable pensar que nosotros también seremos reconocibles en nuestro cuerpo glorificado.

Poder ver a nuestros seres queridos es un aspecto glorioso del cielo. ¡Qué placer será reunirnos con nuestros seres queridos y adorar a Dios con ellos en su presencia por toda la eternidad!

SECCIÓN 6

PREGUNTAS ACERCA DEL ANTIGUO TESTAMENTO

44. ¿QUÉ OCURRIÓ EN CADA UNO DE LOS DÍAS DE LA CREACIÓN?

El relato de la creación se encuentra en Génesis 1–2. La mayoría de la obra de creación de Dios la realizó hablando, lo cual indica el poder y la autoridad de su Palabra. Veamos la obra creativa de Dios día a día:

DÍA 1 DE LA CREACIÓN (GÉNESIS 1:1-5)

Dios crea los cielos y la tierra. "Los cielos" hace referencia a todo lo que hay más allá de la tierra, el espacio exterior. La tierra se crea; pero no se forma de ninguna manera específica, aunque está presente el agua. Entonces Dios habla para que exista la luz. Después separa la luz de las tinieblas y llama a la luz "día" y a la oscuridad "noche".

DÍA 2 DE LA CREACIÓN (GÉNESIS 1:6-8)

Dios crea el cielo. El cielo forma una barrera entre el agua sobre la superficie y la humedad en el aire. En este punto la tierra tiene atmósfera.

DÍA 3 DE LA CREACIÓN (GÉNESIS 1:9-13)

Dios crea la tierra seca. Surgen continentes e islas por encima de las aguas. Las grandes masas de agua se llaman "mares" y a lo seco se le llama "tierra". Dios declara que todo esto es bueno.

Dios crea toda la vegetación. Crea esta vida para que se autosostenga: las plantas se pueden reproducir. Las plantas se crean en una gran diversidad (muchas "especies"). La tierra es verde y rebosa de vida vegetal. Dios declara que esta obra también es buena.

DÍA 4 DE LA CREACIÓN (GÉNESIS 1:14-19)

Dios crea todas las estrellas y los cuerpos celestiales. El movimiento de estos ayudará al hombre a trazar el tiempo. Se crean dos grandes cuerpos celestiales en relación con la tierra. El primero es el sol, que es la principal fuente de luz, y el segundo es la luna, que refleja la luz del sol. El movimiento de estos cuerpos distinguirá el día de la noche. Esta obra también Dios declaró que era buena.

DÍA 5 DE LA CREACIÓN (GÉNESIS 1:20-23)

Dios crea toda la vida que existe en las aguas, en toda su maravillosa diversidad. Dios también crea a todas las aves. El lenguaje del pasaje concede que este podría ser el momento en el que Dios hizo también los insectos voladores; si no es así, fueron hechos el sexto día. Todas estas criaturas tienen la capacidad para perpetuar sus especies mediante la reproducción. Las criaturas creadas el día 5 son las primeras criaturas bendecidas por Dios. Dios declara que esta obra es buena.

DÍA 6 DE LA CREACIÓN (GÉNESIS 1:24-31)

Dios creó todas las criaturas que viven en tierra seca. Esto incluye todo tipo de criaturas no incluidas en los días previos. Dios también crea al hombre. Dios declara que esta obra es buena.

Cuando Dios estaba creando al hombre, deliberó consigo mismo. *Y dijo Dios: Hagamos al hombre a Nuestra imagen, conforme a Nuestra semejanza* (Génesis 1:26). Esta no es una revelación explícita de la Trinidad, pero es parte de los cimientos para la misma, ya que Dios se revela diciendo "hagamos". Dios crea a la humanidad a su propia imagen, y por eso la humanidad es especial y superior al resto de criaturas. Los hace varón y hembra, y los coloca en autoridad sobre la tierra y sobre todas las demás criaturas. Dios les bendice y les ordena reproducirse, llenar la tierra y sojuzgarla (ponerla bajo la legítima mayordomía de la humanidad como agentes autorizados por Dios). Dios anuncia que los seres humanos y todas las demás criaturas tienen que comer solamente plantas. Dios no rescindirá esta restricción alimentaria hasta Génesis 9:3-4.

La obra de creación de Dios se termina al final del sexto día. Todo el universo en toda su belleza y perfección se formó completamente en estos seis periodos etiquetados como "días". Al término de su creación, Dios anunció que esto era "bueno en gran manera" (Génesis 1:31).

DÍA 7 DE LA CREACIÓN (GÉNESIS 2:1-3)

Dios descansa. Esto no quiere decir que estuviera cansado por sus esfuerzos en la creación, sino más bien denota que la creación está terminada. Él deja de crear. Además, Dios está estableciendo un patrón de un día de cada siete para descansar. Guardar este día finalmente será un rasgo distintivo del pueblo escogido de Dios: Israel (Éxodo 20:8-11).

Muchos cristianos interpretan estos "días" de la creación como periodos literales de veinticuatro horas, una postura llamada creacionismo de la tierra joven. Se debería destacar que otras interpretaciones de estos "días" sugieren que eran periodos indeterminados de tiempo. La teoría del día-era y el creacionismo histórico son dos teorías que interpretan la datación bíblica de una forma que permite que exista una tierra más vieja. Sea cual sea, los acontecimientos y logros de cada "día" son los mismos.

45. ¿QUÉ DICE LA BIBLIA SOBRE LOS DINOSAURIOS? ¿HAY DINOSAURIOS EN LA BIBLIA?

El tema de los dinosaurios en la Biblia es parte de un debate mayor que al día de hoy continúa dentro de la comunidad cristiana acerca de la edad de la tierra, la adecuada interpretación de Génesis, y cómo interpretar la evidencia física que encontramos a nuestro alrededor. Los que creen en una edad mayor de la tierra suelen coincidir en que la Biblia no menciona a los dinosaurios porque, según el paradigma de la tierra antigua, los dinosaurios murieron millones de años antes de que el primer hombre caminara sobre la tierra, así que los hombres que escribieron la Biblia no pudieron haber visto dinosaurios vivos.

Los que creen en una edad más joven de la tierra suelen estar de acuerdo en que la Biblia sí menciona a los dinosaurios, aunque en realidad nunca usa la palabra *dinosaurio*. En su lugar, usa la palabra hebrea *tanniyn*, que se traduce de distintas formas en nuestras Biblias. A veces es "monstruo marino" y a veces "serpiente". Se traduce más comúnmente como "dragón". *Tanniyn* parece haber sido algún tipo de reptil gigante. Estas criaturas se mencionan casi treinta veces en el Antiguo Testamento (por ej., Salmos 74:13; Isaías 27:1; 51:9) y se encontraban tanto en la tierra como en el agua. Otra palabra hebrea, *livyathan*, transliterada como *leviatán*, se usó seis veces en la Escritura (por ej., Job 41:1; Salmos 104:26) y hace referencia a algún tipo de criatura marina grande y feroz. La descripción de leviatán en Job 41 da la impresión de una criatura fuerte y elegante, imparable, contra la cual las armas son ineficaces: *Nada en la tierra es semejante a él* (Job 41:33).

Otra criatura gigante que describe la Biblia, y con la que Job estaba familiarizado, es el Behemot, del que se dice ser "excelente ejemplo de la obra de Dios" (Job 40:19, NTV). El Behemot es un animal herbívoro enorme que habita en el agua. Sus huesos son como "tubos de bronce" y sus extremidades son como "barras de hierro" (Job 40:18); su cola es semejante a "un cedro" (Job 40:17). Algunos han intentado identificar el Behemot como un elefante o un hipopótamo. Otros señalan que los elefantes y los hipopótamos tienen una cola muy delgada, nada comparable a un cedro. Los dinosaurios como el braquiosaurio, apatosaurus y saltasaurus, por otro lado, tenían colas enormes que podrían fácilmente compararse con un cedro.

Casi todas las civilizaciones antiguas han dejado algún tipo de arte en el que reflejan criaturas reptilianas gigantes. Petroglifos y figuritas de arcilla encontradas en América del Norte se parecen a dibujos de dinosaurios modernos. Tallas en piedra en Sudamérica reflejan criaturas parecidas al triceratops, diplodocus y tiranosaurio rex. Los mosaicos romanos, la alfarería maya y las murallas de las ciudades babilonias testifican de los recuerdos transculturales y geográficamente ilimitados que el hombre ha tenido de estas criaturas. El explorador del siglo XIII Marco Polo escribió acerca de ver "reptiles enormes" en China: "En la parte delantera, cerca de la cabeza, tienen dos patas cortas, cada una con tres garras, así como ojos más grandes que una hogaza de pan y muy brillantes. Las mandíbulas son lo suficientemente anchas como para tragar a un hombre, los dientes son grandes y afilados, y su apariencia en general es tan formidable, que ni el hombre ni ningún tipo de animal pueden acercarse a ellos sin sentir terror".[1]

Entonces, ¿aparecen los dinosaurios en la Biblia? El asunto está lejos de estar resuelto. Depende de cómo se interprete la evidencia disponible. Si los dos primeros capítulos de Génesis se toman de manera literal, se llega a la conclusión de una tierra relativamente joven y la convicción de que los dinosaurios coexistieron con el hombre.

Si los dinosaurios y los seres humanos coexistieron, ¿qué les sucedió a los dinosaurios? La Biblia no aborda directamente este tema, pero es probable que los dinosaurios se extinguieran después del diluvio debido a una combinación de cambios ambientales drásticos y una caza intensiva que los llevó a la extinción.

46. ¿QUIÉN FUE LA ESPOSA DE CAÍN? ¿ERA SU HERMANA LA ESPOSA DE CAÍN?

La Biblia no dice específicamente quién fue la esposa de Caín. La única respuesta posible es que la esposa de Caín fuera su hermana, su sobrina o sobrina nieta, etc. La Biblia no dice la edad de Caín cuando éste mató a Abel (Génesis 4:8), pero probablemente ambos eran adultos plenamente desarrollados. Adán y Eva seguro que habían dado a luz a más hijos que solo Caín y Abel en el tiempo en que Abel fue asesinado. Definitivamente tuvieron más hijos después (Génesis 5:4). El hecho de que Caín temiera por su propia vida después de matar a Abel (Génesis 4:14) indica que probablemente había muchos otros hijos, y tal vez incluso nietos de Adán y Eva viviendo en ese entonces. La esposa de Caín (Génesis 4:17) era hija o nieta de Adán y Eva.

Como Adán y Eva fueron los primeros (y únicos) seres humanos, sus hijos no tendrían otra opción que casarse entre ellos. Dios no prohibió el matrimonio entre familiares hasta mucho después, cuando había personas suficientes como para que este tipo de matrimonios no fuera necesario (Levítico 18:6-18). La razón por la que el incesto en la actualidad a menudo produce como resultado trastornos genéticos es porque cuando dos personas con genética similar (por ej., hermano y hermana) tienen hijos, hay muchas probabilidades de que sus características recesivas se vuelvan dominantes. Cuando personas de distintas familias tienen hijos, es muy improbable que ambos padres lleven los mismos rasgos recesivos. El código genético humano se ha deteriorado cada vez más a lo largo de los siglos a medida que los defectos genéticos se han multiplicado, ampliado y transmitido de generación en generación. Adán y Eva fueron diseñados perfectamente por Dios, y la ausencia de defectos genéticos les permitió a ellos (y a las primeras generaciones de sus descendientes) tener una mejor calidad de salud que la que tenemos ahora. Cuando el pecado entró en el mundo a través de la desobediencia de Adán y Eva, esto trajo consigo enfermedad, dolencias y una línea de sangre comprometida para todos sus descendientes. Sus hijos tuvieron pocas mutaciones genéticas, si es que tuvieron alguna; por lo tanto, podían casarse entre sí sin riesgos significativos.

47. ¿POR QUÉ PERMITIÓ DIOS LA POLIGAMIA/BIGAMIA EN LA BIBLIA?

La pregunta de la poligamia es interesante en cuanto a que la mayoría de las personas hoy ven la poligamia como algo inmoral. Aunque la Biblia no lo condena explícitamente en ningún lugar, revela la intención de Dios para el matrimonio: un varón casado con una mujer para toda la vida (Génesis 2:23-24; Mateo 19:4-6). La primera vez que aparece la poligamia/bigamia en la Biblia es con Lamec, en Génesis 4:19: *Lamec tomó para sí dos mujeres.* Varios hombres destacados en el Antiguo Testamento eran polígamos. Abraham, Jacob, David, Salomón y otros más tuvieron todos varias esposas. Salomón incluso tuvo setecientas esposas y trescientas concubinas (básicamente mujeres de un estatus más bajo), según 1 Reyes 11:3. ¿Qué debemos hacer con esos casos de poligamia en el Antiguo Testamento? Hay tres preguntas que debemos responder: (1) ¿Por qué permitió Dios la poligamia en el Antiguo Testamento? (2) ¿Cómo ve Dios la poligamia hoy día? y (3) ¿Por qué cambió?

1. ¿Por qué permitió Dios la poligamia en el Antiguo Testamento? La Biblia no dice específicamente por qué Dios permitió la poligamia, y debemos recordar que permitirlo no es lo mismo que aprobarlo. Al especular con respecto al silencio permisivo de Dios, hay al menos un factor clave a considerar. En las sociedades patriarcales, era casi imposible que una mujer no casada pudiera sostenerse a sí misma. Las mujeres a menudo no tenían educación

ni formación. Las mujeres se apoyaban en sus padres, hermanos y esposos para su provisión y protección. Las mujeres no casadas a menudo estaban destinadas a la prostitución y la esclavitud.

Por lo tanto, puede que Dios permitiera la poligamia para proteger y proveer para las mujeres que de no ser así podrían haber quedado desamparadas. Un varón tomaba varias esposas y servía como proveedor y protector de todas ellas. Aunque no es lo ideal, vivir en un hogar polígamo era mejor que la alternativa de la prostitución, la esclavitud o morir de hambre. Además del factor protección/provisión, la poligamia permitía una expansión de la humanidad mucho más rápida, cumpliendo con ello el mandato de "sean fecundos y multiplíquense. Pueblen en abundancia la tierra y multiplíquense en ella" (Génesis 9:7).

2. ¿Cómo ve Dios la poligamia hoy día? Incluso aunque narra los casos de poligamia, la Biblia presenta la monogamia como el plan que más se adapta a la intención original de Dios de un varón casado con una sola mujer: *Por tanto el hombre dejará a su padre y a su madre y se unirá a su mujer [no mujeres], y serán una sola carne [no varias carnes]* (Génesis 2:24). Debemos ver el uso consistente del singular en este versículo. Después, en Deuteronomio 17:14-20, Dios dice que los reyes no debían adquirir varias esposas (ni caballos ni oro). Aunque esto no podemos interpretarlo como un mandato de que los reyes deben ser monógamos, sí indica que tener varias esposas causa problemas. Tales problemas se pueden ver claramente en la vida de Salomón (1 Reyes 11:3-4; Nehemías 13:26).

En el Nuevo Testamento, 1 Timoteo 3:2, 12 y Tito 1:6 dicen "marido de una sola mujer" como un requisito para el liderazgo espiritual en la iglesia. La frase podría traducirse literalmente como "un hombre de una mujer". Al margen de cuán genérica o estrechamente se deba aplicar ese requisito, ningún polígamo puede ser considerado como "un hombre de una mujer". ¿Es la prohibición de la poligamia solo para ancianos y diáconos, para "dar ejemplo"? No, el estándar de la monogamia debería aplicarse a todos los cristianos.

Efesios 5:22-23 habla de la relación entre esposos y esposas. Cuando se refiere a un esposo (singular), el pasaje siempre se refiere también a una esposa (singular). "Porque el marido es cabeza de la mujer [singular]... El que ama a su mujer [singular], a sí mismo se ama. Por esto el hombre dejará a su padre y a su madre, y se unirá a su mujer [singular], y los dos serán una sola carne... cada uno de ustedes ame también a su mujer [singular] como a sí mismo, y que la mujer [singular] respete a su marido [singular]". Además, si la poligamia estuviera permitida, la ilustración de la relación de Cristo con su cuerpo (la iglesia) se desmorona (Efesios 5:32). En Colosenses 3:18-19 Pablo se refiere a los esposos y las esposas en plural, pero en ese pasaje está claro que se está dirigiendo a todos los esposos y las esposas entre los creyentes colosenses

3. ¿Por qué cambió? No es tanto que Dios dejara de permitir algo que previamente había permitido sino más bien que Dios restauró el matrimonio a su plan original. Como vemos en Génesis 2, la poligamia no era la intención original de Dios. Dios parece haber permitido la poligamia para resolver un problema, pero esa solución no era la ideal. En la mayoría de las sociedades modernas, no hay en absoluto necesidad de poligamia. En la mayoría de las culturas actuales, las mujeres son capaces de proveer y protegerse por sí mismas, eliminando con ello el único aspecto "positivo" de la poligamia. Además, la mayoría de las naciones modernas prohíben la poligamia. Según Romanos 13:1-7 tenemos que obedecer las leyes que establecen los gobiernos, incluyendo las leyes que prohíben la poligamia.

¿Existen algunas circunstancias en las que la permisividad hacia la poligamia podría aplicarse hoy en día? Tal vez, pero es inconcebible que no exista otra solución. Debido al aspecto de "una sola carne" en el matrimonio, la necesidad de unidad y armonía en el mismo, y la ausencia de una necesidad real de la poligamia, creemos firmemente que la poligamia no honra a Dios y no es su diseño para el matrimonio.

48. ¿QUÉ/QUIÉNES ERAN LOS NEFILIM?

Los nefilim (traducido como "caídos, gigantes") podrían haber sido los descendientes de relaciones sexuales entre los hijos de Dios y las hijas de los hombres en Génesis 6:1-4. Hay mucho debate en cuanto a la identidad de los nefilim (v. 4) y los "hijos de Dios" (v. 2), que parecen ser distintos de los "hombres" en el v. 1.

Una teoría es que los "hijos de Dios" eran ángeles caídos (demonios) que tomaron forma física y se unieron a mujeres humanas (o demonios que poseían a varones humanos que después se unían a mujeres humanas). Estas uniones tuvieron como resultado una extraordinaria descendencia, los nefilim, que eran los "héroes de la antigüedad, hombres de renombre" (Génesis 6:4) de tamaño de un gigante y, aparentemente, con habilidades físicas mejoradas. Si los demonios estuvieron involucrados en producir a los nefilim, es probable que esos demonios sean a los que Dios juzgó y que ahora están "guardado[s] en prisiones eternas bajo tinieblas, para el juicio del gran día" (Judas 1:6).

Suponiendo que los nefilim fueran los vástagos de demonios, ¿por qué querrían los demonios cohabitar con mujeres humanas y producir descendencia? Una especulación es que los demonios estaban intentando contaminar el linaje humano para impedir la venida del Mesías. Dios había prometido que el Mesías un día aplastaría la cabeza de la serpiente, Satanás (Génesis 3:15). Los demonios de Génesis 6 posiblemente estaban intentando impedir el aplastamiento de la serpiente e imposibilitar que naciera una "simiente de la mujer" sin pecado.

Existen al menos dos objeciones a la teoría de que los nefilim eran híbridos entre demonios y humanos: en primer lugar, el texto no identifica explícitamente a los hijos de Dios como ángeles. En segundo lugar, la Biblia nunca indica que los ángeles sean fisiológicamente compatibles con las mujeres y puedan procrear con ellas (a menos que Génesis 6 sea la única excepción).

Otros han sugerido que los hijos de Dios podrían ser ángeles caídos que poseyeron a varones. Como en la primera teoría, la frase *hijos de Dios* aún podría referirse a ángeles caídos, con la diferencia de que los demonios estarían usando a hombres mortales para conseguir sus objetivos. Aunque esta postura resolvería los problemas fisiológicos de la primera teoría, nuevamente no hay nada en el texto que sugiera una posesión demoníaca.

Otra perspectiva sobre los nefilim es que la declaración "había gigantes en la tierra en aquellos días" (Génesis 6:4) simplemente significa que *todos* eran grandes, altos y poderosos. Genéticamente, la humanidad aún estaba en una condición casi impoluta. Según esta visión, estos hijos de Dios eran simplemente hombres. Esto explicaría por qué había gigantes antes del diluvio y "también después" (Génesis 6:4; cf. 1 Samuel 17:4-7), ya que el material genético primordial sobrevivió en la familia de Noé. El hecho de que los nefilim estuvieran presentes de manera esporádica después del diluvio indica que gigantes como Goliat eran excepcionales, pero no sobrehumanos.

Según la leyenda (el libro de Enoc y otros escritos no bíblicos), los nefilim eran una raza única de gigantes y superhéroes que cometían actos de gran maldad. En la película de 2014 *Noé*, protagonizada por Russell Crowe, los nefilim son ángeles caídos recubiertos de piedra. Todo lo que la Biblia dice directamente sobre los nefilim es que eran "los héroes y en los famosos guerreros de la antigüedad" (Génesis 6:5, NTV) o "poderosos guerreros de antaño" (Génesis 6:4, NVI). Los nefilim no eran extraterrestres, ángeles, "vigilantes" o monstruos de piedra, sino seres físicos literales.

Como mencionamos, había algunos nefilim después del diluvio, según Génesis 6:4. Cuando los israelitas espiaron la tierra de Canaán, reportaron a Moisés: *Vimos allí también a los gigantes (los hijos de Anac son parte de la raza de los gigantes); y a nosotros nos pareció que éramos como langostas; y así parecíamos ante sus ojos* (Números 13:33). Más adelante, cuando Moisés se dirigió al pueblo de Israel antes de que entraran en Canaán, mencionó a los hijos de Anac: *Oye, Israel: Hoy vas a pasar el Jordán para entrar a desposeer a naciones más grandes y más poderosas que tú, ciudades grandes y fortificadas hasta el cielo, un pueblo grande y alto, los hijos de los anaceos, a quienes conoces y de quienes has oído decir: "¿Quién puede resistir ante los hijos de Anac?"* (Deuteronomio 9:1-2). Estos "gigantes" fueron destruidos por los israelitas con la ayuda de Dios (Deuteronomio 3:10-11; 9:3; Josué 11:21-22; 1 Samuel 17).

Es un pasaje misterioso, pero Génesis 6:4 afirma que hubo nefilims en la tierra en los días antes del diluvio. El pasaje no dice explícitamente cómo llegaron a existir estos gigantes. Es mejor no ser dogmático sobre un tema sobre el cual la Biblia dice tan poco y que no es teológicamente significativo en el plano general de las cosas.

49. ¿QUÉ ES EL LIBRO DE ENOC? ¿DEBERÍA ESTAR EN LA BIBLIA?

El libro de Enoc es una obra pseudoepigráfica que se atribuye falsamente a Enoc, el bisabuelo de Noé, es decir, Enoc hijo de Jared (Génesis 5:18). Un escrito antiguo se considera pseudoepigráfico cuando reclama una autoría falsa, presentando a un autor, generalmente bien conocido, cuyas afirmaciones no tienen fundamento.

Enoc es también una de las tres personas mencionadas en la Biblia que fueron llevadas al cielo mientras aún estaban vivas (los otros son Elías y Jesús). La Biblia menciona la traslación de Enoc en Génesis 5:24: *Y Enoc anduvo con Dios, y desapareció porque Dios se lo llevó* (ver también Hebreos 11:5).

Cuando se habla del libro de Enoc, generalmente se hace referencia a 1 Enoc, que solo está conservado íntegramente en el idioma etíope. El libro de Enoc se acepta como canónico en la iglesia copta en Etiopía y en la iglesia ortodoxa de Eritrea. Además de 1 Enoc, está 2 Enoc (*El libro de los secretos de Enoc*) y 3 Enoc (*El libro hebreo de Enoc*). Se encontraron fragmentos del libro de Enoc en arameo y hebreo entre los rollos del Mar Muerto.

Gran parte del libro de Enoc es apocalíptico, al hacer uso de imágenes detalladas para predecir el destino y el juicio final del mal. Hay un fuerte énfasis en la angelología y demonología, y una gran parte del libro está dedicada a llenar el trasfondo de Génesis 6:1-4. El libro de Enoc, por lo tanto, explica el origen de los nefilim y la identidad de los "hijos de Dios", mencionados en Génesis 6:2 y 4. El resultado es una pieza extraña y sensacionalista de literatura no canónica.

En su forma etíope, el libro de Enoc está compuesto por cinco secciones:

Sección I (capítulos 1–36) tiene a Enoc pronunciando el juicio de Dios sobre los ángeles que cohabitaron con las hijas de los hombres (ver Génesis 6:1-4). En esta sección, doscientos "vigilantes" angelicales se rebelan contra Dios y son expulsados del cielo junto a Satanás. En la tierra, satisfacen su lujuria y tienen relaciones sexuales con mujeres humanas, produciendo los nefilim, una raza de gigantes malvados que aterrorizan el mundo antediluviano. Enoc ve un lugar "caótico y horrible" y una prisión ardiente reservada para los ángeles que pecaron (Enoc 21:3-7).

Sección II (capítulos 37-71) tiene tres parábolas que relatan juicios apocalípticos. También contiene la historia de la traslación de Enoc al cielo (ver Génesis 5:24). En esta sección, Enoc describe la actividad de un ángel llamado Gadreel: "Él es quien mostró a los hijos de los hombres todos los golpes de muerte, y extravió a Eva, y mostró [las armas de muerte a los hijos de los hombres], el escudo y la cota de malla, y la espada para la batalla, y todas las armas de muerte a los hijos de los hombres. Y de su mano han procedido contra los que habitan en la tierra desde aquel día y para siempre" (Enoc 69:6-7).

Sección III (capítulos 72-87) es principalmente una explicación de la actuación de las estrellas en sus caminos, según una visión que tiene Enoc.

Sección IV (capítulos 88-90) contiene la visión de Enoc del diluvio venidero y profecías concernientes a otros eventos aún futuros, incluyendo el éxodo, la conquista de Canaán, la construcción del templo, la caída del reino del norte, la destrucción de Jerusalén, el juicio final, la construcción de la nueva Jerusalén, la resurrección de los santos y la venida del Mesías.

Sección V (capítulos 91-105) pronuncia ayes contra los pecadores y promete bendiciones para los justos. Termina con una promesa de paz para los "hijos de rectitud" (Enoc 105:2).

El libro bíblico de Judas cita el capítulo 1 del libro de Enoc en Judas 1:14-15: "De estos también profetizó Enoc, en la séptima generación desde Adán, diciendo: *El Señor vino con muchos millares de Sus santos, para ejecutar juicio sobre todos, y para condenar a todos los impíos de todas sus obras de impiedad, que han hecho impíamente, y de todas las cosas ofensivas que pecadores impíos dijeron contra Él.* La cita de Judas no significa que el libro de Enoc sea inspirado por Dios o que debiera estar en la Biblia.

La cita de Judas no es la única cita en la Biblia de una fuente no bíblica. El apóstol Pablo cita a Epiménides en Tito 1:12, pero eso no significa que debamos darles más autoridad a los escritos de Epiménides. Lo mismo ocurre con Judas 1:14-15. Que Judas cite el libro de Enoc no indica que todo el libro de Enoc sea inspirado, o ni tan siquiera cierto. Lo que significa es que este pasaje en concreto de Enoc es cierto. Es interesante notar que ningún erudito cree que el libro de Enoc verdaderamente haya sido escrito por el Enoc de la Biblia. Enoc vivió siete generaciones después de Adán, antes del diluvio (Génesis 5:1-24). Evidentemente, las palabras que cita Judas eran genuinamente algo que Enoc había profetizado, o la Biblia no se lo atribuiría a él: *De estos también profetizó Enoc, en la séptima generación desde Adán* (Judas 1:14). Este dicho de Enoc de algún modo pasó a lo largo de las generaciones y finalmente quedó registrado en el libro de Enoc.

Deberíamos tratar el libro de Enoc (y los demás libros de este tipo) del mismo modo que lo hacemos con los demás escritos apócrifos. Algunas cosas que cuentan los libros apócrifos son ciertas y correctas, pero gran parte es falso e históricamente impreciso. Si lees estos libros, deberías considerarlos documentos interesantes, pero históricamente falibles, no como la Palabra de Dios que es inspirada y con autoridad.

50. ¿CUÁL FUE EL PECADO DE SODOMA Y GOMORRA?

El relato bíblico de Sodoma y Gomorra se narra en Génesis. El capítulo 18 relata al Señor y dos ángeles que van a hablar con Abraham. El Señor le dijo a Abraham: *El clamor de Sodoma y Gomorra ciertamente es grande, y su pecado es sumamente grave* (Génesis 18:20). Los vv. 22-33 relatan a Abraham rogándole al Señor que tenga misericordia de Sodoma y Gomorra por las personas justas que pudiera haber allí. El sobrino de Abraham, Lot, y su familia vivían en Sodoma.

Génesis 18 narra que dos ángeles, disfrazados como hombres humanos, visitan Sodoma y Gomorra. Lot se encuentra con los ángeles en la plaza de la ciudad y les pide que se hospeden en su casa. Los ángeles acceden. La Biblia entonces revela el pecado que acechaba en los corazones de los sodomitas: *Aún no se habían acostado, cuando los hombres de la ciudad, los hombres de Sodoma, rodearon la casa, tanto jóvenes como viejos, todo el pueblo sin excepción. Y llamaron a Lot, y le dijeron: "¿Dónde están los hombres que vinieron a ti esta noche? Sácalos para que los conozcamos"* (Génesis 19:4-5). Los ángeles procedieron a cegar a los hombres que rodeaban la casa y animar a Lot y su familia a huir de la ciudad. La ira de Dios estaba a punto de caer. Lot y su familia huyeron de la ciudad. *Entonces el Señor hizo llover azufre y fuego sobre Sodoma y Gomorra, de parte del Señor desde los cielos. Él destruyó aquellas ciudades* (Génesis 19:24-25).

¿Cuál fue el pecado de Sodoma y Gomorra? Según Génesis 19 el pecado tenía que ver con la homosexualidad. El nombre mismo de esa antigua ciudad nos ha dado el término *sodomía,* en el sentido de copulación entre dos varones, ya sea consensuado o forzado. Claramente, la homosexualidad era parte del motivo por el cual Dios destruyó las dos ciudades. Los hombres de Sodoma y Gomorra querían realizar actos sexuales con quienes pensaban que eran hombres.

Esto no quiere decir que la homosexualidad sea la *única* razón por la que Dios destruyó Sodoma y Gomorra. Ezequiel 16:49-50 da algo más de información: *Pues esta fue la iniquidad de tu hermana Sodoma: arrogancia, abundancia de pan y completa ociosidad tuvieron ella y sus hijas; pero no ayudaron al pobre ni al necesitado, y se enorgullecieron y cometieron abominaciones delante de Mí.* Por lo tanto, los pecados de Sodoma incluyen arrogancia, apatía, complacencia, ociosidad y despreocupación por los menos privilegiados.

Ezequiel 16:50 añade que un pecado de Sodoma fue que hicieron "abominaciones". La palabra hebrea traducida por "abominaciones" se refiere a algo que es moralmente repugnante. Es la misma palabra usada en Levítico 18:22, donde la homosexualidad es una "abominación". Judas 1:7 (RVR-60) también dice: *También Sodoma y Gomorra y las ciudades vecinas, las cuales de la misma manera que aquellos, habiendo fornicado e ido en pos de vicios contra naturaleza.* Así que, de nuevo, aunque la homosexualidad no fue el único pecado de Sodoma y Gomorra, aparece como la razón principal para la destrucción de esas ciudades.

Los que intentan justificar las condenaciones bíblicas de la homosexualidad afirman que el pecado de Sodoma y Gomorra fue la falta de hospitalidad. Ese es uno de los pecados, ya que los hombres de Sodoma y Gomorra sin duda no fueron hospitalarios. Probablemente no hay nada menos hospitalario que una violación homosexual en grupo. Pero decir que Dios destruyó dos ciudades y todos sus habitantes solo por no ser hospitalarios es ignorar algunos detalles muy obvios de la historia.

Sodoma y Gomorra fueron culpables de muchos otros pecados, pero la homosexualidad fue la razón principal por la que Dios derramó el azufre ardiente sobre las ciudades, destruyéndolas por completo, así como a todos sus habitantes. Hasta la fecha, el área donde estaban localizadas Sodoma y Gomorra permanece como un lugar desolado. Sodoma y Gomorra sirven como un poderoso ejemplo de cómo se siente Dios con respecto al pecado en general y a la homosexualidad en concreto.

51. ¿QUÉ SIGNIFICA QUE JACOB LUCHÓ CON DIOS?

Génesis 32:22-32 relata la intrigante historia de Jacob en una lucha que duró toda una noche. Su oponente es un hombre que se identifica a sí mismo como "Dios" (v. 28). Más adelante, Jacob también se refiere a este hombre con el que luchó como "Dios" (v. 30).

Conocer la historia de Jacob es entender que su vida fue una lucha constante. La familia de Jacob estaba marcada por una profunda hostilidad. Jacob fue un estafador que había sido estafado, un mentiroso que había sido engañado, y un manipulador al que habían manipulado. En muchos aspectos, él vivía haciendo honor a su nombre, "Jacob", que significa literalmente "suplantador" y tiene el sentido de alguien "que va buscando suplantar o engañar".

Dios prometió a Jacob que de él surgiría una gran nación que bendeciría al mundo (Génesis 28:10-15), pero Jacob aún estaba lleno de temores y ansiedades. Su hermano Esaú había jurado matarlo, su tío Labán lo había estafado durante años, y sus dos esposas tenían una relación adversa entre ellas.

Al huir del maltrato de Labán, Jacob y su familia acamparon en un lugar que unos ángeles habían escogido para él (Génesis 32:1-2). Desde ahí, envió mensajeros con un regalo para su hermano Esaú, y regresaron con la noticia de que Esaú venía de camino hacia él con cuatrocientos hombres (Génesis 32:3-6). Temiéndose lo peor, Jacob dividió a su familia y sus rebaños, de manera que si un grupo caía víctima de los hombres de Esaú, el otro grupo pudiera escapar. Jacob oró pidiéndole ayuda al Señor y después envió varias caravanas con muchos regalos delante de él con la esperanza de apaciguar a su hermano. Finalmente, Jacob envió a sus esposas e hijos a cruzar el río Jaboc con el resto de sus posesiones (Génesis 32:22-23).

Solo en el desierto, Jacob tuvo su noche más inquieta. Un desconocido visitó a Jacob, y lucharon durante toda la noche hasta el amanecer, momento en el cual el desconocido lesionó a Jacob con un golpe en la cadera. Aun así, Jacob se mantuvo firme. De alguna manera supo que había algo sobrenatural en este extraño, porque le pidió una bendición (Génesis 32:26). El desconocido entonces le dio a Jacob un nuevo nombre: *Israel*, que probablemente significa "el que lucha con Dios" (Génesis 32:28).

El desconocido explicó el motivo del nuevo nombre de Jacob: *Porque has luchado con Dios y con los hombres, y has prevalecido* (Génesis 32:28). Jacob pregunta cuál es el nombre del desconocido, pero el hombre rehúsa decírselo; Jacob sabía con quién había luchado. Y entonces Jacob recibe lo que quería: una bendición (Génesis 32:29). Jacob cojeó durante el resto de su vida, pero "vio a Dios cara a cara" (Génesis 32:30) y recibió la bendición de Dios. En su debilidad, fue fuerte.

A la mañana siguiente, la bendición de Dios sobre Jacob era evidente. Esaú, el hermano a quien Jacob temía, lo recibió con alegría (Génesis 33).

En la cultura occidental e incluso en nuestras iglesias celebramos la riqueza, el poder, la fuerza, la confianza, el prestigio y la victoria. Evitamos la debilidad, el fracaso y la duda. Aunque sabemos que cierta medida de vulnerabilidad, miedo y desaliento es parte de la vida, solemos ver estas cosas como señales de fracaso o de falta de fe. Sin embargo, también sabemos que, en la vida real, el optimismo ingenuo y los elogios brillantes del glamur y el éxito son una receta para el descontento y la desesperación. Tarde o temprano, el frío y duro realismo de la vida nos alcanza. La historia de Jacob nos hace regresar a la realidad.

Frederick Buechner caracterizó el encuentro divino de Jacob en el río Jaboc como la "magnífica derrota del alma humana a manos de Dios".[2] En la historia de Jacob podemos reconocer fácilmente nuestros propios elementos de lucha: el miedo, la oscuridad, la soledad, la vulnerabilidad, el vacío, el agotamiento y el dolor.

Incluso el apóstol Pablo experimentó desaliento y miedo: *Pues aun cuando llegamos a Macedonia, nuestro cuerpo no tuvo ningún reposo, sino que nos vimos atribulados por todos lados: por fuera, conflictos; por dentro, temores* (2 Corintios 7:5). Pero la verdad es que Dios no quiere dejarnos solos con nuestras pruebas, miedos y batallas en la vida. Lo que llegamos a aprender en nuestros conflictos es que Dios nos ofrece un don divino correspondiente. Él viene a nosotros y se nos manifiesta en nuestras luchas. A través de Él podemos recibir el poder de la conversión y la transformación, los dones de libertad, perseverancia, fe y valentía.

Al final, Jacob hizo lo que todos debemos hacer. En su debilidad y miedo, enfrentó a Dios. Jacob se separó de todos los demás y de sus posesiones terrenales, y fue entonces cuando luchó toda la noche por lo que era realmente importante. Fue una lucha agotadora que lo dejó cojo. Solo después de luchar con Dios y dejar de resistirse, al darse cuenta de que no podía seguir sin Él, recibió la bendición de Dios (Génesis 32:29).

Lo que aprendemos de este notable incidente en la vida de Jacob es que nuestras vidas no están destinadas a ser fáciles. Esto es especialmente cierto cuando decidimos luchar con Dios y su voluntad para nuestras vidas. También aprendemos que, como cristianos, a pesar de nuestras pruebas y tribulaciones, nuestros esfuerzos en esta vida nunca están desprovistos de la presencia de Dios, y su bendición inevitablemente sigue a la lucha, que a veces puede ser desordenada y caótica. Las experiencias de crecimiento real siempre implican lucha y dolor.

La lucha de Jacob con Dios en el Jaboc durante esa oscura noche nos recuerda esta verdad: aunque podamos luchar contra Dios y su voluntad para nosotros, en realidad Dios es muy bueno. Como creyentes en Cristo, bien podemos luchar con Él en la soledad de la noche, pero al amanecer llegará su bendición.

52. ¿POR QUÉ NO SE LE PERMITIÓ A MOISÉS ENTRAR EN LA TIERRA PROMETIDA?

A Moisés se le aclama como el líder del Éxodo, aquel por medio del cual Dios libró a su pueblo de la esclavitud de Egipto. Dios le confió la ley a Moisés. Jesús demostró que Moisés anunció su propia obra como el Mesías (Juan 3:14-15). Moisés está en la lista de Hebreos 11 como un ejemplo de fe. En Deuteronomio 34 leemos que Dios mismo enterró a Moisés. También se nos dice: *Desde entonces no ha vuelto a surgir en Israel un profeta como Moisés, a quien el Señor conocía cara a cara… y por la mano poderosa y por todos los hechos grandiosos y terribles que Moisés realizó ante los ojos de todo Israel* (Deuteronomio 34:10, 12). Sin embargo, a pesar de todas sus bendiciones, a Moisés no se le permitió entrar en la Tierra Prometida. ¿Por qué?

En Deuteronomio 32:51-52 Dios da la razón por la cual a Moisés no se le permitió entrar en la Tierra Prometida: *Porque ustedes me fueron infieles en medio de los israelitas en las aguas de Meriba de*

Cades, en el desierto de Zin, porque no me santificaron en medio de los israelitas. Por tanto, solo de lejos verás la tierra, pero no entrarás allí, a la tierra que doy a los israelitas. Dios fue fiel a su promesa. Le mostró a Moisés la Tierra Prometida pero no le permitió entrar en ella.

El incidente en las aguas de Meriba de Cades se narra en Números 20. Casi al final de sus cuarenta años de peregrinaje, los israelitas llegaron al desierto de Zin. No había agua, y la comunidad se volvió contra Moisés y Aarón. Moisés y Aarón fueron a la tienda de reunión y se postraron delante de Dios. Dios le dijo a Moisés y Aarón que reunieran a la asamblea y le hablaran a la roca; entonces saldría agua de ella. Moisés tomó la vara y reunió a los varones. Después, aparentemente con ira, Moisés les dijo: *"Oigan, ahora, rebeldes. ¿Sacaremos agua de esta peña para ustedes?". Entonces Moisés golpeó la roca dos veces con su vara* (Números 20:10-11). El agua brotó de la roca, como Dios había prometido; sin embargo, Dios inmediatamente les dijo a Moisés y Aarón que por no confiar en Él lo suficiente para honrarlo como santo, no llevarían a los hijos de Israel a la Tierra Prometida (v. 12).

El castigo puede parecernos severo, pero cuando pensamos bien en las acciones de Moisés, vemos varios errores. El más obvio es que Moisés desobedeció un mandato directo de Dios. Dios había ordenado a Moisés que hablara a la roca. En lugar de ello, Moisés golpeó la roca con su vara. Anteriormente, cuando Dios había sacado agua de una roca, le dijo a Moisés que la golpeara con una vara (Éxodo 17), pero las instrucciones de Dios aquí fueron distintas. Dios quería que Moisés confiara en Él, especialmente después de haber tenido una relación tan estrecha por tantos años. Moisés no necesitaba usar la fuerza; simplemente tenía que obedecer a Dios y confiar en que Dios sería fiel a su promesa.

Además, Moisés se acreditó que el agua saliera de la roca. Le pregunta al pueblo reunido en torno a la roca: "¿*Sacaremos* agua de esta peña para ustedes?" (Números 20:10, énfasis añadido).

Parece que Moisés quería apropiarse el mérito del milagro (junto a Aarón), en lugar de atribuírselo a Dios. Moisés hizo eso públicamente. Dios no podía dejar que esto quedara sin castigo y esperar que los israelitas entendieran su santidad.

La roca de la que brota agua se usa como símbolo de Cristo en 1 Corintios 10:4. La roca fue golpeada en Éxodo 17:6, tal como Cristo fue crucificado una vez (Hebreos 7:27). La ocasión en que Moisés habló a la roca en Números 20 podría haber tenido la intención de servir como una imagen de la oración. Jesús fue "golpeado" una vez, y continúa proveyendo agua viva para quienes oran a Él en fe. Cuando Moisés golpeó con ira la roca, destruyó la tipología bíblica y, en efecto, crucificó otra vez a Jesús.

El castigo de Moisés por la desobediencia, el orgullo y haber representado mal el sacrificio de Cristo fue severo; se le prohibió entrar en la Tierra Prometida (Números 20:12). Sin embargo, no vemos que Moisés se quejara de su castigo. En cambio, continúa liderando fielmente al pueblo y honrando a Dios.

En su santidad, Dios también es compasivo. Invitó a Moisés a subir al monte Nebo, donde mostró a su amado profeta la Tierra Prometida antes de su muerte. Deuteronomio 34:4-5 dice: *Entonces le dijo el Señor: "Esta es la tierra que juré dar a Abraham, a Isaac y a Jacob: 'Yo la daré a tu descendencia'. Te he permitido verla con tus ojos, pero no pasarás a ella". Y allí murió Moisés, siervo del Señor, en la tierra de Moab, conforme a la palabra del Señor.* El error de Moisés en la roca no negó ni rompió su relación con Dios. Dios siguió usando al profeta y continuó amándolo con ternura.

53. ¿POR QUÉ PERMITIÓ DIOS QUE SALOMÓN TUVIERA MIL ESPOSAS Y CONCUBINAS?

Primera de Reyes 11:3 dice que Salomón "tuvo 700 mujeres que eran princesas y 300 concubinas". Obviamente, Dios permitió que

Salomón tuviera estas esposas, pero que permita algo no significa que lo apruebe. Las decisiones maritales de Salomón estaban violando directamente la Ley de Dios, y hubo consecuencias.

Salomón comenzó bien en un principio, escuchando el consejo de su padre David, quien le dijo: *Sé, pues, fuerte y sé hombre. Guarda los mandatos del Señor tu Dios, andando en Sus caminos, guardando Sus estatutos, Sus mandamientos, Sus ordenanzas y Sus testimonios, conforme a lo que está escrito en la ley de Moisés, para que prosperes en todo lo que hagas y dondequiera que vayas* (1 Reyes 2:2-3). La humildad de Salomón al principio se ve claramente en 1 Reyes 3:5-9 cuando pide al Señor sabiduría. La sabiduría se aplica al conocimiento; nos ayuda a tomar decisiones que honren al Señor y estén de acuerdo con la Escritura. El libro de Proverbios de Salomón está lleno de consejos prácticos sobre cómo seguir al Señor. Salomón también escribió el Cantar de los Cantares, que representa un hermoso cuadro de lo que Dios pretende que sea el matrimonio. Por lo tanto, el rey Salomón *sabía* lo que estaba bien, aunque no siempre siguiera el camino correcto.

Con el paso del tiempo, Salomón se olvidó de su propio consejo y de la sabiduría de la Escritura. Dios había dado instrucciones claras para cualquiera que fuera rey: no acumular caballos, no tener muchas mujeres y no acumular plata y oro (Deuteronomio 17:14-20). Estos mandamientos estaban diseñados para impedir que el rey confiara en la fuerza militar, siguiera dioses extraños y confiara en la riqueza en lugar de confiar en Dios. Cualquier examen de la vida de Salomón demostrará ¡que rompió estas tres prohibiciones divinas!

Por lo tanto, el hecho de que Salomón tomara muchas mujeres y concubinas supuso una violación directa de la Palabra de Dios. Así como Dios había anunciado: *Cuando Salomón ya era viejo, sus mujeres desviaron su corazón tras otros dioses, y su corazón no estuvo dedicado por completo al Señor su Dios* (1 Reyes 11:4). Para complacer a sus esposas, Salomón incluso participó en el sacrificio a Milcom (o Moloc), un dios que exigía que se realizaran actos "detestables" (1 Reyes 11:7-8).

Dios permitió que Salomón tomara la decisión de desobedecer, pero la decisión de Salomón produjo consecuencias inevitables: *Y el Señor dijo a Salomón: "Porque has hecho esto, y no has guardado Mi pacto y Mis estatutos que te he ordenado, ciertamente arrancaré el reino de ti, y lo daré a tu siervo"* (1 Reyes 11:11). Dios tuvo misericordia con Salomón por causa de David (v. 12), pero el reino de Salomón finalmente se dividió. Otro castigo sobre Salomón fue la guerra con los edomitas y los arameos (vv. 14-25).

Salomón no fue un rey marioneta. Dios no lo obligó a hacer lo correcto. Más bien, Dios le dejó saber su voluntad, bendijo a Salomón con sabiduría, y esperaba que el rey lo obedeciera. En sus últimos años Salomón decidió desobedecer, y tuvo que dar cuentas de sus decisiones.

Es aleccionador que cerca del final de la vida de Salomón, Dios le usó para escribir un libro más, el cual tenemos en la Biblia. El libro de Eclesiastés nos da el resto de la historia. Salomón a lo largo del libro nos dice todo lo que intentó para encontrar plenitud lejos de Dios en este mundo, o "bajo el sol". Este es su propio testimonio: *Reuní también plata y oro para mí y el tesoro de los reyes y de las provincias. Me proveí [...] de los placeres de los hombres, de muchas concubinas* (Eclesiastés 2:8). Sin embargo, su harén no le produjo felicidad. Más bien, "resultó que todo era vanidad y correr tras el viento, y sin provecho bajo el sol" (v. 11). Al final de Eclesiastés encontramos un sabio consejo: *La conclusión, cuando todo se ha oído, es esta: Teme a Dios y guarda sus mandamientos, porque esto concierne a toda persona* (Eclesiastés 12:13).

Nunca es la voluntad de Dios que alguien peque, pero Él nos permite tomar nuestras propias decisiones. La historia de Salomón es una lección poderosa para nosotros al hacernos ver que no vale la pena desobedecer. No basta con comenzar bien; debemos buscar la gracia de Dios para también terminar bien. La vida sin Dios es un callejón sin salida. Salomón pensaba que tener mil esposas y concubinas le daría la felicidad, pero el placer que obtuvo de ello no valió la pena considerando el precio. Un Salomón más sabio concluyó que su vida de placer fue "vanidad" (Eclesiastés 12:8), y el libro de Eclesiastés termina con la advertencia de que "Dios traerá toda obra a juicio" (v. 14).

54. ¿POR QUÉ SE LLEVÓ DIOS A ENOC Y A ELÍAS AL CIELO SIN MORIR?

Según la Biblia, Enoc y Elías son las dos únicas personas que Dios se llevó al cielo antes de morir. Génesis 5:24 dice: *Y Enoc anduvo con Dios, y desapareció porque Dios se lo llevó.* Segunda de Reyes 2:11 relata la traslación de Elías: *Mientras ellos iban andando y hablando, de pronto, apareció un carro de fuego y caballos de fuego que separó a los dos. Y Elías subió al cielo en un torbellino.* Enoc está descrito como un hombre que "anduvo con Dios 300 años" (Génesis 5:22-23). Elías fue tal vez el más poderoso de los profetas de Dios en el Antiguo Testamento. Hay también profecías del regreso de Elías (Malaquías 4:5-6).

¿Por qué se llevó Dios a Enoc y Elías? La Biblia no nos da específicamente la respuesta. Algunos especulan que fueron tomados como preparación para un papel en los últimos tiempos, posiblemente como los dos testigos en Apocalipsis 11:3-12. Esto es posible, pero no se enseña explícitamente en la Biblia. Podría ser que Dios deseaba salvar a Enoc y a Elías de experimentar la muerte por su gran fidelidad en su servicio y obediencia a Él. Sea cual fuere la razón, Dios tiene sus propósitos, y aunque no siempre entendemos los planes y propósitos de Dios, sabemos que "su camino es perfecto" (Salmos 18:30).

55. ¿QUÉ SIGNIFICA "EL QUE ESCATIMA LA VARA, MALCRÍA A SU HIJO"?

El que escatima la vara, malcría a su hijo es un proverbio moderno sobre la sabiduría de la disciplina. Significa que si un padre rehúsa disciplinar a un niño rebelde, ese niño se acostumbrará a salirse con la suya y desarrollará un aire de sentirse con derecho a todo. Se convertirá, en lenguaje de la calle, en un niño consentido.

El que escatima la vara, malcría a su hijo no está en la Biblia, pero Proverbios 13:24 expresa una idea similar: *El que evita la vara, odia a su hijo, pero el que lo ama lo disciplina con diligencia.* Según esta perla de sabiduría, retener la disciplina es parecido a odiar a tu propio hijo, y la corrección es una manera de amarlo. En otras palabras, permitir que un niño siempre haga lo que quiera no es beneficioso para el niño. La acción mejor, y la más amorosa, es guiar al niño lejos de los caminos pecaminosos hacia una senda más beneficiosa.

Proverbios 22:15 presenta la disciplina como un antídoto para la necedad: *La necedad está ligada al corazón del niño, pero la vara de la disciplina lo alejará de ella.* Ser sabio es mejor que ser malcriado. La disciplina es fundamental para alcanzar la sabiduría (Proverbios 29:15), y un hijo que obedece a sus padres será sabio (Proverbios 13:1).

El que escatima la vara, malcría a su hijo se cita, por lo general, en el contexto de dar un azote o cualquier otro medio de castigo corporal. Tomado de modo literal, tanto Proverbios 13:24 como el proverbio moderno se refieren al castigo corporal; sin embargo, tienen aplicaciones más allá de la disciplina física.

El punto principal del proverbio bíblico es que amar la disciplina beneficia al niño. Los padres a veces se ven tentados a pensar que un método libre de castigo corporal es la mejor forma de criar a los hijos, pero los padres que verdaderamente aman a su hijo aplicarán una disciplina sabia y apropiada (ver Proverbios 3:11-12). Si un niño desarrolla malos hábitos como la pereza y la falta de honestidad (Proverbios 12:19, 24; 13:4), se producirá un mal mayor. El dolor de corregir una mala conducta será mucho menor para el niño ahora que para el adulto en el que se convertirá después.

Debido a que todos heredamos una naturaleza pecaminosa, todos necesitamos disciplina. La corrección es una bendición que evita la vergüenza y las dificultades futuras. Dios mismo disciplina a sus hijos: *Porque el Señor al que ama, disciplina, y azota a todo el que recibe por hijo... Él nos disciplina para nuestro bien, para que participemos de Su santidad* (Hebreos 12:6, 10; cf. Proverbios 3:12).

Escatimar la vara y malcriar al hijo es engañoso en cuanto a que el niño malcriado crecerá creyendo que pecar no tiene consecuencias. Esa mentalidad elimina las barreras morales que protegen a una persona del daño.

Escatimar la vara y malcriar al hijo es tener la vista corta. No disciplinar a un niño es ignorar el inmenso beneficio que la disciplina puede tener más adelante en la vida. Un atleta soporta un entrenamiento riguroso para desarrollar todo su potencial en una competición. Un rosal se poda mucho para que produzca las mejores rosas. A un hijo se le disciplina para maximizar su habilidad y equiparlo con las herramientas de éxito.

La palabra *vara* indica un palo fino que puede causar una cantidad pequeña de dolor físico que no produce una lesión física duradera. No es necesario decir que a un niño nunca se le debería producir ninguna lesión, golpe o corte mediante la corrección física. Los padres nunca deben abusar de su poder y autoridad sobre sus hijos. La disciplina, física o de otra manera, no debe ser abusiva, injusta ni administrada con ira (Efesios 6:4; Colosenses

3:21). La disciplina debería realizarse con amor, con propósito y bajo control.

No evitar la vara es mostrar sabiduría, previsión y amor. Los padres que disciplinan a sus hijos de esta forma desean moldearlos para convertirlos en adultos responsables que aman y sirven a Dios (Proverbios 22:6). La meta es formar el carácter y entrenar la conciencia.

56. ¿QUÉ ES SIÓN? ¿QUÉ ES EL MONTE DE SIÓN? ¿CUÁL ES EL SIGNIFICADO BÍBLICO DE SIÓN?

Salmos 87:2-3 dice: *El Señor ama las puertas de Sión más que todas las otras moradas de Jacob. Cosas gloriosas se dicen de Ti, oh ciudad de Dios.* Según este versículo, *Sión* es sinónimo de *ciudad de Dios*, y es un lugar que Dios ama. Sión es Jerusalén. El monte Sión es el monte alto sobre el que David construyó una ciudadela. Está en la parte sureste de la ciudad.

La palabra *Sión* aparece más de ciento cincuenta veces en la Biblia. Básicamente significa "fortificación" y conlleva la idea de ser "levantada" como un "monumento". Sión se describe como la ciudad de David y también como la ciudad de Dios. Según progresa la Biblia, la palabra *Sión* expande su rango y adopta un significado espiritual adicional.

La primera mención de Sión en la Biblia está en 2 Samuel 5:7: *No obstante, David conquistó la fortaleza de Sión, es decir, la ciudad de David.* Sión originalmente era una antigua fortaleza jebusea en la ciudad de Jerusalén. Después de la conquista de David de dicha fortaleza, Jerusalén se convierte en posesión de Israel. El palacio real se construyó allí, y Sión/Jerusalén se convirtió en la sede del poder del reino de Israel.

Cuando Salomón construyó el templo en Jerusalén, el significado de *Sión* se amplió todavía más, incluyendo ahora la zona del templo (Salmos 2:6; 48:2, 11-12; 132:13). Este es el significado que se encuentra en la profecía de Jeremías 31:6: *Levántense y subamos a Sión, al Señor nuestro Dios.* En el Antiguo Testamento, *Sión* se usó como nombre para la ciudad de Jerusalén (Isaías 40:9), la tierra de Judá (Jeremías 31:12), y la nación de Israel como un todo (Zacarías 9:13).

La palabra *Sión* también se usó en un sentido teológico o espiritual en la Escritura. En el Antiguo Testamento, *Sión* hace referencia de modo figurado a Israel como el pueblo de Dios (Isaías 60:14). En el Nuevo Testamento, *Sión* se refiere al reino espiritual de Dios. No hemos venido al monte de Sinaí, dice el apóstol, sino "se han acercado al monte Sión y a la ciudad del Dios vivo, la Jerusalén celestial" (Hebreos 12:22). Pedro, citando Isaías 28:16, se refiere a Cristo como la piedra angular de Sión: *Yo, pongo en Sión una piedra escogida, una preciosa piedra angular, y el que crea en Él no será avergonzado* (1 Pedro 2:6).

El monte Sión como lugar geográfico es actualmente el centro de una gran disputa. La Biblia es clara en que un día Sión será posesión única del Señor Jesús, y Sión, la nación y la ciudad, será restaurada. *Despierta, despierta, vístete de tu poder, oh Sión. Vístete de tus ropajes hermosos, oh Jerusalén, ciudad santa. Porque el incircunciso y el inmundo no volverán a entrar en ti* (Isaías 52:1). Y: *Vendrán a ti humillados los hijos de los que te afligieron, se postrarán a las plantas de tus pies todos los que te despreciaban, y te llamarán Ciudad del Señor, Sión del Santo de Israel* (Isaías 60:14).

SECCIÓN 7

PREGUNTAS ACERCA DEL NUEVO TESTAMENTO

57. ANTIGUO TESTAMENTO VS. NUEVO TESTAMENTO; ¿CUÁLES SON LAS DIFERENCIAS?

Aunque la Biblia es un libro unificado, hay diferencias entre el Antiguo Testamento y el Nuevo Testamento. De muchas maneras, se complementan. El Antiguo Testamento es fundamental; el Nuevo Testamento se construye sobre ese fundamento con más revelación de Dios. El Antiguo Testamento establece principios que han de ser ilustrativos de las verdades del Nuevo Testamento. El Antiguo Testamento contiene muchas profecías que se cumplen en el Nuevo. El Antiguo Testamento proporciona la historia de un *pueblo*; el Nuevo Testamento se enfoca en una *persona*. El Antiguo Testamento muestra la ira de Dios contra el pecado (con destellos de su gracia); el Nuevo Testamento muestra la gracia de Dios hacia los pecadores (con destellos de su ira).

El Antiguo Testamento anuncia un Mesías (ver Isaías 53), y el Nuevo Testamento revela quién es el Mesías (Juan 4:25-26). El Antiguo Testamento narra la entrega de la Ley de Dios, y el

Nuevo Testamento muestra cómo Jesús el Mesías cumplió esa Ley (Mateo 5:17; Hebreos 10:9). En el Antiguo Testamento, los tratos de Dios son principalmente con su pueblo escogido: los judíos; en el Nuevo Testamento, los tratos de Dios son principalmente con su Iglesia (Mateo 16:18). Las bendiciones físicas prometidas bajo el antiguo pacto (Deuteronomio 29:9) dan paso a las bendiciones espirituales bajo el nuevo pacto (Efesios 1:3).

Las profecías del Antiguo Testamento relativas a la venida de Cristo, aunque increíblemente detalladas, contienen cierta cantidad de ambigüedad, la cual se aclara en el Nuevo Testamento. Por ejemplo, el profeta Isaías habló de la muerte del Mesías (Isaías 53) y del establecimiento del reino del Mesías (Isaías 26) sin pistas relativas a la cronología de los dos eventos, sin pistas de que el sufrimiento y la edificación del reino podrían estar separados por milenios. En el Nuevo Testamento queda claro que el Mesías tendría *dos* venidas: en la primera sufrió y murió (y resucitó), y en la segunda establecerá su reino.

Como la revelación de Dios en la Escritura es progresiva, el Nuevo Testamento aclara mejor cuatro principios que se presentaron en el Antiguo Testamento. El libro de Hebreos describe cómo Jesús es el verdadero Sumo Sacerdote y cómo su sacrificio único reemplaza todos los sacrificios previos, que eran meros presagios. El cordero pascual del Antiguo Testamento (Esdras 6:20) se convierte en el Cordero de Dios en el Nuevo Testamento (Juan 1:29). El Antiguo Testamento da la Ley. El Nuevo Testamento aclara que la Ley tenía como fin mostrar a los hombres su necesidad de salvación y nunca tuvo la intención de ser el medio de salvación (Romanos 3:19).

El Antiguo Testamento vio perdido el paraíso para Adán; el Nuevo Testamento muestra cómo el paraíso se recupera mediante el segundo Adán (Cristo). El Antiguo Testamento declara que el hombre está separado de Dios por el pecado (Génesis 3), y el

Nuevo Testamento declara que el hombre puede recuperar su relación con Dios (Romanos 3-6). El Antiguo Testamento anuncia la vida del Mesías. Los Evangelios narran la vida de Jesús, y las Epístolas interpretan su vida y cómo debemos responder a todo lo que Él ha hecho.

En resumen, el Antiguo Testamento establece el fundamento para la venida del Mesías que se sacrificaría a sí mismo por los pecados del mundo (1 Juan 2:2). El Nuevo Testamento describe el ministerio de Jesucristo y después mira atrás a lo que Él hizo y cómo debemos responder. Ambos testamentos revelan al mismo Dios santo, misericordioso y justo que condena el pecado; pero desea salvar a los pecadores mediante un sacrificio expiatorio. En ambos testamentos, Dios se nos revela a sí mismo y nos muestra cómo debemos acudir a Él a través de la fe (Génesis 15:6; Efesios 2:8).

58. ¿QUÉ ES EL NUEVO PACTO?

El nuevo pacto es la promesa de que Dios perdonará el pecado y restaurará la comunión con aquellos cuyo corazón se vuelva a Él. Jesucristo es el mediador del nuevo pacto, y su muerte en la cruz es la base de la promesa (Lucas 22:20). El nuevo pacto fue presagiado mientras el antiguo pacto aún estaba efectivo; los profetas Moisés, Jeremías y Ezequiel aluden al nuevo pacto.

El antiguo pacto que Dios había establecido con su pueblo exigía una estricta obediencia a la ley mosaica. Como la paga del pecado es muerte (Romanos 6:23), la Ley exigía que Israel realizara sacrificios diarios para expiar el pecado. Pero Moisés, mediante el cual Dios estableció el antiguo pacto, también anticipó el nuevo pacto. En uno de sus últimos discursos a la nación de Israel, Moisés mira adelante a un tiempo en el que Israel recibiría "un corazón para entender" (Deuteronomio 29:4). Moisés anuncia que Israel fallaría en cumplir el antiguo pacto (vv. 22-28), pero después ve un tiempo de restauración (Deuteronomio 30:1-5). En ese entonces, Moisés dice: *Además, el Señor tu Dios circuncidará tu corazón y el corazón de tus descendientes, para que ames al Señor tu Dios con todo tu corazón y con toda tu alma, a fin de que vivas* (v. 6). El nuevo pacto conlleva un cambio total de corazón para que el pueblo de Dios le agrade de forma natural.

El profeta Jeremías también predijo el nuevo pacto. *Vienen días, declara el Señor, "en que haré con la casa de Israel y con la casa de Judá un nuevo pacto, [...] Porque este es el pacto que haré con la casa de Israel después de aquellos días", declara el Señor. "Pondré mi ley dentro de ellos, y sobre sus corazones la escribiré. Entonces Yo seré su Dios y ellos serán mi pueblo"* (Jeremías 31:31-33). Jesucristo vino para cumplir la ley de Moisés (Mateo 5:17) y para establecer el nuevo pacto entre Dios y su pueblo. El viejo pacto estaba escrito en piedra, pero el nuevo pacto está escrito en los corazones. Entrar en el nuevo pacto es posible solo mediante la fe en Cristo, quien derramó su sangre para quitar los pecados del mundo (Juan 1:29). Lucas 22:20 relata cómo Jesús, en la última cena, toma la copa y dice: *Esta copa es el nuevo pacto en Mi sangre, que es derramada por ustedes.*

El nuevo pacto también se menciona en Ezequiel 36:26-27: *Además, les daré un corazón nuevo y pondré un espíritu nuevo dentro de ustedes; quitaré de su carne el corazón de piedra y les daré un corazón de carne. Pondré dentro de ustedes Mi espíritu y haré que anden en Mis estatutos, y que cumplan cuidadosamente Mis ordenanzas.* Ezequiel escribe varios aspectos del nuevo pacto aquí: un corazón nuevo, un espíritu nuevo, la morada del Espíritu Santo y la verdadera santidad. La ley mosaica no podía proveer ninguna de estas cosas (ver Romanos 3:20).

El nuevo pacto fue dado originalmente a Israel e incluye una promesa de fruto, bendición y existencia pacífica en la Tierra

Prometida. En Ezequiel 36:28-30 Dios dice: *Habitarán en la tierra que di a sus padres; y ustedes serán Mi pueblo y Yo seré su Dios. [...] llamaré al trigo y lo multiplicaré, y no traeré hambre sobre ustedes. Y multiplicaré el fruto de los árboles y el producto del campo, para que no reciban más el oprobio del hambre entre las naciones.* Deuteronomio 30:1-5 contiene promesas similares relacionadas con Israel bajo el nuevo pacto. Tras la resurrección de Cristo, Dios en su gracia trajo a los gentiles a la bendición del nuevo pacto también (Hechos 10; Efesios 2:13-14). El cumplimiento del nuevo pacto se verá en dos lugares: en la tierra durante el reino milenial, y en el cielo por la eternidad.

Ya no estamos bajo la Ley sino bajo la gracia (Romanos 6:14-15). El antiguo pacto ha cumplido su propósito, y ha sido reemplazado por un "mejor pacto" (Hebreos 7:22). *Pero ahora Jesús ha obtenido un ministerio tanto mejor, por cuanto Él es también el mediador de un mejor pacto, establecido sobre mejores promesas* (Hebreos 8:6).

Bajo el nuevo pacto se nos da la oportunidad de recibir la salvación como un regalo gratuito (Efesios 2:8-9). Nuestra responsabilidad es ejercer la fe en Cristo, el único que cumplió la Ley por nosotros y puso fin a los sacrificios de la Ley mediante su propia muerte sacrificial. Mediante el Espíritu Santo que da vida y vive en todos los creyentes (Romanos 8:9-11) compartimos la herencia de Cristo y disfrutamos de una relación permanente e inquebrantable con Dios (Hebreos 9:15).

59. ¿QUIÉNES ERAN LOS DOCE DISCÍPULOS/APÓSTOLES DE JESUCRISTO?

La palabra *discípulo* se refiere a un aprendiz o seguidor. La palabra *apóstol* significa alguien que es enviado. Mientras Jesús estaba en la tierra, sus doce seguidores eran llamados discípulos. Los doce discípulos siguieron a Jesucristo, aprendieron de Él, y Él los entrenó.

Después de su resurrección y ascensión, Jesús envió a los discípulos para ser testigos (Mateo 28:18-20; Hechos 1:8). Después, las referencias que se hacen a ellos son a los doce apóstoles. Sin embargo, incluso cuando Jesús todavía estaba en la tierra, los términos *discípulos* y *apóstoles* de algún modo se usaron indistintamente.

Los doce discípulos/apóstoles originales están enumerados en Mateo 10:2-4: *Los nombres de los doce apóstoles son estos: primero, Simón, llamado Pedro, y Andrés su hermano; y Jacobo, el hijo de Zebedeo, y Juan su hermano; Felipe y Bartolomé; Tomás y Mateo, el recaudador de impuestos; Jacobo, el hijo de Alfeo, y Tadeo; Simón el cananita, y Judas Iscariote, el que también lo entregó.* La Biblia también enumera a los doce discípulos/apóstoles en Marcos 3:16-19 y Lucas 6:13-16. Una comparación de los tres pasajes muestra un par de diferencias mínimas en los nombres. Parece que Tadeo también era conocido como "Judas hijo de Jacobo" (Lucas 6:16) y Lebeo (Mateo 10:3, RVR-60). Simón el zelote también era conocido como Simón el cananita (Marcos 3:18). El Evangelio de Juan usa el nombre de Natanael en lugar de Bartolomé, pero Natanael y Bartolomé eran sin duda alguna la misma persona. Judas Iscariote, el que traicionó a Jesús, fue sustituido como uno de los doce apóstoles por Matías (ver Hechos 1:20-26). Algunos maestros de la Biblia ven a Matías como un apóstol "no válido" y creen que Pablo era la decisión de Dios para reemplazar a Judas Iscariote como el duodécimo apóstol.

Los doce discípulos/apóstoles eran hombres comunes y ordinarios a quienes Dios usó de una forma extraordinaria. Entre los doce había pescadores, un recaudador de impuestos y un revolucionario. Los Evangelios narran los constantes errores, luchas y dudas de estos doce hombres que siguieron a Jesucristo. Después de la resurrección y ascensión de Jesús al cielo, el Espíritu Santo transformó a los discípulos/apóstoles en hombres de Dios poderosos que pusieron el mundo patas arriba (Hechos 17:6). ¿Qué provocó ese cambio? Los doce apóstoles/discípulos habían "estado con Jesús" (Hechos 4:13). ¡Que se diga lo mismo de nosotros!

60. ¿CUÁLES SON LAS DIFERENCIAS ENTRE LOS SADUCEOS Y LOS FARISEOS?

Los Evangelios a menudo hacen referencia a los saduceos y fariseos, ya que Jesús estuvo en conflicto casi continuo con ellos. Los saduceos y fariseos conformaban la clase gobernante de los judíos en Israel. Hay algunas similitudes entre los dos grupos, pero también existen importantes diferencias entre ellos.

Tanto los fariseos como los saduceos eran sectas religiosas dentro del judaísmo durante la época de Cristo. Ambos grupos honraban a Moisés y la Ley, y ambos tenían una medida de poder político. El sanedrín, la corte suprema de setenta miembros del antiguo Israel, tenía miembros de los saduceos y también de los fariseos.

Podemos conocer las diferencias entre fariseos y saduceos mediante un par de pasajes de la Escritura y a través de los escritos existentes de los fariseos. Religiosamente, los saduceos eran más conservadores en un área doctrinal: insistían en una interpretación literal del texto sagrado; si los saduceos no encontraban un mandamiento en el Tanaj, lo desestimaban como mandato. Los fariseos, por el contrario, le daban a la tradición oral la misma autoridad que a la Palabra de Dios escrita.

Dadas las distintas posturas de los fariseos y saduceos en cuanto a la Escritura, no es sorprendente verlos discutir por ciertas doctrinas. Los saduceos rechazaban la creencia en la resurrección de los muertos (Mateo 22:23; Marcos 12:18; Hechos 23:8), pero los fariseos sí creían en la resurrección. Los saduceos negaban la vida después de la muerte, defendiendo que el alma perecía al morir, pero los fariseos creían en una vida después de la muerte y en una recompensa y castigo apropiados para los individuos. Los saduceos rechazaban la idea de un mundo espiritual invisible, pero los fariseos enseñaban la existencia de ángeles y demonios en un ámbito espiritual.

El apóstol Pablo usó sagazmente las diferencias teológicas entre fariseos y saduceos para escapar de sus garras. Pablo había sido arrestado en Jerusalén y presentaba su defensa ante el sanedrín. Sabiendo que algunos en la corte eran saduceos y otros fariseos, Pablo dijo: *Hermanos, yo soy fariseo, hijo de fariseos. Se me juzga a causa de la esperanza de la resurrección de los muertos* (Hechos 23:6). La mención de Pablo de la resurrección precipitó una disputa entre los fariseos y los saduceos, dividiendo la asamblea y causando "un gran alboroto" (v. 9). El comandante romano que vigilaba el pleito envió tropas a la disputa para rescatar a Pablo de la violencia de ellos (v. 10).

Socialmente, los saduceos eran más elitistas y aristocráticos que los fariseos. Los saduceos tendían a ser ricos y a ostentar cargos más poderosos. Los principales sacerdotes y los sumos sacerdotes eran saduceos, y ocupaban la mayoría de los asientos en el sanedrín. Los fariseos eran más representativos de la clase obrera común y tenían el respeto de las masas. El lugar de poder de los saduceos era el templo en Jerusalén; los fariseos controlaban las sinagogas. Los saduceos tenían una relación más amistosa con Roma y se acomodaban más a las leyes romanas que los fariseos. Los fariseos a menudo se resistían a la helenización, pero los saduceos le dieron la bienvenida.

Jesús tuvo más disputas con los fariseos que con los saduceos, probablemente porque antes daban más importancia a la tradición oral. *Pues ustedes pasan por alto la ley de Dios y la reemplazan con su propia tradición,* les dijo Jesús (Marcos 7:8, NTV; ver también Mateo 9:14; 15:1-9; 23:5, 16, 23; Marcos 7:1-23; y Lucas 11:42). Como los saduceos a menudo estaban más interesados en la política que en la religión, ignoraron a Jesús hasta que comenzaron a temer que pudiera provocar una atención romana no deseada y alterar el *statu quo*. Fue en ese punto cuando los saduceos y los fariseos dejaron a un lado sus diferencias, se unieron y conspiraron para matar a Cristo (Juan 11:48-50; Marcos 14:53; 15:1).

Los saduceos como grupo dejaron de existir después de la destrucción de Jerusalén, pero el legado de los fariseos sobrevivió. De hecho, los fariseos fueron los responsables de compilar la Mishná, un documento importante en cuanto a la continuación del judaísmo más allá de la destrucción del templo. De esta manera, los fariseos dejaron asentados los cimientos para el actual judaísmo rabínico.

61. ¿QUÉ SIGNIFICA BUSCAR PRIMERO EL REINO DE DIOS?

Jesús dijo que buscáramos primero el reino de Dios en su Sermón del Monte (Mateo 6:33). El significado de este versículo es tan directo como parece. Debemos buscar las cosas de Dios como prioridad sobre las cosas del mundo. Principalmente, significa que debemos buscar la salvación inherente del reino de Dios porque tiene más valor que todas las riquezas del mundo. ¿Significa esto que debamos desatender las obligaciones razonables y diarias que ayudan a que sostengamos nuestra vida? Indudablemente no; sin embargo, para el cristiano debería haber una diferencia en su actitud hacia ellas. Si damos prioridad a los asuntos de Dios, y compartimos las buenas nuevas del reino con otros, entonces Él se ocupará de nuestras cosas como prometió; y, si ese es el caso, ¿para qué preocuparnos?

Pero ¿cómo sabemos si verdaderamente estamos buscando primero el reino de Dios? Hay algunas preguntas que podemos hacernos: "¿Dónde empleo principalmente mis energías? ¿Empleo todo mi tiempo y mi dinero en bienes y actividades que ciertamente perecerán, o en el servicio a Dios, cuyos resultados perduran eternamente?". Los creyentes que han aprendido a poner verdaderamente a Dios en primer lugar pueden descansar en esta sagrada dinámica: "y todas estas cosas les serán añadidas" (Mateo 6:33).

Dios ha prometido proveer para los suyos, supliendo cada necesidad (Filipenses 4:19), pero su idea de lo que necesitamos a menudo es distinta a la nuestra, y su tiempo oportuno solo cumplirá de vez en cuando nuestras expectativas. Por ejemplo, tal vez creemos que nuestra necesidad son las riquezas o el avance, pero quizá Dios sabe que lo que verdaderamente necesitamos es un tiempo de pobreza, pérdida o soledad. Cuando esto ocurre, estamos en buena compañía. Dios amaba tanto a Job como a Elías, pero permitió que Satanás golpeara duramente a Job (todo bajo su supervisión), y dejó que la mujer malvada, Jezabel, quebrara el espíritu de su propio profeta Elías (Job 1–2; 1 Reyes 18-19). En ambos casos, Dios siguió estas pruebas con restauración y sostén.

Estos aspectos "negativos" del reino son contrarios a una herejía que está ganando terreno en todo el mundo: el llamado evangelio de la prosperidad. Un número creciente de falsos maestros están consiguiendo seguidores bajo el mensaje "¡Dios quiere que seas rico!". Sin embargo, esa filosofía no es el consejo de la Biblia, y ciertamente no es el consejo de Mateo 6:33, que no es una fórmula para conseguir riqueza. Es una descripción de cómo actúa Dios. Jesús enseñó que nuestro enfoque debería pasar de este mundo, de su estatus y sus mentirosas seducciones, a las cosas del reino de Dios.

62. ¿CUÁL ES EL SIGNIFICADO DE LA PARÁBOLA DEL HIJO PRÓDIGO?

La parábola del hijo pródigo se encuentra en Lucas capítulo 15:11-32. El personaje del padre perdonador, que se mantiene constante a lo largo de toda la historia, es un retrato de Dios. Al contar la historia, Jesús se identifica con Dios en su actitud amorosa hacia los perdidos, simbolizados por el hijo menor (los recaudadores de impuestos y pecadores de Lucas 15:1). El hermano mayor representa a los santurrones (los fariseos y maestros de la ley de Lucas 15:2).

El tema central de esta parábola no es tanto la conversión del pecador, como ocurre en las dos parábolas previas de Lucas 15, sino más bien la restauración de un creyente a la comunión con el Padre. En las dos primeras parábolas, el dueño fue a buscar lo que se había perdido (Lucas 15:1-10), mientras que en esta historia el padre espera y observa con impaciencia el regreso de su hijo. Vemos una progresión a lo largo de las tres parábolas de la relación de uno entre cien (Lucas 15:1-7), uno entre diez (Lucas 15:8-10), y uno entre uno (Lucas 15:11-32), demostrando el amor de Dios por cada individuo y su atención personal a toda la humanidad. Vemos en esta historia la misericordia del padre que sobrepasa la pecaminosidad del hijo, ya que es el recuerdo de la bondad del padre lo que lleva al hijo pródigo al arrepentimiento (Romanos 2:4).

Jesús presenta la escena de la parábola del hijo pródigo en Lucas 15:11: *Cierto hombre tenía dos hijos.*

EL HIJO MENOR

En Lucas 15:12 el hijo menor pide a su padre su parte de la herencia, que equivalía a la mitad de lo que recibiría su hermano mayor (ver Deuteronomio 21:17). En otras palabras, el hijo menor pidió un tercio de la herencia. Aunque estaba en su derecho de hacerlo, pedirla no era un acto de amor, pues implicaba desear la muerte de su padre. En lugar de reprender a su hijo, el padre le concede pacientemente su petición. Esto representa cómo Dios permite que el pecador siga su propio camino en lugar de elegir la vida (Deuteronomio 30:19).

Al igual que el hijo pródigo, todos tenemos la necia ambición de ser independientes, lo cual es la raíz para que el pecador persista en su pecado (Génesis 3:6; Romanos 1:28). Un estado pecaminoso es huir y distanciarse de Dios (Romanos 1:21). Un estado pecaminoso es también un lugar de constante descontento. En Lucas 12:15 Jesús dice: *Estén atentos y cuídense de toda forma de avaricia; porque aun cuando alguien tenga abundancia, su vida no consiste en sus bienes*. El hijo menor en la parábola aprendió por las malas que la codicia conduce a una vida de insatisfacción y decepción. También aprendió que lo más valioso en la vida son las cosas que no podemos comprar o reemplazar.

En Lucas 15:13 el hijo menor viaja a un país distante. Es evidente por sus acciones previas que ya había hecho ese viaje en su corazón, y la salida física fue una muestra de su desobediencia voluntaria a toda la bondad que su padre le había ofrecido (Proverbios 27:19; Mateo 6:21; 12:34). En la tierra extraña, el hijo pródigo malgasta toda su herencia en sí mismo de manera egoísta y vacía, perdiéndolo todo. Su desastre económico va seguido de un desastre natural en forma de una hambruna, para la cual no se preparó. En este momento se pone a trabajar para un gentil y se da cuenta de que está alimentando a unos cerdos, un trabajo detestable para el pueblo judío (Levítico 11:7). No hace falta decir que el hijo pródigo debía encontrarse en una situación de total desesperación para aceptar voluntariamente un trabajo tan desagradable. Cobraba tan poco y era tal su hambre, que anhelaba comer la comida de los cerdos. Además de todo esto, no encontró misericordia entre la gente con la que él había escogido estar: "nadie le daba nada" (Lucas 15:16). Aparentemente, cuando se le acabó el dinero también se le acabaron los amigos. Incluso los animales inmundos estaban mejor que él en este punto.

El hijo pródigo que trabajaba en la pocilga es un retrato del pecador perdido o del cristiano rebelde que ha regresado a una vida de pecado (2 Pedro 2:19-21). Los resultados del pecado nunca son hermosos (Santiago 1:14-15).

El hijo pródigo comienza a meditar en su miserable condición, y "volvió en sí" (Lucas 15:17). Se da cuenta de que incluso los siervos de su padre viven mejor que él. Sus dolorosas circunstancias le ayudan a ver a su padre bajo una nueva luz. La esperanza comienza a aparecer en su corazón (Salmos 147:11; Isaías 40:30-31; 1 Timoteo 4:10).

La recapacitación del hijo pródigo refleja el descubrimiento del pecador de que, separado de Dios, no hay esperanza (Efesios 2:12; 2 Timoteo 2:25-26). Cuando el pecador "vuelve en sí" se produce después el arrepentimiento, junto con un anhelo de regresar a la comunión con Dios.

El hijo traza un plan de acción, el cual demuestra que su arrepentimiento fue genuino. Admitirá su pecado (Lucas 15:18), cederá sus derechos como hijo y aceptará una posición de siervo (v. 19). Se da cuenta de que no tiene derecho a una bendición de su padre, y que no tiene nada que ofrecerle a su padre salvo una vida de servicio. Al regresar a la casa, el hijo pródigo está preparado para arrodillarse a los pies de su padre y rogarle misericordia.

Del mismo modo, un pecador arrepentido que acude a Dios es muy consciente de su propia pobreza espiritual. Dejando a un lado todo orgullo y sentimientos de privilegios, no lleva nada de valor. El único pensamiento del pecador es encomendarse a la misericordia de Dios y rogar un lugar de servidumbre (1 Juan 1:9; Romanos 6:6-18; 12:1).

EL PADRE

El padre en la parábola del hijo pródigo estaba esperando el regreso de su hijo. De hecho, "cuando todavía estaba lejos, su padre lo vio y sintió compasión por él" (Lucas 15:20). Corre hacia su hijo perdido, lo abraza y lo besa. En los tiempos de Jesús no había la costumbre de que un hombre adulto corriera, pero el padre corre para recibir a su hijo, rompiendo las costumbres en su amor y deseo de restauración (v. 20). El hijo que regresa comienza su discurso preparado (v. 21), pero su padre le interrumpe y comienza a dar órdenes para honrar a su hijo: ¡la mejor túnica, el mejor anillo, la mejor fiesta! El padre no cuestiona a su hijo ni lo sermonea, sino que lo perdona y recibe de nuevo a la comunión.

¡Qué imagen del amor, la condescendencia y la gracia de Dios! El corazón de Dios está lleno de compasión por sus hijos; Él está de pie listo para recibir a los pecadores que regresan a casa con una alegre celebración.

El hijo pródigo estaba conforme con regresar a su casa como esclavo, pero para su sorpresa y deleite se ve restaurado al pleno privilegio de ser hijo de su padre. El pecador cansado, demacrado y sucio que caminó fatigosamente hasta casa fue transformado en un huésped de honor en la casa de un hombre rico. Eso es lo que hace la gracia de Dios por un pecador arrepentido (Salmos 40:2; 103:4). No solo somos perdonados en Cristo, sino que también recibimos el Espíritu de "adopción como hijos" (Romanos 8:15). Somos sus hijos, "herederos de Dios y coherederos con Cristo" (Romanos 8:17).

El mandato del padre de traer la mejor túnica para el hijo que ha regresado es una señal de dignidad y honor, prueba de la aceptación del hijo pródigo en la familia. El anillo para la mano del hijo es una señal de autoridad y de ser hijo. Las sandalias para sus pies son una señal de que no es siervo, ya que los siervos no llevaban zapatos. El padre ordena preparar el cordero engordado, y se celebra una fiesta en honor del hijo que ha regresado. Esta no fue una fiesta cualquiera, sino una celebración completa y poco frecuente.

Todas estas cosas representan lo que recibimos en Cristo con la salvación: la túnica de la justicia del Redentor (Isaías 61:10), el privilegio de participar del Espíritu de adopción (Efesios 1:5) y los pies preparados con el apresto del evangelio de la paz, preparados para caminar en los caminos de santidad (Efesios 6:15). Las acciones del padre en la parábola nos muestran que [El Señor] *No nos ha tratado según nuestros pecados, ni nos ha pagado conforme a nuestras iniquidades. Porque como están de altos los cielos sobre la tierra, así es de grande Su misericordia para los que le temen. Como está de lejos el oriente del occidente, así alejó de nosotros nuestras transgresiones. Como un padre se compadece de sus hijos, así se compadece el Señor de los que le temen* (Salmos 103:10-13). En lugar de condenación, hay gozo por un hijo que "estaba muerto y ha vuelto a la vida; estaba perdido y ha sido hallado" (Lucas 15:32; cf. Romanos 8:1; Juan 15:24). Las palabras *muerto* y *vida, perdido* y *hallado* son términos que también son aplicables al estado de una persona antes y después de la conversión a Cristo (Efesios 2:1-5). La fiesta es un retrato de lo que ocurre en el cielo por un pecador que se arrepiente (Lucas 15:7, 10).

EL HIJO MAYOR

El trágico personaje final en la parábola del hijo pródigo es el hijo mayor. Cuando el hijo mayor regresa a la casa del campo, escucha música y baile. Descubre por uno de los siervos que su hermano menor ha regresado a casa y que lo que escucha es el sonido de júbilo porque su hermano regresó a casa sano y salvo. Su padre se acerca a su hijo mayor y le ruega que entre. *Pero él le dijo al padre: "Mira, por tantos años te he servido y nunca he desobedecido ninguna orden tuya, y sin embargo, nunca me has dado un cabrito para regocijarme con mis amigos; pero cuando vino este hijo tuyo, que ha consumido tus bienes con rameras, mataste para él el becerro engordado"* (Lucas 15:29-30). El padre responde amablemente: *Hijo mío, tú siempre has estado conmigo, y todo lo mío es tuyo. Pero era necesario hacer fiesta y regocijarnos* (vv. 31-32).

Las palabras y acciones del hijo mayor revelan varias cosas acerca de él: (1) su relación con su padre estaba basada en obras y méritos. Le dice a su padre que él siempre ha sido obediente y servicial; por lo tanto, él merece una fiesta; se la ha ganado; (2) menosprecia a su hermano menor al no considerarlo merecedor del favor del padre; (3) no entiende la gracia y no tiene lugar en él para el perdón. De hecho, la demostración de gracia hacia su hermano le enoja. Su hermano no se *merece* una fiesta; (4) él ha rechazado al pródigo como un hermano, refiriéndose a él como "este hijo tuyo" (v. 30); (5) cree que su padre es tacaño e injusto: "nunca me has dado un cabrito" (v. 29).

Las palabras del padre son correctivas en varios sentidos: (1) su hijo mayor debería saber que su relación no está basada en el desempeño: *Hijo mío, tú siempre has estado conmigo, y todo lo mío es tuyo* (Lucas 15:31); (2) su hijo mayor debería aceptar a su hermano como parte de la familia. El padre se refiere al hijo pródigo como "este, tu hermano" (v. 32); (3) su hijo mayor podía haber disfrutado de una fiesta en cualquier momento que quisiera, pero nunca usó las bendiciones que tenía a su disposición; (4) la gracia es necesaria y apropiada: "era necesario hacer fiesta" (v. 32).

Los fariseos y los maestros de la Ley, mencionados en Lucas 15:1, están representados por el hermano mayor en la parábola. Por fuera vivían vidas intachables, pero por dentro sus actitudes eran abominables (Mateo 23:25-28). Consideraban que su relación con Dios se basaba en su desempeño, y se consideraban merecedores del favor de Dios, a diferencia de los pecadores no merecedores que les rodeaban. No entendían la gracia y, en verdad, esta les hacía enojar. No tenían lugar para el perdón. No veían relación alguna entre los pecadores y ellos mismos. Consideraban a Dios bastante tacaño en sus bendiciones, y pensaban que si Dios aceptaba a los recaudadores de impuestos y pecadores en su familia, entonces Dios sería injusto.

El enfoque del hermano mayor estaba en sí mismo y en su propio servicio; como resultado, no se alegró nada por el regreso a casa de su hermano. Estaba tan enfocado en la justicia y la equidad (según él las veía) que no pudo ver el valor del arrepentimiento y el regreso de su hermano. El hermano mayor había permitido que la amargura se arraigara en su corazón hasta el punto de que era incapaz de mostrar compasión hacia su hermano. La amargura se extendió también a otras relaciones, y fue incapaz de perdonar el pecado, según él, que su padre había cometido contra él. En lugar de disfrutar de la comunión con su padre, su hermano y su comunidad, el hermano mayor se quedó fuera de la casa y lamentó su propia ira. ¡qué triste escoger la desgracia y la soledad en lugar de la restauración y la reconciliación!

El hermano mayor y los líderes religiosos del tiempo de Jesús no comprendieron que: *El que dice que está en la Luz y aborrece a su hermano, está aún en tinieblas. El que ama a su hermano, permanece en la Luz y no hay causa de tropiezo en él. Pero el que aborrece a su hermano, está en tinieblas y anda en tinieblas, y no sabe adónde va, porque las tinieblas han cegado sus ojos* (1 Juan 2:9-11).

La parábola del hijo pródigo es uno de los retratos más bonitos de la gracia de Dios de toda la Escritura. Todos hemos pecado y estamos destituidos de la gloria de Dios (Romanos 3:23). Todos somos pródigos porque hemos huido de Dios, hemos malgastado egoístamente nuestros recursos, y hasta cierto punto hemos holgazaneado en el pecado. Pero Dios está listo para perdonar. Él salvará a los contritos, no por obras sino por su gracia, mediante la fe (Efesios 2:8-9; Romanos 9:16). Esa es la esencia del mensaje de la parábola del hijo pródigo.

63. ¿QUÉ QUISO DECIR JESÚS CON LA FRASE: "TOME SU CRUZ Y SÍGAME" EN MATEO 16:24?

En Mateo 16:24 Jesús dijo a sus discípulos: *Si alguien quiere venir en pos de Mí, niéguese a sí mismo, tome su cruz y que me siga.* Comencemos por lo que Jesús no quería decir en este versículo. Muchas personas interpretan la "cruz" que hay que tomar como alguna carga que deben llevar en sus vidas: una relación tensa, un trabajo desagradecido, una enfermedad física, etc. Con un orgullo autocompasivo, miran su dificultad y dicen: "Esta es la cruz que me ha tocado llevar". Esta no es la idea que Jesús quiso transmitir cuando dijo: "Tome su cruz y sígame".

Cuando una persona llevaba una cruz en tiempos de Jesús, nadie lo veía como una molestia persistente o una carga simbólica. Para una persona del primer siglo, la cruz significaba una cosa y solo una: la muerte mediante crucifixión. Cargar una cruz era enfrentar la muerte más dolorosa y humillante que un ser humano podía desarrollar.

Dos mil años después, los cristianos ven la cruz como un símbolo apreciado de la expiación, el perdón, la gracia y el amor, pero en los tiempos de Jesús la cruz representaba una muerte tortuosa. Los romanos obligaban a los delincuentes convictos a cargar su propia cruz hasta el lugar de la crucifixión (ver Juan 19:17). Tomar una cruz significaba que uno estaba a punto de morir, y que iba a tener que soportar ridículo y vergüenza por el camino.

Por lo tanto, el mandato de Jesús "tome su cruz y sígame" es un llamado a la autohumillación y el autosacrificio. Uno debe estar dispuesto a morir para seguir a Jesús. Morir a uno mismo es rendirse absolutamente a Dios.

Después de que Jesús mandara tomar la cruz, dijo: *Porque el que quiera salvar su vida, la perderá; pero el que pierda su vida por causa de Mí, la hallará. Pues ¿qué provecho obtendrá un hombre si gana el mundo entero, pero pierde su alma? O ¿qué dará un hombre a cambio de su alma?* (Mateo 16:25-26). Aunque el llamado a tomar nuestra cruz es duro, la recompensa es incomparable. Nada en este mundo vale más la pena que la vida eterna.

Dondequiera que Jesús iba, atraía multitudes. La visión que tenían de quién era realmente el Mesías, y lo que haría, a menudo estaba distorsionada. Pensaban que el Cristo traería consigo inmediatamente el reino restaurado (Lucas 19:11). Creían que los liberaría del gobierno opresivo de los ocupantes romanos. Algunos esperaban que Él continuara proveyendo comida gratis para todos (Juan 6:26). La frase de Jesús que seguirle exigía tomar una cruz hacía que la gente se pensara dos veces cuál era su motivación y nivel de compromiso.

En Lucas 9:57-62 tres personas parecían estar dispuestas a seguir a Jesús. Sin embargo, cuando Jesús les presionó, se comprobó que su compromiso era mediocre en el mejor de los casos. No supieron considerar el costo de seguirle. Ninguno estuvo dispuesto a tomar su cruz y crucificar en ella sus propios intereses.

Los aparentes intentos de Jesús para disuadir a la gente de seguirlo seguramente limitaron el número de falsos convertidos y discípulos poco sinceros (ver Juan 6:66). Dios busca "verdaderos adoradores [que] adorarán al Padre en espíritu y en verdad" (Juan 4:23). El llamado de Jesús "tome su cruz y sígame" sirve para descartar a los deshonestos, los de doble ánimo y aquellos que fingen sinceridad.

¿Estás preparado para tomar tu cruz y seguir a Jesús? Considera estas preguntas:

- ¿Estás dispuesto a seguir a Jesús si eso conlleva perder a tus mejores amigos?
- ¿Estás dispuesto a seguir a Jesús si eso conlleva separarte de tu familia?

- ¿Estás dispuesto a seguir a Jesús si eso conlleva perder tu reputación?
- ¿Estás dispuesto a seguir a Jesús si eso conlleva perder tu trabajo?
- ¿Estás dispuesto a seguir a Jesús si eso conlleva perder tu vida?

En algunos lugares del mundo, estas consecuencias son una realidad. Pero observa el fraseo de las preguntas: "¿Estás dispuesto?". Seguir a Jesús no significa necesariamente que te vayan a suceder todas estas cosas, pero el discípulo de Cristo debe estar dispuesto a sufrir pérdidas. ¿Estás dispuesto a tomar tu cruz? Si tuvieras que tomar una decisión entre elegir a Jesús o las comodidades de esta vida, ¿cuál escogerías?

El compromiso con Cristo significa tomar tu cruz cada día, abandonar tus esperanzas, sueños, posesiones e incluso tu propia vida si fuera necesario por causa de Cristo. Solo si tomas voluntariamente tu cruz puedes llamarte su discípulo (Lucas 14:27). La recompensa vale la pena el precio. Recuerda esto: cuando Jesús dijo a sus discípulos "tome su cruz y sígame", Él mismo también llevó una cruz. Nuestro Señor lideró con el ejemplo.

64. ¿QUÉ SIGNIFICADO TENÍA QUE JESÚS LAVARA LOS PIES DE SUS DISCÍPULOS?

El episodio de Jesús lavando los pies de sus discípulos (Juan 13:1-7) ocurrió en el aposento alto durante la última cena, y es importante en tres aspectos. Para Jesús, fue la muestra de su humildad y servicio perdonando a los pecadores. Para los discípulos, el lavado de sus pies mostró una mentalidad en contraste directo con la actitud de sus corazones en ese momento. Para nosotros, lavar los pies es simbólico de nuestro papel en el cuerpo de Cristo.

El hecho de caminar con sandalias por los caminos de Palestina en el primer siglo hacía obligatorio tener que lavarse los pies antes de tener una comida en grupo. Las personas comían reclinándose en mesas bajas, y los pies quedaban muy en evidencia. Cuando Jesús se levantó de la última cena y comenzó a lavar los pies de los discípulos (Juan 13:4), estaba haciendo la labor de los siervos más bajos. Los discípulos debieron quedarse atónitos por este acto de humildad y condescendencia; es decir, que Jesús, como su Señor y Maestro, lavara los pies de los discípulos. Lavar los pies era una labor más propia de *ellos*, pero nadie se había ofrecido para hacer ese trabajo. Jesús vino a la tierra no como rey y conquistador, sino como el siervo sufriente de Isaías 53. Como reveló en Mateo 20:28, Él no vino "para ser servido, sino para servir, y para dar su vida en rescate por muchos". La humildad expresada mediante la acción de Jesús con la toalla y el lebrillo anunció su acto supremo de humildad y amor en la cruz.

La actitud de Jesús contrastaba claramente con la de los discípulos, quienes recientemente habían discutido entre ellos en cuanto a quién de ellos era el mayor (Lucas 22:24). No había ningún siervo presente en el aposento alto para lavar sus pies, y nunca se les ocurrió a ellos lavar los pies a los demás. Cuando el Señor mismo se inclinó para hacer esta tarea servil, se quedaron atónitos y mudos. Pedro estaba profundamente incómodo con que el Señor le lavara los pies, y protestó diciendo: *¡Jamás me lavarás los pies!* (Juan 13:8).

Entonces Jesús dijo algo que debió haber sorprendido aún más a Pedro: *Si no te lavo, no tienes parte conmigo* (Juan 13:8), provocando que Pedro, cuyo amor por el Salvador era genuino, pidiera un lavado completo (v. 9). Después, Jesús le explicó: *El que se ha bañado no necesita lavarse, excepto los pies, pues está todo limpio; y ustedes están limpios, pero no todos* (v. 10). Los discípulos se habían "bañado", y estaban todos "limpios" menos uno: Judas, quien lo traicionaría (v. 11).

Por lo tanto, el acto de Jesús de lavar los pies de los discípulos ilustró su lavado espiritual. Jesús es el que perdona. Pedro y el resto habían experimentado el lavamiento completo de la salvación y no necesitaban volver a bañarse otra vez en sentido espiritual. La salvación es un acto de justificación por fe que ocurre una sola vez. Lo que sigue después es un proceso de por vida de santificación: un lavado diario de la suciedad del pecado. Al caminar por este mundo, parte de la suciedad espiritual del mundo se nos pegará, y eso es necesario lavarlo: que Cristo lo perdone (ver 1 Juan 1:9). Pedro y los demás discípulos, todos salvo Judas, que nunca perteneció a Cristo, solo necesitaban esta limpieza menor.

Cuando acudimos a Cristo para salvación, Él se digna lavar nuestros pecados, y podemos estar seguros de que su perdón es permanente y completo (2 Corintios 5:21). Sin embargo, así como una persona bañada tenía que lavarse los pies periódicamente, nosotros necesitamos una limpieza periódica de los efectos de vivir en la carne en un mundo contaminado por el pecado. Esta es la santificación, efectuada por el Espíritu Santo que vive en nosotros, mediante "el lavamiento de agua con la palabra" (Efesios 5:26), dada para equiparnos para toda buena obra (2 Timoteo 3:16-17).

Además, cuando Jesús lavó los pies de los discípulos, les dijo (y también a nosotros): *Les he dado ejemplo, para que como Yo les he hecho, también ustedes lo hagan* (Juan 13:5). Como sus seguidores, tenemos que emularlo, sirviéndonos unos a otros con humildad de corazón y mente, buscando edificarnos unos a otros en humildad y amor. Parte de ese humilde servicio es perdonarnos unos a otros (Colosenses 3:13). Cuando buscamos la preeminencia, desatendemos el servir a otros o rehusamos perdonar, desagradamos al Señor. La verdadera grandeza en su reino la alcanzan aquellos que tienen un corazón de siervo (Marcos 9:35; 10:44), y estos serán muy bendecidos (Juan 13:17).

65. ¿QUÉ SIGNIFICÓ QUE EL VELO DEL TEMPLO SE RASGÓ EN DOS CUANDO MURIÓ JESÚS?

Durante el transcurso de la vida de Jesús, el santo templo en Jerusalén era el centro de la vida religiosa judía. El templo era el lugar donde se llevaban a cabo los sacrificios animales y donde se seguía fielmente la adoración conforme a la ley de Moisés. Hebreos 9:1-9 nos dice que en el templo había un velo que separaba el lugar santísimo (el lugar terrenal de la presencia de Dios) del resto del templo, donde moraban los hombres. Esto significaba que el hombre estaba separado de Dios por el pecado (Isaías 59:1-2). Solo el sumo sacerdote tenía el permiso de cruzar este velo una vez al año (Éxodo 30:10; Hebreos 9:7) para entrar en la presencia de Dios por todo Israel y hacer expiación por sus pecados (Levítico16).

El templo de Salomón medía treinta codos de alto (1 Reyes 6:2), pero Herodes había elevado la altura hasta cuarenta codos, según los escritos de Josefo, un historiador judío del primer siglo. Existe incertidumbre en cuanto a la medida exacta de un codo, pero no correríamos riesgos si decimos que el velo tendría cerca de veinte metros de altura. Una tradición judía temprana dice que el velo tenía unos diez centímetros de grosor, pero la Biblia no confirma esta medida. El libro de Éxodo enseña que este grueso velo era de un material de color azul, púrpura y escarlata y lino fino torcido.

El tamaño y grosor del velo hacen que los acontecimientos ocurridos en el momento de la muerte de Jesús en la cruz sean mucho más relevantes. *Entonces Jesús, clamando otra vez a gran voz, exhaló el espíritu. En ese momento el velo del templo se rasgó en dos, de arriba abajo* (Mateo 27:50-51).

Por lo tanto, ¿qué sacamos de esto? ¿Qué importancia tiene para nosotros hoy que el velo se rasgó? En primer lugar, que el velo se rasgara en el preciso momento de la muerte de Jesús simbolizó de manera drástica que su sacrificio, el derramamiento de su propia sangre, fue una expiación suficiente para los pecados. Significó que ahora el camino al lugar santísimo estaba abierto para todas las personas, todo el tiempo, tanto para judíos como gentiles.

Cuando Jesús murió, el velo se rasgó y Dios salió de ese lugar para no volver a habitar nunca más en un templo hecho de manos humanas (Hechos 17:24). Dios terminó con ese templo y su sistema religioso, y el templo y Jerusalén quedaron "desolados" (destruidos por los romanos) en el año 70 d. C., tal como Jesús profetizó en Lucas 13:35. Mientras el templo estuvo en pie, significó la continuidad del antiguo pacto. Hebreos 9:8-9 se refiere a la era que estaba pasando a medida que el nuevo pacto estaba siendo establecido (Hebreos 8:13).

En un sentido, el velo era simbólico de Cristo mismo como el único camino al Padre (Juan 14:6). Esto lo indica el hecho de que el sumo sacerdote tuviera que entrar al lugar santísimo a través del velo. Ahora Cristo es nuestro mejor Sumo Sacerdote, y como creyentes en su obra consumada, participamos de su mejor sacerdocio. Ahora podemos entrar en el lugar santísimo a través de Él. Hebreos 10:19-20 dice: *Entonces, hermanos, puesto que tenemos confianza para entrar al Lugar Santísimo por la sangre de Jesús, por un camino nuevo y vivo que Él inauguró para nosotros por medio del velo, es decir, Su carne.* Aquí vemos la imagen de la carne de Jesús siendo rasgada por nosotros a la vez que rasgaba el velo por nosotros.

El profundo significado de que el templo se rasgó se explica con precioso detalle en Hebreos. Las cosas del templo eran sombras de algo que vendría, y todas ellas nos apuntan finalmente a Jesucristo. Él fue el velo del lugar santísimo, y mediante su muerte ahora los fieles tienen libre acceso a Dios.

El velo del templo era un recordatorio constante de que el pecado deja a la humanidad excluida de la presencia de Dios. El hecho de que la ofrenda por el pecado se ofreciera anualmente y muchos otros sacrificios se repitieran diariamente mostraba de manera gráfica que el pecado verdaderamente no se podía expiar o borrar solo con sacrificios animales. Jesucristo, mediante su muerte, ha eliminado las barreras entre Dios y el hombre, y ahora podemos acercarnos a Él con confianza y valentía (Hebreos 4:14-16).

66. ¿POR QUÉ ES IMPORTANTE LA RESURRECCIÓN DE JESUCRISTO?

La resurrección de Jesús es importante por varias razones. En primer lugar, la resurrección testifica del inmenso poder del propio Dios. Creer en la resurrección es creer en Dios. Si Dios existe, y si creó el universo y tiene poder sobre él, entonces tiene poder para resucitar a los muertos. Si no tiene tal poder, no es digno de nuestra fe y adoración. Solo Él, que creó la vida, puede resucitarla después de la muerte, solo Él puede revertir la fealdad que es la muerte en sí, y solo Él puede eliminar el aguijón de la muerte y obtener la victoria sobre la tumba (1 Corintios 15:54-55). Al resucitar a Jesús de la tumba, Dios nos recuerda su soberanía absoluta sobre la vida y la muerte.

La resurrección de Jesucristo es también importante porque valida quien Jesús afirmó ser, es decir, el Hijo de Dios y Mesías. Según Jesús, su resurrección fue la "señal del cielo" que autentificó su ministerio (Mateo 16:1-4). La resurrección de Jesucristo, confirmada por cientos de testigos oculares (1 Corintios 15:3-8), provee una prueba irrefutable de que Él es el Salvador del mundo.

Otra razón por la que la resurrección de Jesucristo es importante es que demuestra su carácter sin pecado y su naturaleza divina. La Escritura dijo que el "Santo" de Dios nunca vería corrupción (Salmos 16:10), y Jesús nunca vio corrupción incluso después de morir (ver Hechos 13:32-37). Fue sobre la base de la resurrección de Cristo como Pablo predicaba: *Por tanto, hermanos, sepan que por medio de Él les es anunciado el perdón de los pecados* (Hechos 13:38-39).

La resurrección de Jesucristo no solo valida su deidad, sino que también valida las profecías del Antiguo Testamento que anunciaban el sufrimiento y la resurrección de Jesús (ver Hechos 17:2-3). La resurrección de Cristo también autentificó su propia afirmación de que resucitaría al tercer día (Marcos 8:31; 9:31; 10:34). Si Jesucristo no ha resucitado, entonces no tenemos esperanza de que nosotros también resucitaremos. De hecho, sin la resurrección de Cristo no tenemos ni Salvador, ni salvación, ni esperanza de vida eterna. Como dijo Pablo, nuestra fe sería "vana", el evangelio no tendría poder alguno, y nuestros pecados aún estarían sin perdonar (1 Corintios 15:14-19).

Jesús dijo: *Yo soy la resurrección y la vida* (Juan 11:25), y en esa frase afirmó ser la fuente de ambas cosas. No hay resurrección sin Cristo, ni vida eterna. Jesús hace más que *dar* vida; Él *es* la vida, y por eso la muerte no tiene poder sobre Él. Jesús confiere su vida a los que confían en Él, para que nosotros podamos compartir su triunfo sobre la muerte (1 Juan 5:11-12). Los que creemos en Jesucristo experimentaremos personalmente la resurrección porque, teniendo la vida que Jesús da, hemos vencido a la muerte. Es imposible que la muerte gane (1 Corintios 15:53-57).

Jesús es "primicias de los que durmieron" (1 Corintios 15:20). En otras palabras, Jesús abrió el camino a la vida después de la muerte. La resurrección de Jesucristo es importante como testimonio de la resurrección de los seres humanos, lo cual es una premisa básica de la fe cristiana. A diferencia de otras religiones, el cristianismo tiene un Fundador que transciende la muerte y promete que sus seguidores harán lo mismo. Todas las demás religiones fueron fundadas por hombres o profetas cuyo final fue la tumba. Como cristianos, sabemos que Dios se hizo hombre, murió por nuestros pecados y resucitó al tercer día. La tumba no pudo retenerlo. Él vive, y está sentado hoy a la diestra del Padre en el cielo (Hebreos 10:12).

La Palabra de Dios garantiza la resurrección del creyente cuando Jesucristo regrese por su Iglesia en el rapto. Tal seguridad resulta en un gran canto de triunfo como escribe Pablo en 1 Corintios 15:55: *¿Dónde está, oh muerte, tu victoria? ¿Dónde, oh sepulcro, tu aguijón?* (cf. Oseas 13:14).

La importancia de la resurrección de Cristo tiene un impacto sobre nuestro servicio al Señor ahora. Pablo termina su discurso sobre la resurrección con estas palabras: *Por tanto, mis amados hermanos, estén firmes, constantes, abundando siempre en la obra del Señor, sabiendo que su trabajo en el Señor no es en vano* (1 Corintios 15:58). Como sabemos que resucitaremos a una nueva vida, podemos soportar la persecución y el peligro por causa de Cristo (vv. 30-32), igual que hizo nuestro Señor. Gracias a la resurrección de Jesucristo, miles de mártires cristianos a lo largo de la historia han cambiado voluntariamente su vida terrenal por la vida eterna y la promesa de la resurrección.

La resurrección es la victoria triunfante y gloriosa para cada creyente. Jesucristo murió, fue sepultado y resucitó al tercer día según las Escrituras (1 Corintios 15:3-4). ¡Y volverá otra vez! Los muertos en Cristo resucitarán, y los que estén vivos en su venida serán cambiados y recibirán cuerpos nuevos glorificados (1 Tesalonicenses 4:13-18). ¿Por qué es importante la resurrección de Jesucristo? Demuestra quién es Jesús. Demuestra que Dios aceptó el sacrificio de Jesús por nosotros. Muestra que Dios tiene poder para resucitarnos de la muerte. Garantiza que los cuerpos de los que creen en Cristo no permanecerán muertos, sino que resucitarán para vida eterna.

67. ¿CUÁL ES TODA LA ARMADURA DE DIOS?

La frase "toda la armadura de Dios" viene de Efesios 6:13-17 (NVI): *Por lo tanto, pónganse toda la armadura de Dios, para que cuando llegue el día malo puedan resistir hasta el fin con firmeza. Manténganse firmes, ceñidos con el cinturón de la verdad, protegidos por la coraza de justicia y calzados con la disposición de proclamar el evangelio de la paz. Además de todo esto, tomen el escudo de la fe, con el cual pueden apagar todas las flechas encendidas del maligno. Tomen el casco de la salvación y la espada del Espíritu, que es la palabra de Dios.*

Efesios 6:12 indica claramente que el conflicto con Satanás es espiritual y, por lo tanto, no hay armas tangibles que puedan utilizarse de modo eficaz contra él y sus secuaces. No se nos da una lista de tácticas concretas que usará Satanás; sin embargo, el pasaje es muy claro en cuanto a que, si seguimos todas las instrucciones fielmente, seremos capaces de permanecer firmes y tendremos la victoria al margen de cuál sea la estrategia de Satanás.

El primer elemento de nuestra armadura es la verdad (Efesios 6:14). Este cinturón aparta de inmediato al creyente del mundo, ya que Satanás es el "padre de la mentira" (Juan 8:44). El engaño es destacado en la lista de cosas que Dios considera como abominación. Una "lengua mentirosa" es una de las cosas que describe como algo "que el Señor odia" (Proverbios 6:16-17). Por lo tanto, se nos exhorta a decir la verdad para nuestra propia santificación y liberación, así como para el beneficio de aquellos a quienes testificamos.

Además, en el v. 14 se nos dice que nos pongamos la coraza de justicia. Una coraza protegía los órganos vitales de un guerrero contra los golpes que, de no ser por ella, serían fatales. Esta justicia no son las buenas obras hechas por los hombres, sino la justicia de

Cristo imputada por Dios y recibida por fe, la cual guarda nuestro corazón contra las acusaciones y denuncias de Satanás y asegura nuestro ser interior contra sus ataques.

El v. 15 habla de la preparación de los pies para el conflicto espiritual. En la guerra, a veces un enemigo pone obstáculos peligrosos en el camino por el que avanzan los soldados. La idea de la preparación del evangelio de la paz es que necesitamos avanzar al territorio de Satanás, conscientes de que habrá trampas. El mensaje de gracia es esencial para ganar almas para Cristo, y debemos estar preparados con el evangelio. Satanás ha puesto muchos obstáculos en nuestro camino para detener la propagación del evangelio.

Con el escudo de la fe del v. 16 "podrán apagar todos los dardos encendidos del maligno". Cuando llevamos el escudo de la fe, Satanás puede lanzar todas las calumnias, dudas y desánimo que quiera, pero serán ineficaces. Nuestra fe, de la cual Cristo es "autor y consumador" (Hebreos 12:2), es como un escudo, sólido y sustancial.

El casco de la salvación del v. 17 es protección para la cabeza, manteniendo a salvo una parte esencial del cuerpo. Podríamos decir que nuestra manera de pensar necesita ser preservada. La cabeza es el asiento de la mente, la cual, cuando se ha aferrado a la esperanza segura de la vida eterna, no recibirá la falsa doctrina ni cederá ante las tentaciones de Satanás. La persona no salva no tiene esperanza de poder repeler los golpes de la falsa doctrina porque no tiene el casco de la salvación, y su mente es incapaz de discernir entre la verdad espiritual y el engaño espiritual.

El v. 17 interpreta la espada del Espíritu como la Palabra de Dios. Aunque todas las demás piezas de la armadura espiritual son para la defensa, la espada del Espíritu nos permite pasar a la ofensiva. La analogía de la espada habla de la santidad y el poder de la Palabra de Dios. No hay un arma espiritual mejor. En la tentación de Jesús en el desierto, la Palabra de Dios fue siempre su respuesta vencedora ante Satanás. ¡Qué bendición que tengamos a nuestra disposición la misma Palabra!

En el v. 18 se nos dice que oremos en el Espíritu (es decir, con la mente de Cristo, con su corazón y sus prioridades) además de llevar puesta toda la armadura de Dios. No podemos descuidar la oración, ya que es el medio por el cual obtenemos de Dios la fuerza espiritual. Sin oración, sin confiar en Dios, nuestros esfuerzos en la guerra espiritual son vanos e inútiles. Toda la armadura de Dios (verdad, justicia, el evangelio, fe, salvación, la Palabra de Dios y la oración) es la herramienta que Dios nos ha dado, mediante la cual podemos ser espiritualmente vencedores. Satanás es un enemigo derrotado.

SECCIÓN 8

PREGUNTAS ACERCA DE RELIGIONES, SECTAS Y COSMOVISIONES

68. ¿CUÁL ES LA DIFERENCIA ENTRE CRISTIANISMO Y JUDAÍSMO?

De las grandes religiones del mundo, cristianismo y judaísmo, son probablemente las más parecidas. Tanto el cristianismo como el judaísmo creen en un solo Dios que es todopoderoso, omnisciente, omnipresente, eterno e infinito. Ambas religiones creen en un Dios que es santo, justo y recto, y al mismo tiempo amoroso, perdonador y misericordioso. Cristianismo y judaísmo comparten las Escrituras hebreas (el Antiguo Testamento) como la Palabra autoritativa de Dios, aunque el cristianismo incluye el Nuevo Testamento también. Tanto cristianismo como judaísmo creen en la existencia del cielo, morada eterna de los justos, y del infierno, morada eterna de los malvados (aunque no todos los cristianos y no todos los judíos creen en la eternidad del infierno). Cristianismo y judaísmo tienen básicamente el mismo código ético, comúnmente conocido hoy día como judeocristiano. Tanto judaísmo como cristianismo enseñan que Dios tiene un plan especial para la nación de Israel y el pueblo judío.

La mayor diferencia entre cristianismo y judaísmo es la doctrina de Jesucristo. El cristianismo enseña que Jesucristo es el cumplimiento de las profecías del Antiguo Testamento de un Mesías/ Salvador venidero (Isaías 7:14; 9:6-7; Miqueas 5:2). El judaísmo a menudo reconoce a Jesús como un buen maestro y tal vez incluso un profeta de Dios. El judaísmo no cree que Jesús era el Mesías. Llevándolo un paso más allá, el cristianismo enseña que Jesús es Dios encarnado (Juan 1:1, 14; Hebreos 1:8). El cristianismo enseña que Dios se hizo un ser humano en la persona de Jesucristo para poder dar su vida para pagar el precio de nuestros pecados (Romanos 5:8; 2 Corintios 5:21). El judaísmo niega rotundamente que Jesús es Dios o que tal sacrificio fuera necesario.

Jesucristo es la distinción más importante entre el cristianismo y el judaísmo. La persona y obra de Jesucristo es el tema principal sobre el que cristianismo y judaísmo no pueden estar de acuerdo. En Mateo 15:24 Jesús declaró: *No he sido enviado sino a las ovejas perdidas de la casa de Israel.* Los líderes religiosos de Israel en el tiempo de Jesús le preguntaron: *"¿Eres Tú el Cristo, el Hijo del Bendito?". Jesús le contestó: "Yo soy; y verán al Hijo del Hombre sentado a la diestra del Poder y viniendo con las nubes del cielo"* (Marcos 14:61-62). Pero no creyeron sus palabras ni le aceptaron como Mesías.

Jesucristo es el cumplimiento de las profecías hebreas de un Mesías venidero. Salmos 22:14-18 describe un evento innegablemente similar a la crucifixión de Jesús: *Soy derramado como agua, y todos mis huesos están descoyuntados; mi corazón es como cera; se derrite en medio de mis entrañas. Como un tiesto se ha secado mi vigor, y la lengua se me pega al paladar; me has puesto en el polvo de la muerte. Porque perros me han rodeado; me ha cercado cuadrilla de malhechores; me horadaron las manos y los pies. Puedo contar todos mis huesos; ellos me miran, me observan. Se reparten entre sí mis vestidos, y sobre mi ropa echan suertes.* Claramente, esta profecía mesiánica habla de Jesucristo, cuya crucifixión cumplió cada uno de estos detalles (Lucas 23; Juan 19).

Hay una descripción asombrosa de Jesús en Isaías 53:3-6: *Fue despreciado y desechado de los hombres, varón de dolores y experimentado en aflicción; y como uno de quien los hombres esconden el rostro, fue despreciado, y no lo estimamos. Ciertamente Él llevó nuestras enfermedades, y cargó con nuestros dolores. Con todo, nosotros lo tuvimos por azotado, por herido de Dios y afligido. Pero Él fue herido por nuestras transgresiones, molido por nuestras iniquidades. El castigo, por nuestra paz, cayó sobre Él, y por Sus heridas hemos sido sanados. Todos nosotros nos descarriamos como ovejas, nos apartamos cada cual por su camino; pero el Señor hizo que cayera sobre Él la iniquidad de todos nosotros.*

El apóstol Pablo, un judío y estricto defensor del judaísmo, tuvo un encuentro con Jesús en una visión (Hechos 9:1-9) y procedió a convertirse en un gran testigo de Cristo y en el autor de casi la mitad del Nuevo Testamento. Pablo entendió la diferencia entre cristianismo y judaísmo más que cualquier otra persona. ¿Cuál fue el mensaje de Pablo? *Porque no me avergüenzo del evangelio, pues es el poder de Dios para la salvación de todo el que cree, del judío primeramente y también del griego* (Romanos 1:16).

69. ¿CUÁL ES LA DIFERENCIA ENTRE CATÓLICOS Y PROTESTANTES?

Hay varias diferencias importantes entre católicos y protestantes. Aunque se han llevado a cabo muchos intentos en años recientes para encontrar un terreno común entre los dos grupos, el hecho es que todavía siguen existiendo diferencias, y son tan importantes hoy como lo eran al comienzo de la Reforma protestante. A continuación, damos un breve resumen de algunas de las diferencias más importantes:

Una de las principales diferencias entre catolicismo y protestantismo es el asunto de la suficiencia y autoridad de la Escritura. Los protestantes creen que solamente la Biblia es la fuente de revelación especial de Dios para la humanidad y nos enseña todo lo necesario para nuestra salvación del pecado. Los protestantes ven la Biblia como el estándar mediante el cual se debe medir toda conducta cristiana. Esta creencia se conoce comúnmente como *sola scriptura* y es una de las cinco *solas* (*sola* en latín significa "solo") que salieron de la Reforma protestante.

Hay muchos versículos en la Biblia que establecen su autoridad y afirman que es suficiente para todos los asuntos de fe y práctica. Uno de los más claros es 2 Timoteo 3:16-17, donde vemos que "toda Escritura es inspirada por Dios y útil para enseñar, para reprender, para corregir, para instruir en justicia, a fin de que el hombre de Dios sea perfecto, equipado para toda buena obra".

Los católicos rechazan la doctrina de la *sola scriptura* y no creen que la Biblia por sí sola sea suficiente. Creen que tanto la Biblia como la sagrada tradición católica romana son igualmente vinculantes sobre el cristiano. Muchas doctrinas católico romanas, como el purgatorio, orar a los santos, adorar o venerar a María, etc., tienen poca o ninguna base en la Escritura y se basan solamente en las tradiciones católico romanas. La insistencia de la Iglesia Católica Romana en que la Biblia y la tradición son iguales en autoridad socaba la suficiencia, autoridad y completitud de la Biblia. La postura en cuanto a la Escritura es la raíz de muchas, si no todas, las diferencias entre católicos y protestantes.

Otro desacuerdo entre católicos y protestantes se produce por el oficio y la autoridad del Papa. Según el catolicismo, el Papa es el "vicario de Cristo" (un vicario es un sustituto) y representa a Jesús como cabeza de la iglesia. Como tal, el Papa tiene la capacidad de hablar *ex cathedra* (literalmente "desde la silla", es decir, con autoridad en asuntos de fe y práctica). Sus pronunciamientos hechos desde la silla de autoridad son infalibles y vinculantes para todos los cristianos. Por otro lado, los protestantes creen que ningún ser humano es infalible y que solo Cristo es la Cabeza de la Iglesia. Los católicos confían en la sucesión apostólica como una manera de establecer la autoridad del Papa. Los protestantes creen que la autoridad de la Iglesia no viene de la sucesión apostólica sino de la Palabra de Dios. El catolicismo enseña que solo la Iglesia Católica puede interpretar correctamente la Biblia, pero los protestantes creen que la Biblia enseña que Dios envió al Espíritu Santo para habitar en todos los creyentes nacidos de nuevo, capacitándolos a todos para entender el mensaje de la Biblia (Juan 14:16-17, 26; 1 Juan 2:27).

Una tercera gran diferencia entre catolicismo y protestantismo es cómo se salvan las personas. Otra de las cinco *solas* de la Reforma es *sola fide* ("solo fe"), la cual afirma la doctrina bíblica de la justificación solo por gracia, solo por fe y solo por Cristo (Efesios 2:8-10). Sin embargo, los católicos enseñan que el cristiano debe confiar en la fe más "obras meritorias" para ser salvo. Para la doctrina católico romana de la salvación son esenciales los siete sacramentos, que son: bautismo, confirmación, eucaristía, penitencia, unción de los enfermos, orden sagrado y matrimonio. Los protestantes creen que los creyentes son justificados por Dios solamente sobre la base de la fe en Cristo, ya que Él pagó por todos sus pecados en la cruz y su justicia se les imputa a ellos. Los católicos, por el contrario, creen que la justicia de Cristo se imparte al creyente por gracia a través de la fe pero que en sí mismo eso no es suficiente para justificar al creyente. El creyente debe suplementar la justicia de Cristo impartida a él o ella con obras meritorias.

Católicos y protestantes también discrepan en lo que significa ser justificado ante Dios. Para el católico, la justificación implica ser hecho justo y santo. Cree que la fe en Cristo es solo el comienzo de la salvación y que la persona debe construir sobre eso con buenas obras porque la gracia de Dios de la eterna salvación se debe merecer. Esta visión de la justificación contradice la clara enseñanza de la Escritura en pasajes como Romanos 4:1-12 y Tito 3:3-7. Los protestantes distinguen entre el acto único de justificación (cuando somos declarados justos por Dios con base en nuestra fe en la expiación de Cristo en la cruz) y el proceso de santificación (el desarrollo de la rectitud que continúa a lo largo de toda nuestra vida en la tierra). Los protestantes reconocen que las obras son importantes; pero creen que las obras son el resultado o fruto de la salvación, y nunca el medio para conseguirla. Los católicos mezclan la justificación y la santificación en un proceso continuo, el cual conduce a la confusión sobre cómo uno se salva.

Una cuarta gran diferencia entre católicos y protestantes tiene que ver con lo que ocurre después de la muerte. Ambos grupos enseñan que los incrédulos pasarán la eternidad en el infierno; pero hay diferencias significativas con respecto a lo que les ocurre a los creyentes. Sobre la base de sus tradiciones de la iglesia y su confianza en los libros no canónicos, los católicos han desarrollado la doctrina del purgatorio. El purgatorio, según la *Enciclopedia Católica*, es un "lugar o condición de castigo temporal para aquellos que, tras dejar esta vida en la gracia de Dios, no son totalmente libres de los errores veniales, o no han pagado por completo la satisfacción debido a sus transgresiones".[1] Por otro lado, los protestantes creen que somos justificados solo por fe en Cristo y que la justicia de Cristo se nos imputa; por lo tanto, cuando morimos vamos directamente al cielo para estar en la presencia del Señor (2 Corintios 5:6-10; Filipenses 1:23).

Un aspecto inquietante sobre la doctrina católica del purgatorio es la creencia de que el hombre puede y debe pagar por sus propios pecados. Esto resulta en una visión pobre de la suficiencia y eficacia de la expiación de Cristo en la cruz. Dicho de forma sencilla, la creencia católico romana de la salvación implica que la expiación de Cristo en la cruz no fue un pago suficiente para los pecados de los que creen en Él y que incluso un creyente debe pagar por sus propios pecados, bien mediante actos de penitencia o mediante tiempo en el purgatorio. Sin embargo, la Biblia enseña que es solamente la muerte de Cristo lo que puede satisfacer o propiciar la ira de Dios contra los pecadores (Romanos 3:25; Hebreos 2:17; 1 Juan 2:2; 4:10). Nuestras obras de justicia no pueden añadir nada a lo que Cristo ya ha conseguido.

Las diferencias entre catolicismo y protestantes evangélicos son importantes y significativas. Pablo escribió Gálatas para combatir a los judaizantes (judíos que decían que los gentiles cristianos tenían que obedecer la Ley del Antiguo Testamento para ser salvos). Como los judaizantes, los católicos hacen que las obras humanas sean necesarias para que Dios nos justifique, y terminan con un evangelio totalmente distinto.

Es nuestra oración que Dios abra los ojos de aquellos que están poniendo su fe en las enseñanzas de la Iglesia Católica. Esperamos que todos entiendan que "los actos de justicia" no pueden justificar o santificar a una persona (Isaías 64:6). Oramos para que todos pongan su fe solamente en Cristo y el hecho de que "todos son justificados gratuitamente por su gracia [de Dios] por medio de la redención que es en Cristo Jesús, a quien Dios exhibió públicamente como propiciación por su sangre a través de la fe" (Romanos 3:24-25). Dios nos salva "no por las obras de justicia que nosotros hubiéramos hecho, sino conforme a su misericordia, por medio del lavamiento de la regeneración y la renovación por el Espíritu Santo, que Él derramó sobre nosotros abundantemente por medio de Jesucristo nuestro Salvador, para que justificados por su gracia fuéramos hechos herederos según la esperanza de la vida eterna" (Tito 3:5-7).

70. ¿QUÉ ES EL ISLAM, Y QUÉ CREEN LOS MUSULMANES?

El islam es un sistema religioso que Mahoma comenzó en el siglo VII. Los musulmanes siguen las enseñanzas del Corán, su libro santo, y se esfuerzan por cumplir los cinco pilares: las premisas básicas de su religión.

LA HISTORIA DEL ISLAM

En el siglo VII Mahoma afirmó que el ángel Gabriel lo visitó. Durante estas visitaciones angelicales, que continuaron durante unos veintitrés años hasta la muerte de Mahoma, el ángel supuestamente le reveló a Mahoma las palabras de Alá (palabra árabe que usan los musulmanes para "Dios"). Estas revelaciones dictadas componen el Corán, el libro santo del islam. *Islam* significa "sumisión", derivado de una palabra que significa "paz". La palabra *musulmán* significa "alguien que se somete a Alá".

LA DOCTRINA DEL ISLAM

Los musulmanes resumen su doctrina en seis artículos de fe:

1. Creer en un Alá: los musulmanes creen que Alá es uno, eterno, creador y soberano.
2. Creer en los ángeles.
3. Creer en los profetas: los profetas incluyen a los profetas bíblicos, pero terminan con Mahoma como el último profeta de Alá.
4. Creer en las revelaciones de Alá: los musulmanes aceptan ciertas partes de la Biblia, como la Torá y los Evangelios. Creen que el Corán es la palabra perfecta y preexistente de Alá.
5. Creer en el día del juicio final y el más allá: todos resucitarán para juicio o bien en el paraíso o en el infierno.

6. Creer en la predestinación: los musulmanes creen que Alá ha decretado todo lo que ocurrirá. Los musulmanes testifican de la soberanía de Alá con su frase frecuente, *inshallah*, que significa "si Dios quiere".

LOS CINCO PILARES DEL ISLAM

Estas cinco premisas componen el marco de obediencia para los musulmanes:

1. El testimonio de fe (*shahada*): "*la ilaha illa allah. Muhammad rasul Alla*". Esto significa: "No hay deidad sino Alá. Mahoma es el mensajero de Alá". Una persona puede convertirse al islam recitando este credo. El *shahada* muestra que un musulmán cree en Alá solo como deidad y cree que Mahoma revela a Alá.
2. Oración (*salat*): se deben hacer cinco oraciones rituales cada día.
3. Dar (*zakat*): esta entrega de limosnas es cierto porcentaje que se da una vez al año.
4. Ayuno (*sawm*): los musulmanes ayunan durante el Ramadán en el noveno mes del calendario islámico. No deben comer ni beber desde el amanecer hasta el anochecer.
5. Peregrinaje (*hajj*): si es posible física y económicamente, un musulmán debe hacer el peregrinaje a la Meca en Arabia Saudí al menos una vez. El *hajj* se realiza en el mes duodécimo del calendario islámico.

La entrada de un musulmán al paraíso depende de la obediencia a estos cinco pilares. Aun así, Alá puede rechazarlo. Incluso Mahoma no estaba seguro de si Alá le admitiría en el paraíso (Sura 46:9; Hadiz 5.266).

UNA EVALUACIÓN DEL ISLAM

Comparado con el cristianismo, el islam tiene algunas similitudes, pero también importantes diferencias. Como el cristianismo, el islam es monoteísta. Sin embargo, los musulmanes rechazan la Trinidad, es decir que Dios se ha revelado como uno en tres Personas: Padre, Hijo y Espíritu Santo.

Los musulmanes afirman que Jesús fue uno de los profetas más importantes, pero no el Hijo de Dios. El islam afirma que Jesús, aunque nació de una virgen, fue creado como Adán. Los musulmanes no creen que Jesús murió en la cruz. No entienden por qué Alá permitiría que su profeta Isa (palabra islámica para "Jesús") muriera de una forma tan cruel. Sin embargo, la Biblia muestra que la muerte del perfecto Hijo de Dios fue esencial para pagar por los pecados del mundo (Isaías 53:5-6; Juan 3:16; 14:6; 1 Pedro 2:24).

El islam enseña que el Corán es la máxima autoridad y la última revelación de Alá. La Biblia, sin embargo, se completó en el primer siglo con el libro de Apocalipsis. La Biblia advierte en contra de cualquiera que añada o quite algo de la Palabra de Dios (Deuteronomio 4:2; Proverbios 30:6; Gálatas 1:6-12; Apocalipsis 22:18). El Corán, como la supuesta adición a la Palabra de Dios, desobedece directamente el mandato de Dios.

Los musulmanes creen que el paraíso se puede ganar guardando los cinco pilares. La Biblia, contrariamente, revela que el hombre pecador nunca puede estar a la altura de un Dios santo (Romanos 3:23; 6:23). Solo por la gracia de Dios, los pecadores pueden ser salvos mediante el arrepentimiento y la fe en Jesús (Hechos 20:21; Efesios 2:8-9).

Debido a estas diferencias esenciales y contradicciones, el islam y el cristianismo no pueden ser ambos a la vez verdaderos. La Biblia y el Corán no pueden ser ambos la Palabra de Dios. La verdad tiene consecuencias eternas.

Amados, no crean a todo espíritu, sino prueben los espíritus para ver si son de Dios, porque muchos falsos profetas han salido al mundo. En esto ustedes conocen el Espíritu de Dios: todo espíritu que confiesa que Jesucristo ha venido en carne, es de Dios. Y todo espíritu que no confiesa a Jesús, no es de Dios, y este es el espíritu del anticristo, del cual ustedes han oído que viene, y que ahora ya está en el mundo (1 Juan 4:1-4; ver también Juan 3:35-36).

71. ¿POR QUÉ LOS JUDÍOS Y LOS ÁRABES/MUSULMANES SE ODIAN ENTRE SÍ?

En primer lugar, es importante entender que no todos los árabes son musulmanes, y no todos los musulmanes son árabes. Aunque una mayoría de árabes son musulmanes, hay muchos árabes no musulmanes. Además, hay bastante más musulmanes no árabes en zonas como Indonesia y Malasia que musulmanes árabes. En segundo lugar, es importante recordar que no todos los árabes odian a los judíos, no todos los musulmanes odian a los judíos, y no todos los judíos odian a los árabes y a los musulmanes. Debemos tener cuidado de evitar estereotipar a la gente. Sin embargo, si hablamos de forma general, a los árabes y los musulmanes no les agradan los judíos ni confían en ellos, y viceversa.

Si existe una explicación bíblica explícita de esta animosidad, se remonta hasta Abraham. Los judíos son descendientes de Isaac, hijo de Abraham. Los árabes son descendientes de otro hijo de Abraham, Ismael. Como Ismael es el hijo de una mujer esclava (Génesis 16:1-16) e Isaac es el hijo prometido que heredaría las bendiciones de Abraham (Génesis 21:1-3), naturalmente habría alguna enemistad entre los dos hijos. Como resultado de la burla que Ismael hacía de Isaac (Génesis 21:9), Sara habló con Abraham para que echara a Agar e Ismael (Génesis 21:11-21). Probablemente, esto causó más desprecio en el corazón de Ismael hacia Isaac. Un ángel le dijo a Agar que Ismael sería el padre de una gran nación (Génesis 21:18), y es interesante que Ismael sería "hombre indómito como asno montés; su mano será contra todos, y la mano de todos contra él, y habitará separado de todos sus hermanos" (Génesis 16:12).

Sin embargo, la antigua raíz de amargura entre Isaac e Ismael no explica toda la hostilidad entre judíos y árabes en la actualidad. La religión del islam, con una mayoría de seguidores árabes, ha hecho que la hostilidad anunciada de Ismael sea más profunda. El Corán contiene algunas instrucciones un tanto contradictorias para los musulmanes con respecto a los judíos. En un punto parece considerar a los judíos como hermanos (Sura 2:136), y en otros lugares parece prohibir a los musulmanes tener amigos judíos (Sura 5:51) y mandar a los musulmanes atacar a los judíos que rehúsen convertirse al islam (Sura 9:29-30). El Corán también presenta un conflicto en cuanto a qué hijo de Abraham era verdaderamente el hijo de la promesa. Las Escrituras hebreas dicen que era Isaac (Génesis 21:12; 26:3-5). El Corán dice que era Ismael. El Corán da a entender que fue a Ismael a quien Abraham casi sacrificó al Señor, y no Isaac (ver Sura 37:100-112, contradiciendo Génesis 22). Este debate sobre quién era el hijo de la promesa contribuye más a la hostilidad de hoy.

Otra raíz del conflicto entre judíos y árabes es política. Tras la Segunda Guerra Mundial, cuando las Naciones Unidas dieron una parte de tierra de Israel al pueblo judío, la tierra estaba gobernada por los ingleses y principalmente habitada por árabes (aunque un tercio de la población era judía). La mayoría de los árabes protestaron vehementemente contra el nuevo estado israelí, incluso rehusando tener un estado árabe palestino que se les ofreció como parte del plan de las Naciones Unidas. Las naciones árabes, incluyendo Egipto, Jordania, Irak y Siria atacaron Israel en un intento de expulsarlos al mar, pero fueron derrotados. La derrota de las fuerzas árabes pronto se convirtió en una tragedia humanitaria cuando las naciones árabes de alrededor rehusaron acoger a los refugiados árabes de Palestina.

Desde 1948 ha habido una gran hostilidad entre Israel y sus vecinos árabes. Las tensiones han sido avivadas por la retórica política y la existencia de grupos como Hamás, con su continua obsesión de acabar con la llamada "entidad sionista".

Israel existe en un pequeño pedazo de tierra rodeado por naciones árabes mucho más grandes, como Jordania, Siria, Arabia Saudita, Irak y Egipto. Desde nuestro punto de vista, bíblicamente hablando, Israel tiene derecho a existir como una nación en la tierra que Dios les dio a los descendientes de Jacob, nieto de Abraham (Génesis 12:7). Aunque no hay una solución fácil al conflicto en el Medio Oriente, Salmos 122:6 declara: *Oren ustedes por la paz de Jerusalén: "Sean prosperados los que te aman"*.

72. ¿QUÉ ES EL MORMONISMO? ¿QUÉ CREEN LOS MORMONES?

La religión mormona (mormonismo), a cuyos seguidores se les conoce como mormones y miembros de la Iglesia de Jesucristo de los Santos de los Últimos Días (SUD), fue fundada hace menos de doscientos años por un hombre llamado Joseph Smith. Afirmó haber recibido una visita personal de Dios el Padre y de Jesucristo (*Artículos de fe*, p. 35), quienes le dijeron que todas las iglesias y sus credos eran una abominación (1 Nefi 13:28; *Perla de gran precio, Joseph Smith–Historia* 1:18-19). Joseph Smith se dispuso entonces a "restaurar el verdadero cristianismo" y afirmó que su iglesia era la "única iglesia verdadera sobre la tierra"[2] (1 Nefi 14:10). El problema con el mormonismo es que contradice, modifica y amplía la Biblia. Los cristianos no tienen razón alguna para creer que la Biblia no es verdadera y adecuada. Creer verdaderamente en Dios y confiar en Él significa creer en su Palabra, y toda la Escritura es inspirada por Dios, lo cual significa que viene de Él (2 Timoteo 3:16).

Los mormones creen que hay cuatro fuentes de palabras divinamente inspiradas, no solo una: (1) la Biblia "mientras esté traducida correctamente" (*Octavo Artículo de fe*). No siempre está claro qué versículos se consideran correctamente traducidos; (2) el libro del mormón, que fue "traducido" por Joseph Smith y publicado en 1830. Smith afirmó que es "el libro más correcto" sobre la tierra y que una persona puede acercarse más a Dios siguiendo sus preceptos "que con cualquier otro libro" (*Historia de la Iglesia* 4:461); (3) *Doctrina y pactos*, que contiene una colección de revelaciones modernas con respecto a la "iglesia de Jesucristo como ha sido restaurada";[3] (4) *La perla de gran precio*, que los mormones consideran que aclara doctrinas y enseñanzas que se perdieron de la Biblia (*Artículos de fe*, p. 182-185) y añade su propia información sobre la creación de la tierra.

Los mormones creen lo siguiente acerca de Dios: Él no siempre ha sido el Ser Supremo del universo;[4] pero alcanzó ese estatus mediante una vida justa y un esfuerzo persistente.[5] Creen que Dios el Padre tiene un "cuerpo de carne y hueso tan tangible como el del hombre" (*Doctrina y pactos* 130:22). Brigham Young enseñó que Adán en realidad era Dios y el padre de Jesucristo, aunque los líderes mormones modernos han abandonado esta enseñanza.

En contraste, los cristianos saben esto acerca de Dios: hay un solo Dios verdadero (Deuteronomio 6:4; Isaías 43:10; 44:6-8). Él siempre ha existido y siempre existirá (Deuteronomio 33:27; Salmos 90:2; 1 Timoteo 1:17). No fue creado, sino que es el Creador (Génesis 1; Salmos 24:1; Isaías 37:16). Él es perfecto, y nadie es igual a Él (Salmos 86:8; Isaías 40:25). Dios el Padre no es un hombre, ni lo ha sido jamás (Números 23:19; 1 Samuel 15:29; Oseas 11:9). Él es Espíritu (Juan 4:24), y el espíritu no está hecho de carne y hueso (Lucas 24:39).

Los mormones, o Santos de los Últimos Días, creen que hay diferentes niveles o reinos en la otra vida: el reino celestial, el reino terrestre, el reino telestial y la oscuridad exterior.[6] Dónde terminará la humanidad depende de lo que crean y hagan en esta vida (2 Nefi 25:23; *Artículos de fe*, p. 79).

En contraste, la Biblia nos dice que después de la muerte vamos al cielo o al infierno, según hayamos tenido fe o no en Jesucristo como nuestro Señor y Salvador. Estar ausentes de nuestro cuerpo significa, como creyentes, estar con el Señor (2 Corintios 5:6-8). Los incrédulos son enviados al infierno o al lugar de los muertos (Lucas 16:22-23). Cuando Jesús venga por segunda vez, recibiremos cuerpos resucitados y glorificados (1 Corintios 15:50-54). Habrá un nuevo cielo y una nueva tierra para los creyentes (Apocalipsis 21:1), y los incrédulos serán lanzados al lago de fuego eterno (Apocalipsis 20:11-15). No hay una segunda oportunidad para la redención después de la muerte (Hebreos 9:27).

Los líderes mormones han enseñado que la encarnación de Jesús fue el resultado de una relación física entre Dios el Padre y María (*Diario de discursos*, 8:115).[7] Los mormones creen que Jesús es un dios y que cualquier ser humano también puede convertirse en dios (*Doctrina y pactos* 132:20).[8] El mormonismo enseña que la salvación puede ganarse mediante una combinación de fe y buenas obras.[9]

En contraste con esto, los cristianos históricamente han enseñado que nadie puede alcanzar el estatus de Dios; solo Él es santo (1 Samuel 2:2). Podemos ser considerados santos ante los ojos de Dios solo a través de la fe en Él (1 Corintios 1:2). Jesús es el unigénito Hijo de Dios (Juan 3:16), es el único que ha vivido una vida sin pecado, y ahora tiene el lugar más alto de honor en el cielo (Hebreos 7:26). Jesús y Dios son uno en esencia; siendo Jesús el único hombre que existía antes de su nacimiento físico (Juan 1:1-8; 8:56). Jesús se ofreció a sí mismo como sacrificio, Dios lo levantó de los muertos, y un día todos confesarán que Jesucristo es el Señor (Filipenses 2:6-11). Jesús nos dice que es imposible llegar al cielo por nuestras propias obras y que solo es posible a través de la fe en Él (Mateo 19:26). Todos merecemos el castigo eterno por nuestros pecados, pero el amor y la gracia infinitos de Dios nos han dado una salida. *Porque la paga del pecado es muerte, pero la dádiva de Dios es vida eterna en Cristo Jesús Señor nuestro* (Romanos 6:23).

Claramente, hay solo una manera de recibir la salvación, y es conocer a Dios y a su Hijo Jesús (Juan 17:3). La salvación no se recibe por obras sino por fe (Romanos 1:17; 3:28). Podemos recibir este regalo sin importar quiénes somos o lo que hayamos hecho (Romanos 3:22). *En ningún otro hay salvación, porque no hay otro nombre bajo el cielo dado a los hombres, en el cual podamos ser salvos* (Hechos 4:12).

Aunque los mormones suelen ser personas amables, amorosas y bondadosas, están engañados por una religión falsa que distorsiona la naturaleza de Dios, la persona de Jesucristo y el medio de salvación.

73. ¿QUIÉNES SON LOS TESTIGOS DE JEHOVÁ, Y CUÁLES SON SUS CREENCIAS?

La secta conocida hoy como los Testigos de Jehová comenzó en Pensilvania en 1870 como una clase de la Biblia dirigida por Charles Taze Russell. Russell nombró a su grupo "Estudio bíblico Amanecer del Milenio", y los que le siguieron se llamaban "estudiantes bíblicos". Charles T. Russell comenzó a escribir una serie de libros que llamó *Amanecer del Milenio,* que llegaron a ser seis volúmenes antes de su muerte y contenían gran parte de la teología actual de los Testigos de Jehová.

La Sociedad de tratados y biblias Atalaya se fundó en 1886 y se convirtió rápidamente en el medio a través del cual el movimiento

Amanecer del Milenio comenzó a difundir sus puntos de vista. Los miembros del grupo a veces eran llamados despectivamente "russelitas". Tras la muerte de Russell en 1916, el juez Joseph Franklin Rutherford, sucesor de Russell, escribió en 1917 el séptimo y último volumen de la serie Amanecer del Milenio: *El misterio terminado*. Ese fue también el año en que la organización se dividió. Aquellos que siguieron a Rutherford comenzaron a llamarse Testigos de Jehová.

¿Qué creen los Testigos de Jehová? Un análisis minucioso de su posición doctrinal en temas como la deidad de Cristo, la salvación, la Trinidad, el Espíritu Santo y la expiación, muestra sin lugar a dudas que no tienen posturas cristianas ortodoxas sobre estos temas. Los Testigos de Jehová creen que Jesús es el arcángel Miguel, el ser creado más sublime. Esto contradice muchos pasajes de la Escritura que declaran con toda claridad que Jesús es Dios (Juan 1:1, 14; 8:58; 10:30). Los Testigos de Jehová creen que la salvación se obtiene por una combinación de fe, buenas obras y obediencia. Esto contradice la Escritura, que declara que la salvación se recibe por gracia mediante la fe (Juan 3:16; Efesios 2:8-9; Tito 3:5). Los Testigos de Jehová rechazan la doctrina de la Trinidad, creyendo que Jesús es un ser creado y que el Espíritu Santo es, esencialmente, el poder inanimado de Dios. Los Testigos de Jehová también rechazan el concepto de la expiación sustitutiva de Cristo y, en cambio, sostienen una teoría de rescate según la cual la muerte de Jesús fue un pago de rescate por el pecado de Adán.

¿Cómo justifican los Testigos de Jehová estas doctrinas no bíblicas? Primero, afirman que la iglesia ha corrompido la Biblia a través de los siglos; así, ellos han vuelto a traducir la Biblia para reflejar sus particulares doctrinas; el resultado es la *Traducción del Nuevo Mundo*. La *Traducción del Nuevo Mundo* ha sufrido numerosas ediciones, a medida que los Testigos de Jehová descubren más y más pasajes de la Escritura que contradicen sus doctrinas.

La Atalaya basa sus creencias y doctrinas en las enseñanzas originales y ampliadas de Charles Taze Russell, el juez J. F. Rutherford y sus sucesores. El consejo de gobierno de la Sociedad de tratados y biblias Atalaya afirma ser la única autoridad para interpretar la Escritura. En otras palabras, lo que diga el consejo de gobierno con respecto a cualquier pasaje bíblico se considera la última palabra, y el pensamiento independiente es algo que desalientan con gran ímpetu. Esto está en oposición directa a la advertencia de Pablo a Timoteo (y también a nosotros) de estudiar para ser aprobado por Dios, de modo que no tengamos de qué avergonzarnos y manejemos correctamente la Palabra de Dios (2 Timoteo 2:15). Los hijos de Dios deben ser como los cristianos de Berea, que escudriñaban las Escrituras diariamente para ver si lo que se les enseñaba estaba en consonancia con la Palabra (Hechos 17:11).

Probablemente, no haya grupo religioso más fiel que los Testigos de Jehová en difundir su mensaje. Desgraciadamente, ese mensaje está lleno de distorsiones, engaños y falsas doctrinas. Que Dios abra los ojos de los Testigos de Jehová a la verdad del evangelio y a la verdadera enseñanza de la Palabra de Dios.

74. ¿QUÉ ES LA MASONERÍA, Y QUÉ CREEN LOS MASONES?

La masonería, la Orden de la Estrella de Oriente, y otras organizaciones "secretas" similares parecen ser inofensivas reuniones de confraternidad. Muchas de ellas aparentan promover la creencia en Dios. Sin embargo, la masonería, también llamada a veces "*The Craft*", no se basa en la creencia en el único Dios verdadero; más bien, cada hombre debe "actuar con valor, fidelidad y devoción hacia *su* dios".[10] La masonería enseña la existencia de un "Ser Supremo", quienquiera que sea: el dios del islam, el hinduismo o de cualquier otra religión es aceptado. Las creencias no bíblicas de la masonería están parcialmente ocultas bajo una supuesta compatibilidad con la fe cristiana. A continuación se muestra una comparación entre lo que dice la Biblia y lo que enseña la masonería:

LA SALVACIÓN DEL PECADO

La perspectiva de la Biblia: Jesús se convirtió en el sacrificio por el pecado delante de Dios cuando derramó su sangre y murió como pago por los pecados de todos los que creen en Él (Efesios 2:8-9; Romanos 5:8; Juan 3:16).

La perspectiva de la masonería: el proceso mismo de unirse a una logia exige que los cristianos ignoren la exclusividad de Jesucristo como Señor y Salvador. Según la masonería, una persona será salva e irá al cielo como resultado de sus buenas obras y automejora personal.

LA PERSPECTIVA DE LA BIBLIA

La perspectiva de la Biblia: la inspiración sobrenatural y plena de la Escritura, es decir, que es inerrante y que sus enseñanzas y autoridad son absolutas, supremas y finales. La Biblia es la Palabra de Dios (2 Timoteo 3:16; 1 Tesalonicenses 2:13).

La perspectiva de la masonería: la Biblia es solo uno de varios "volúmenes de leyes sagradas", todos ellos considerados igualmente importantes en la masonería. La Biblia es un libro importante, solo respecto de esos miembros que afirman ser cristianos, así como el Corán es importante para los musulmanes. La Biblia no se considera la Palabra de Dios exclusiva, ni se considera la única revelación de Dios de sí mismo a la humanidad. Es solo uno de muchos libros religiosos. Es una buena guía para la moralidad. La Biblia se usa principalmente como un símbolo de la voluntad de Dios, que también se puede encontrar en otros textos sagrados como el Corán o el Rig Veda.

LA DOCTRINA DE DIOS

La perspectiva de la Biblia: hay un solo Dios. Los varios nombres de Dios se refieren al Dios de Israel y revelan ciertos atributos de Dios. Adorar a otros dioses o clamar a otras deidades es idolatría (Éxodo 20:3). Pablo habló de la idolatría como un pecado atroz (1 Corintios 10:14), y Juan dijo que los idólatras perecerán en el infierno (Apocalipsis 21:8).

La perspectiva de la masonería: todos los miembros deben creer en una deidad. Las diferentes religiones (cristianismo, judaísmo, islam, etc.) reconocen al mismo Dios, pero lo llaman con diferentes nombres. La masonería invita a personas de todas las creencias, y aunque usen distintos nombres para el "Innombrable de cien nombres", están orando al mismo Dios y Padre de todos.

LA DOCTRINA DE JESÚS Y LA TRINIDAD

La perspectiva de la Biblia: Jesús era Dios en forma humana (Mateo 1:18-24; Juan 1:1). Jesús es la segunda persona de la Trinidad (Mateo 28:19; Marcos 1:9-11). Él es completamente humano (Marcos 4:38; Mateo 4:2) y completamente divino (Juan 20:28; Juan 1:1-2; Hechos 4:10-12). Los cristianos deben orar en el nombre de Jesús y proclamarlo ante los demás, independientemente de la ofensa que cause a los no cristianos (Juan 14:13-14; 1 Juan 2:23; Hechos 4:18-20).

La perspectiva de la masonería: no hay exclusividad en Jesucristo ni en el Dios trino que es el Padre, el Hijo y el

Espíritu Santo; por lo tanto, no existe una doctrina sobre la deidad de Jesucristo. Se considera antimasónico invocar el nombre de Jesús al orar o mencionar su nombre en la logia. Sugerir que Jesús es el único camino a Dios contradice el principio de tolerancia. Jesús está al mismo nivel que otros líderes religiosos.

LA NATURALEZA HUMANA Y EL PECADO

La perspectiva de la Biblia: todos los humanos nacen con una naturaleza pecaminosa, están totalmente depravados y necesitan un Salvador de sus pecados (Romanos 3:23; 5:12; Salmos 51:5; Efesios 2:1). Debido a la caída, la humanidad por sí misma no tiene la capacidad de alcanzar la perfección moral (1 Juan 1:8-10; Romanos 1:18-25).

La perspectiva de la masonería: mediante símbolos y emblemas, los masones enseñan que el hombre no es pecaminoso, tan solo "rudo e imperfecto por naturaleza".[11] Los seres humanos son capaces de mejorar su propio carácter y conducta de varias maneras, incluyendo actos de caridad, conducta moral y acciones voluntarias de obligación cívica. La humanidad posee la capacidad de pasar de la imperfección a la perfección total. La perfección moral y espiritual reside dentro de los hombres y las mujeres.

Cuando un cristiano toma el juramento de la masonería, está jurando las siguientes doctrinas que Dios ha pronunciado que son falsas y pecaminosas:

1. La salvación se puede obtener mediante las buenas obras del hombre.
2. Jesús es solo uno de los muchos profetas igualmente venerados.

3. Permanecerá callado en la logia y no hablará de Cristo.
4. Se acerca a la logia en oscuridad e ignorancia espiritual; mientras que la Biblia dice que los cristianos ya están en la luz, que son hijos de luz y que mora en ellos la Luz del mundo: Jesucristo.
5. El G.A.D.U. (Gran Arquitecto Del Universo) es representativo de todos los dioses de todas las religiones.

Al exigir que los cristianos hagan el juramento masónico, la masonería lleva a los cristianos a la blasfemia y a tomar el nombre del Señor en vano. La masonería hace que los cristianos adopten un enfoque universalista en sus oraciones, demandando que usen un nombre genérico para no ofender a "hermanos" masones que no son creyentes.

Al hacer el juramento masónico y participar en las doctrinas de la logia, los cristianos están perpetuando un evangelio falso de salvación para llegar al cielo. Mediante su membresía en esta organización sincretista, han comprometido gravemente su testimonio como cristianos.

Al tomar la obligación masónica, el cristiano accede a permitir la contaminación de su mente, espíritu y cuerpo a manos de aquellos que sirven a dioses falsos y creen doctrinas falsas.

La masonería niega y contradice la clara enseñanza de la Escritura acerca de numerosos temas. La masonería también exige que la gente participe en actividades que la Biblia condena. Como resultado, un cristiano no debería ser miembro de ninguna sociedad secreta u organización que tenga conexión alguna con la masonería.

75. ¿QUÉ ES LA CONSPIRACIÓN DE LOS ILUMINATI?

La conspiración de los Iluminati es una teoría conspiratoria que sostiene que hay una sociedad de la "élite global" que está en control del mundo o está buscando controlar el mundo. Como ocurre con la mayoría de las teorías conspiratorias, las creencias acerca de la conspiración de los Iluminati varían mucho, lo cual hace prácticamente imposible ofrecer un resumen de la conspiración de los Iluminati. Popularizada en libros y películas recientes, la conspiración de los Iluminati ha alcanzado el estatus de "ficción de culto".

Si intentáramos resumir la conspiración de los Iluminati, sería algo parecido a lo siguiente: los Iluminati comenzaron como una sociedad secreta bajo la dirección de sacerdotes jesuitas. Después, un concilio de cinco hombres, uno para cada punto del pentagrama, formaron lo que se llamó "Los antiguos e iluminados videntes de Baviera". Eran masones luciferinos de alto rango, completamente inmersos en el misticismo y las disciplinas mentales orientales, buscando desarrollar poderes extraordinarios de la mente. Su supuesto plan y propósito es el dominio mundial para su señor (quién es este señor varía ampliamente). Se alega que los Iluminati son las principales fuerzas motivacionales que impulsan un gobierno global, una ética religiosa mundial y el control centralizado de los sistemas económicos del mundo. Organizaciones como las Naciones Unidas, el Fondo Monetario Internacional, el Banco Mundial y la Corte Penal Internacional son consideradas tentáculos de los Iluminati. Según la conspiración de los Iluminati, ellos son la fuerza impulsora detrás de los esfuerzos para lavar el cerebro de las masas crédulas a través del control del pensamiento y la manipulación de creencias mediante la prensa, el currículo educativo y el liderazgo político de las naciones.

Los Iluminati supuestamente tiene un consejo privado de delegados de élite e interconectados que controlan los principales bancos del mundo. Crean inflación, recesos y depresiones, y manipulan los mercados mundiales apoyando a ciertos líderes y menospreciando a otros para conseguir sus metas globales. La supuesta meta detrás de la conspiración de los Iluminati es crear y después gestionar crisis que finalmente convencerán a las masas de que el globalismo, con su control económico centralizado y ética religiosa mundial, es la solución necesaria para los problemas mundiales. Esta estructura, normalmente conocida como el "nuevo orden mundial", estaría dirigida, claro está, por los Iluminati.

¿Tiene la conspiración de los Iluminati alguna base desde una perspectiva cristiana/bíblica? Tal vez. Hay muchas profecías sobre los últimos tiempos en la Biblia que se interpretan señalando a un gobierno mundial, un sistema monetario y una religión mundial en los últimos tiempos. Muchos de los que interpretan la profecía bíblica ven este nuevo orden mundial como controlado por el anticristo, el falso mesías de los últimos tiempos. Si la conspiración de los Iluiminati y el nuevo orden mundial tienen alguna validez y están ocurriendo verdaderamente, hay un hecho que los cristianos deben recordar: Dios ha permitido soberanamente todos estos desarrollos, y no están fuera de su plan global. Dios está en control, no los Iluminati. Ningún plan o trama que desarrollen los Iluminati podría de forma alguna impedir, o incluso obstaculizar, el plan soberano de Dios para el mundo.

Si realmente hay algo de verdad en la conspiración de los Iluminati, los Iluminati son solo peones en las manos de Satanás, herramientas para manipular en su conflicto con Dios. El destino de los Iluminati será el mismo destino que el de su señor, Satanás/Lucifer, que será echado al lago de fuego "y serán atormentados día y noche por los siglos de los siglos" (Apocalipsis 20:10). En Juan 16:33 Jesús declaró: *Estas cosas les he hablado para que en Mí tengan paz. En el mundo tienen tribulación; pero confíen, Yo he vencido al mundo*. Los cristianos no temen la conspiración de los Iluminati, al tener esta promesa en 1 Juan 4:4: *Hijos míos, ustedes son de Dios y han vencido a los falsos profetas, porque mayor es Aquel que está en ustedes que el que está en el mundo.*

76. ¿QUÉ ES EL RELATIVISMO CULTURAL?

El relativismo cultural es la perspectiva de que todas las creencias, costumbres y éticas son relativas al individuo dentro de su propio contexto social. En otras palabras, "lo bueno" y "lo malo" son específicos de cada cultura; lo que se considera moral en una sociedad puede ser considerado inmoral en otra, y, dado que no existe un estándar universal de moralidad, nadie tiene derecho a juzgar las costumbres de otra sociedad.

El relativismo cultural está ampliamente aceptado en la antropología moderna. Los relativistas culturales creen que todas las culturas son valiosas por derecho propio y tienen el mismo valor. La diversidad de culturas, incluso aquellas con creencias morales en conflicto, no debe considerarse en términos de correcto e incorrecto o de bueno y malo. Para el antropólogo actual, todas las culturas son expresiones igualmente legítimas de la existencia humana y deben estudiarse desde una perspectiva puramente neutral.

El relativismo cultural está íntimamente relacionado con el relativismo ético, el cual ve la verdad como variable y no como absoluta. Lo que constituye lo correcto y lo incorrecto está determinado únicamente por el individuo o por la sociedad. Como la verdad no es objetiva, no puede haber un estándar objetivo que se aplique a todas las culturas. Nadie puede decir si otro está en lo correcto o en lo incorrecto; es cuestión de opinión personal, y ninguna sociedad puede juzgar a otra sociedad.

El relativismo cultural no ve nada inherentemente incorrecto (y nada inherentemente correcto) en ninguna expresión cultural. Por lo tanto, las antiguas prácticas mayas de automutilación y sacrificio humano no son ni buenas ni malas; simplemente son distintivos culturales, semejantes a la costumbre estadounidense de lanzar fuegos artificiales el día 4 de Julio. Tanto el sacrificio humano como los fuegos artificiales son sencillamente distintos productos de socializaciones distintas.

En enero de 2002 cuando el presidente Bush se refirió a las naciones terroristas como el "eje del mal",[12] los relativistas culturales se escandalizaron. Que una sociedad diga que otra sociedad es "mala" es anatema para el relativista. El movimiento actual para "entender" el islam radical, en vez de luchar contra él, es una señal de que el relativismo está progresando. El relativista cultural cree que los occidentales no deberían imponer sus ideales a los terroristas, incluyendo la idea de que bombardear civiles es malo. La creencia islámica en la necesidad de la yihad es tan válida como cualquier creencia en la civilización occidental, afirman los relativistas, y América es tan culpable de los ataques del 11 de septiembre como los propios terroristas.

Los relativistas culturales por lo general se oponen a la obra misionera. Cuando el evangelio penetra en el corazón y cambia la vida de alguien, siempre se producen algunos cambios culturales. Por ejemplo, cuando Don y Carol Richardson evangelizaron a la tribu Sawi de la Nueva Guinea neerlandesa en 1962, los Sawi cambiaron: específicamente, abandonaron sus antiguas costumbres arraigadas de canibalismo e inmolar a las viudas en las piras funerarias de sus esposos. Los relativistas culturales podrían acusar a los Richardson de imperialismo cultural, pero la mayoría del mundo estaría de acuerdo en que terminar con el canibalismo es algo bueno.[13]

Como cristianos, valoramos a todas las personas independientemente de su cultura, porque reconocemos que todas las personas son creadas a imagen de Dios (Génesis 1:27). También reconocemos que la diversidad de cultura es algo hermoso y que deberíamos conservar y apreciar las diferencias en la comida, vestimenta, lenguaje, etc. Al mismo tiempo, sabemos que a causa del pecado no todas las creencias y prácticas de una cultura son buenas o culturalmente beneficiosas. La verdad no es subjetiva (Juan 17:17); la verdad es absoluta, y existe un estándar moral por el cual todas las personas de cada cultura serán juzgadas (Apocalipsis 20:11-12).

Nuestra meta como misioneros no es occidentalizar todo el mundo. Más bien, es llevar las buenas nuevas de salvación en Cristo al mundo. El mensaje del evangelio fomentará la reforma social hasta el punto en que cualquier sociedad cuyas prácticas no estén en sintonía con el estándar moral de Dios cambiará: la idolatría, la poligamia y la esclavitud, por ejemplo, llegarán a su fin cuando la Palabra de Dios prevalezca (ver Hechos 19). En asuntos amorales, los misioneros buscan preservar y honrar la cultura de las personas a las que sirven.

SECCIÓN 9

PREGUNTAS ACERCA DEL PECADO

77. ¿CUÁL ES LA DEFINICIÓN DE PECADO?

Pecado se describe en la Biblia como transgresión de la Ley de Dios (1 Juan 3:4) y rebelión contra Dios (Deuteronomio 9:7; Josué 1:18). El pecado comenzó con Lucifer, probablemente el ángel más hermoso y poderoso de todos. No contento con su posición, deseó ser más alto que Dios y esa fue su caída, el comienzo del pecado (Isaías 14:12-15). Con el nuevo nombre de Satanás trajo el pecado a la raza humana en el jardín del Edén, donde tentó a Adán y Eva con la misma seducción: "serán como Dios" (Génesis 3:5). Génesis 3 describe la rebelión de Adán y Eva contra Dios y contra su mandato. Desde ese tiempo, el pecado se ha transmitido a través de todas las generaciones y nosotros, como descendientes de Adán, hemos heredado el pecado de él. Romanos 5:12 nos dice que el pecado entró en el mundo a través de Adán, y así la muerte pasó a todos los hombres porque "la paga del pecado es muerte" (Romanos 6:23).

A través de Adán, la inclinación inherente a pecar entró en la raza humana, y los seres humanos se convirtieron en pecadores por naturaleza. Cuando Adán pecó, su naturaleza interior fue transformada por su pecado de rebelión, causándole muerte espiritual y depravación, las cuales pasaron a todos los que vinimos a través de él. Somos pecadores porque pecamos, *y* pecamos porque somos pecadores. Esta depravación heredada se conoce como pecado heredado. Así como heredamos características físicas de nuestros padres, heredamos nuestra naturaleza humana pecaminosa de Adán. El rey David lamentó esta condición de la naturaleza humana caída en Salmos 51:5: *Yo nací en iniquidad, y en pecado me concibió mi madre.*

Otro tipo de pecado se conoce como pecado imputado. Usada tanto en entornos financieros como legales, la palabra griega traducida como "imputar" significa "tomar algo que pertenece a alguien y acreditárselo a la cuenta de otro". Antes de recibir la ley de Moisés, el pecado no se le imputaba al hombre, aunque los hombres seguían siendo pecadores por el pecado heredado. Después de la entrega de la Ley, los pecados cometidos por quebrantar la Ley se les imputaron (acreditaron) (Romanos 5:13). Incluso antes de que se les imputaran a los hombres las transgresiones de la Ley, el máximo castigo por el pecado (la muerte) continuaba reinando (Romanos 5:14). Todos los humanos, desde Adán hasta Moisés, estuvieron sujetos a la muerte no por sus actos pecaminosos contra la ley mosaica (la cual no tenían), sino por su propia naturaleza pecaminosa heredada. Después de Moisés, los humanos estuvieron sujetos a la muerte tanto por el pecado heredado de Adán como por el pecado imputado por quebrantar las leyes de Dios.

Dios usó el principio de la imputación para beneficiar a la humanidad cuando imputó el pecado de los creyentes a la cuenta de Jesucristo, quien pagó en la cruz el castigo por ese pecado: la muerte. Al imputar nuestro pecado a Jesús, Dios lo trató como si Él fuera un pecador, aunque no lo era, y le hizo morir por los pecados de todo el mundo (1 Juan 2:2). Es importante entender que el pecado le fue imputado, pero Él no lo heredó de Adán. Cargó con la paga del pecado, pero nunca se convirtió en pecador. Su naturaleza pura y perfecta permaneció intocable ante el pecado. Fue tratado como si fuera culpable de todos los pecados cometidos por la raza humana, aunque no cometió ninguno. Dios después imputaría la justicia de Cristo a los creyentes y acreditaría a nuestra cuenta su justicia, así como Él había acreditado nuestros pecados a la cuenta de Cristo (2 Corintios 5:21).

Un tercer tipo de pecado es el pecado personal, el que cometen cada día todos los seres humanos. Como hemos heredado una naturaleza de pecado de Adán, cometemos pecados individuales y personales, desde mentiras aparentemente inocentes hasta asesinatos. Los que no han puesto su fe en Jesucristo deben pagar el castigo por esos pecados personales, además del pecado heredado e imputado; sin embargo, los creyentes han sido liberados del castigo eterno del pecado, el infierno y la muerte espiritual. También tenemos el poder de resistir el pecado. Ahora podemos escoger si cometemos o no pecados personales porque tenemos el poder santificador del Espíritu Santo que habita en nosotros. Cuando pecamos, el Espíritu nos convence (Romanos 8:9-11). Cuando confesamos nuestros pecados personales a Dios y le pedimos perdón por ellos, somos restaurados a una perfecta comunión con Él. *Si confesamos nuestros pecados, Él es fiel y justo para perdonarnos los pecados y para limpiarnos de toda maldad* (1 Juan 1:9).

Somos condenados tres veces debido al pecado heredado, el pecado imputado y el pecado personal. El único castigo justo por este pecado es la muerte (Romanos 6:23), no solo la muerte física sino también la muerte eterna (Apocalipsis 20:11-15). Por fortuna, el pecado heredado, el pecado imputado y el pecado personal, han sido todos crucificados en la cruz de Jesús, y ahora por la fe en Jesucristo como Salvador "en Él tenemos redención mediante su sangre, el perdón de nuestros pecados según las riquezas de Su gracia" (Efesios 1:7).

78. ¿SEGUIRÁ DIOS PERDONÁNDOTE SI COMETES EL MISMO PECADO UNA Y OTRA VEZ?

Uno de los engaños más eficaces de Satanás contra los cristianos es convencernos de que realmente nuestros pecados no son perdonados, a pesar de la promesa de la Palabra de Dios. Si hemos recibido a Jesús como Salvador por fe y aún nos sentimos intranquilos con respecto a si tenemos un verdadero perdón, puede que esa preocupación tenga un origen demoniaco. Los demonios odian que la gente sea liberada de sus garras, e intentan plantar semillas de duda en nuestra mente acerca de la realidad de nuestra salvación. En su vasto arsenal de engaños, una de las mejores herramientas de Satanás es recordarnos constantemente nuestras transgresiones pasadas. Él es "el acusador" (Apocalipsis 12:10), e intenta usar pecados pasados para demostrar que Dios realmente no pudo perdonarnos o restaurarnos. Los ataques del diablo hacen que sea un verdadero reto para nosotros sencillamente descansar en las promesas de Dios y confiar en su amor.

Para aliviar el temor, veremos dos poderosos pasajes de la Escritura. El primero se encuentra en el libro de los Salmos: *Como está de lejos el oriente del occidente, así alejó de nosotros nuestras transgresiones* (Salmos 103:12). Dios no solo perdona nuestros pecados, sino que también los elimina por completo de su presencia. ¡Esto es algo profundo! Sin lugar a dudas, esta eliminación del pecado es un concepto difícil de entender, razón por la cual es tan fácil que nos preocupemos y dudemos del perdón en lugar de aceptarlo sencillamente. La clave reside en abandonar nuestras dudas y sentimientos de culpa, y descansar en las promesas de perdón de Dios.

Otro pasaje útil es 1 Juan 1:9: *Si confesamos nuestros pecados, Él es fiel y justo para perdonarnos los pecados y para limpiarnos de toda maldad.* ¡Qué increíble promesa! Dios limpia a sus hijos de su pecado. Lo único que tenemos que hacer es acudir a Él y confesarle nuestros pecados. En este mundo tropezaremos, pero en Cristo siempre podemos encontrar limpieza.

En Mateo 18:21-22: "Acercándose Pedro, preguntó a Jesús: *"Señor, ¿cuántas veces pecará mi hermano contra mí que yo haya de perdonarlo? ¿Hasta siete veces?". Jesús le contestó: "No te digo hasta siete veces, sino hasta setenta veces siete".* Probablemente, Pedro pensaba que estaba siendo generoso al hacerle esta pregunta. En lugar de pagar un pecado con otro, Pedro sugirió dar al hermano algo de margen, por ejemplo, perdonarlo hasta siete veces, pero a la octava vez el perdón y la gracia se acabarían. Cristo desafió las reglas de economía de gracia que sugería Pedro diciendo que el perdón es infinito para los que verdaderamente lo piden. Ese tipo de perdón solo es posible por la gracia infinita de Dios mostrada por la sangre de Cristo derramada en la cruz. Gracias al poder perdonador de Cristo somos sus hijos, y siempre podemos ser hechos limpios incluso después de un pecado repetido si buscamos humildemente el perdón de Dios.

Al mismo tiempo, deberíamos notar que un creyente no seguirá un estilo de vida de pecado de modo habitual y continuo (1 Juan 3:8-9). Pablo advirtió: *Pónganse a prueba para ver si están en la fe. Examínense a sí mismos. ¿O no se reconocen a ustedes mismos de que Jesucristo está en ustedes, a menos de que en verdad no pasen la prueba?* (2 Corintios 13:5). Como cristianos tropezamos, pero no vivimos un estilo de vida de pecado continuado y sin arrepentimiento. Todos tenemos debilidades y podemos caer en pecado, aunque no queramos hacerlo. Incluso el apóstol Pablo hacía lo que no quería hacer por el pecado que moraba en su cuerpo (Romanos 7:15). Como Pablo, la respuesta del creyente es odiar el pecado, arrepentirse de él y pedir la gracia divina para superarlo (Romanos 7:24-25). Cuando nuestra fe se debilita y, como Pedro, negamos a nuestro Señor de palabra o de obra, incluso entonces está la oportunidad de arrepentirnos y que nuestros pecados sean perdonados.

Satanás quiere hacernos pensar que no hay esperanza, que no hay posibilidad de que podamos ser perdonados, sanados y restaurados. Intentará hacer que nos sintamos atrapados por la culpa para que no nos sintamos nunca más dignos del perdón de Dios. Pero ¿desde cuándo hemos sido alguna vez dignos de la gracia de Dios? La gracia, por definición, se muestra a los indignos. Dios nos amó y escogió para estar en Cristo antes de la fundación del mundo (Efesios 1:4-6), no por algo que hayamos hecho, sino "a fin de que nosotros, que fuimos los primeros en esperar en Cristo, seamos para alabanza de Su gloria" (Efesios 1:12). No hay lugar al que podamos ir donde la gracia de Dios no nos alcance, y no hay profundidad a la que podamos llegar de la que Dios no sea capaz de sacarnos. Su gracia es mayor que todo nuestro pecado. Ya sea que solo estemos empezando a desviarnos o que ya estemos hundidos y ahogándonos en nuestro pecado, podemos recibir su gracia.

La gracia es un regalo de Dios (Efesios 2:8). Cuando pecamos, el Espíritu nos convence de pecado de tal forma que dé como resultado una tristeza piadosa (2 Corintios 7:10-11). Él no nos condenará como si no hubiera esperanza, porque ya no hay condenación para los que estamos en Cristo Jesús (Romanos 8:1). La convicción del Espíritu dentro de nosotros es un movimiento de amor y gracia. La gracia no es una excusa para pecar (Romanos 6:1-2), y no se debe abusar de ella. Debemos enfrentar el pecado con sinceridad; debemos llamarlo "pecado", y no se puede tratar como si fuera algo inofensivo. Los creyentes que no se arrepienten tienen que ser confrontados en amor y guiados a la libertad, y los no creyentes tienen que saber que tienen que arrepentirse. Pero enfaticemos también el remedio, porque se nos ha dado gracia sobre gracia (Juan 1:16).

La gracia es cómo vivimos, cómo somos salvos, cómo somos santificados y cómo seremos guardados y glorificados. Recibamos la gracia cuando pequemos, arrepintiéndonos y confesando a Dios nuestro pecado. ¿Por qué vivir una vida pecaminosa cuando Cristo ofrece hacernos rectos ante los ojos de Dios?

79. ¿QUÉ DICE LA BIBLIA SOBRE BEBER ALCOHOL/VINO? ¿ES PECADO QUE UN CRISTIANO BEBA ALCOHOL/VINO?

La Escritura tiene mucho que decir sobre beber alcohol (Levítico 10:9; Números 6:3; Deuteronomio 29:6; Jueces 13:4, 7, 14; Proverbios 20:1; 31:4; Isaías 5:11, 22; 24:9; 28:7; 29:9; 56:12). Sin embargo, la Escritura no prohíbe necesariamente que un cristiano beba cerveza, vino u otra bebida que contenga alcohol. De hecho, algunos pasajes de la Escritura hablan del alcohol en términos positivos. Eclesiastés 9:7 instruye: *Bebe tu vino con corazón alegre*. Salmos 104:14-15 declara que Dios da el vino "que alegra el corazón del hombre". Amós 9:14 habla de beber vino de tu propio viñedo como una señal de la bendición de Dios. Isaías 55:1 anima: *Vengan, compren vino y leche*.

Lo que Dios manda a los cristianos con respecto al alcohol es evitar la embriaguez (Efesios 5:18). La Biblia condena la embriaguez y sus efectos (Proverbios 23:29-35). También se ordena que los cristianos no permitan que su cuerpo sea "dominado" por nada (1 Corintios 6:12; 2 Pedro 2:19). Beber alcohol en exceso es innegablemente adictivo. La Escritura también prohíbe que un cristiano haga algo que pueda ofender a otros cristianos o animarlos a pecar contra su conciencia (1 Corintios 8:9-13). A la luz de estos principios, sería extremadamente difícil que algún cristiano dijera que está bebiendo alcohol en exceso para la gloria de Dios (1 Corintios 10:31).

Jesús convirtió agua en vino. Incluso parece que Jesús bebió vino en alguna ocasión (Mateo 26:29; Juan 2:1-11). En los tiempos del Nuevo Testamento, el agua no era muy limpia. Sin el saneamiento moderno, el agua a menudo contenía bacterias, virus y todo tipo de contaminantes. Lo mismo ocurre hoy en muchos países en desarrollo. Como resultado, las personas a menudo bebían vino (o zumo de uva) porque era mucho menos probable que se contaminaran. En 1 Timoteo 5:23 Pablo aconsejó a Timoteo que dejara de beber agua exclusivamente (algo que probablemente le estaba causando problemas de estómago) y en su lugar bebiera vino. En ese tiempo, el vino era fermentado (contenía alcohol), pero no necesariamente al grado que lo tiene actualmente. Es incorrecto decir que era zumo de uva, pero también es incorrecto decir que era igual que el vino que comúnmente consumimos hoy. De nuevo, la Escritura no prohíbe que los cristianos beban cerveza, vino o cualquier otra bebida que contenga alcohol. El alcohol en sí mismo no está contaminado por el pecado. Es la embriaguez y la adicción al alcohol de lo que un cristiano debe abstenerse por completo (Efesios 5:18; 1 Corintios 6:12)

El alcohol, consumido en cantidades pequeñas, no es ni dañino ni adictivo. De hecho, algunos doctores abogan por beber pequeñas cantidades de vino tinto por sus beneficios para la salud, especialmente para el corazón. El consumo de pequeñas cantidades de alcohol es un asunto de libertad cristiana. La embriaguez y la adicción son pecado. Sin embargo, debido a la inquietud bíblica en cuanto al alcohol y sus efectos, debido a la fácil tentación de consumir alcohol en exceso, y debido a la posibilidad de que haga tropezar a un hermano o hermana, a menudo lo mejor para un cristiano es abstenerse de beber alcohol.

80. ¿QUÉ DICE LA BIBLIA SOBRE LOS TATUAJES?

Los tatuajes son más populares que nunca en muchas partes del mundo. El número de personas con tatuajes ha aumentado drásticamente en los últimos años. Los tatuajes ya no son para los delincuentes o rebeldes. Las aristas de la rebeldía relacionadas históricamente con los tatuajes se han desgastado.

El Nuevo Testamento no dice nada sobre si un creyente en Jesucristo debería hacerse o no un tatuaje; por lo tanto, no podemos decir que hacerse un tatuaje sea pecado. Debido al silencio de la Escritura, tatuarse entra en la categoría de un área gris, y los creyentes deberían seguir sus propias convicciones al respecto, respetando a quienes tal vez tienen convicciones distintas.

Estos son algunos principios bíblicos generales que se podrían aplicar al tema de hacerse un tatuaje:

- Los niños deben honrar y obedecer a sus padres (Efesios 6:1-2). Que un menor se haga un tatuaje contradiciendo con ello del deseo de sus padres es algo bíblicamente insostenible. Los tatuajes que nacen de la rebeldía son pecaminosos.
- "El adorno externo" no es tan importante como el desarrollo de "lo íntimo del corazón" y no debería ser el enfoque de ningún cristiano (1 Pedro 3:3-4). Una persona que desea un tatuaje para recibir atención o admiración tiene un enfoque vacío y pecaminoso de sí mismo.
- Dios ve el corazón, y nuestra motivación para todo lo que hacemos debería ser glorificar a Dios (1 Corintios 10:31). Motivaciones para hacerse un tatuaje para encajar, para destacar, etc., no dan gloria a Dios. El tatuaje en sí mismo quizá no sea pecado, pero la motivación para conseguirlo sí podría serlo.
- Nuestro cuerpo, así como nuestra alma, ha sido redimido y le pertenece a Dios. El cuerpo del creyente es templo del Espíritu Santo (1 Corintios 6:19-20). ¿Cuánta modificación de nuestro cuerpo es apropiada? ¿Hay alguna línea que no deberíamos traspasar? ¿Hay algún punto en el que la proliferación de tatuajes en un cuerpo deja de ser arte y empieza

a convertirse en mutilación pecaminosa? Esto debería ser algo para que cada uno reflexionara individualmente y orara con sinceridad.

- Somos embajadores de Cristo, llevando el mensaje de Dios al mundo (2 Corintios 5:20). ¿Qué mensaje envía el tatuaje, y aportará o restará al hecho de representar a Cristo y compartir el evangelio?
- Todo lo que no procede de fe es pecado (Romanos 14:23), así que la persona que se hace un tatuaje debería estar plenamente convencida de que es voluntad de Dios para él o ella.

No podemos dejar la discusión acerca de los tatuajes sin mirar la Ley del Antiguo Testamento que prohibía los tatuajes: *No se harán sajaduras en su cuerpo por un muerto, ni se harán tatuajes. Yo soy el Señor* (Levítico 19:28). La razón para la prohibición de los tatuajes en este pasaje no se dice, pero es probable que tatuarse fuera una práctica pagana conectada con la idolatría y la superstición. Probablemente era algo común que los paganos marcaran su piel con el nombre de un dios falso o con un símbolo que honrara a algún ídolo. Dios demandaba que sus hijos fueran diferentes. Como les recordó en el mismo versículo: "Yo soy el Señor". Los israelitas le pertenecían; eran su obra maestra, y ellos no debían llevar el nombre de un dios falso en sus cuerpos. Aunque los creyentes del Nuevo Testamento no están bajo la ley mosaica, podemos sacar de este mandato el principio de que, si un cristiano decide hacerse un tatuaje, nunca debería ser por razones supersticiosas o para promover alguna filosofía del mundo. El resumen es que hacerse un tatuaje no es pecado en sí mismo. Entra dentro de la libertad cristiana y debería estar guiado por principios bíblicos y arraigado en el amor.

81. ¿ES PECADO APOSTAR? ¿QUÉ DICE LA BIBLIA SOBRE APOSTAR?

La Biblia no condena específicamente el juego, las apuestas o la lotería; sin embargo, nos advierte en contra del amor al dinero (1 Timoteo 6:10; Hebreos 13:5). La Escritura también nos anima a evitar cualquier intento de enriquecernos rápidamente (Proverbios 13:11; 23:5; Eclesiastés 5:10); debemos trabajar duro y ganar nuestro sustento (Proverbios 14:23; 2 Tesalonicenses 3:10). Las apuestas se enfocan en el amor al dinero y tientan a las personas con la promesa de riquezas rápidas y fáciles.

Apostar, si se hace con moderación y solo en ocasiones, es malgastar el dinero, pero no es necesariamente algo malo. La gente malgasta el dinero en todo tipo de actividades. Apostar no es más o menos derrochador que ver una película (en muchos casos), comer una comida innecesariamente cara o comprarse un artículo que no vale la pena. Por supuesto, que se malgaste el dinero en otras cosas no justifica que apostemos. El dinero no se debe malgastar. Recortando los gastos innecesarios, uno puede ahorrar dinero para necesidades futuras o dar más a la obra del Señor. Apostar solo añade más al malgasto.

Aunque la Biblia no menciona concretamente el apostar, sí menciona eventos de suerte o azar. Por ejemplo, echar suertes fue el método indicado por Dios para escoger entre el cordero sacrificial y el chivo expiatorio (Levítico 16:8). Josué echó suertes para determinar el reparto de tierras a las distintas tribus, y se aceptó el resultado como la voluntad de Dios (Josué 18:10). Nehemías echó suertes cuando quiso determinar quién viviría dentro de los muros de Jerusalén (Nehemías 11:1). Los apóstoles echaron suertes para decidir quién sustituiría a Judas (Hechos 1:26). Cada una de estas ocasiones demostró la verdad de Proverbios 16:33, que dice: *La suerte se echa en el regazo, pero del Señor viene toda decisión.* Con la excepción de los soldados romanos cuando echaron suertes a los pies de la cruz (Juan 19:24), ninguna de estas ocasiones de echar suertes en la Biblia tiene que ver con apostar o con la transferencia de bienes. Que los apóstoles echaran suertes en Hechos 1 no justifica que juguemos a los dados en Las Vegas.

Apostar, por naturaleza, es aprovecharse de la mala suerte de otros. Para que una persona gane, otra persona (por lo general varias) tiene que perder. Que un cristiano arriesgue dinero con la posibilidad remota de ganar aún más es una insensatez, pero buscar activamente un beneficio financiero a costa de la pérdida de otro es más que una insensatez; es poco ético.

¿Y los casinos y las loterías? Los casinos utilizan todo tipo de estrategias de mercadotecnia para atraer a los jugadores a arriesgar la mayor cantidad de dinero posible. A menudo ofrecen alcohol gratis o muy barato, lo cual anima a la embriaguez y, por lo tanto, a un descenso de la habilidad para tomar decisiones sabias. Todo en un casino está perfectamente diseñado para tomar dinero en grandes cantidades y no dar nada a cambio salvo emociones momentáneas y placeres vacíos.

Las loterías son una forma de apostar. La lotería tienta a las personas con la posibilidad de riquezas rápidas y se vende como una forma de financiar la educación o los programas sociales. Sin embargo, parece que aquellos a quienes se dice ayudar con la lotería son en realidad los más perjudicados. Un estudio reciente demostró que los hogares con los ingresos más bajos gastan el 13 por ciento de su ingreso anual en la lotería, en contraste con los que ganan más, que solo gastan el 1 por ciento de su ingreso en la lotería.[1] En otras palabras, quienes menos pueden permitirse gastar dinero en boletos de lotería son a menudo quienes los compran. Con las probabilidades de ganar la lotería siendo ínfimas, todo el sistema se aprovecha de los pobres.

Primera de Timoteo 6:10 nos ofrece sabiduría que se relaciona directamente con las apuestas: *Porque la raíz de todos los males es el amor al dinero, por el cual, codiciándolo algunos, se extraviaron de la fe y se torturaron con muchos dolores*. Los que apuestan no pueden seguir la advertencia de Hebreos 13:5: *Sea el carácter de ustedes sin avaricia, contentos con lo que tienen, porque Él mismo ha dicho: "Nunca te dejaré ni te desampararé"* (Hebreos 13:6). Servir a Dios y servir al dinero son cosas incompatibles (Mateo 6:24).

En resumen, apostar es administrar mal los recursos que hemos recibido de Dios, intenta saltarse el trabajo honesto, promueve la avaricia y la codicia, y se alegra de la mala suerte de otros. Un cristiano no debería participar de las apuestas u otras formas de materialismo.

82. ¿CUÁL ES LA VISIÓN CRISTIANA SOBRE EL SUICIDIO? ¿QUÉ DICE LA BIBLIA SOBRE EL SUICIDIO?

La Biblia menciona seis personas concretas que cometieron suicidio: Abimelec (Jueces 9:54), Saúl (1 Samuel 31:4), el armero de Saúl (1 Samuel 31:4-6), Ahitofel (2 Samuel 17:23), Zimri (1 Reyes 16:18) y Judas (Mateo 27:5). Cinco de estos hombres se destacaban por su maldad (la excepción es el armero de Saúl, que no se dice nada de su carácter). Algunos consideran la muerte de Sansón como un ejemplo de suicidio porque sabía que sus acciones conducirían a su muerte (Jueces 16:26-31), pero la meta de Sansón era matar filisteos, no a sí mismo.

La Biblia ve el suicidio como igual al asesinato, lo cual es autoasesinato. Dios es el único que decide cuándo y cómo debería morir una persona. Deberíamos decir con el salmista: *En Tu mano están mis años* (Salmos 31:15).

Dios es el dador de la vida. Él da, y Él quita (Job 1:21). El suicidio (quitarse la propia vida) no es de Dios porque rechaza el regalo de Dios de la vida. Ningún hombre o mujer debería pretender tomar la autoridad de Dios sobre sí mismo para poner fin a su propia vida.

Algunas personas en la Escritura sintieron una profunda desesperación en la vida. Salomón, en su búsqueda del placer, alcanzó el punto en el que "aborreció la vida" (ver Eclesiastés 2:17). Elías estaba temeroso y depresivo y anhelaba la muerte (1 Reyes 19:4). Jonás estaba tan enojado con Dios que deseó morir (Jonás 4:8). Incluso el apóstol Pablo y sus compañeros misioneros en un punto dijeron "fuimos abrumados sobremanera, más allá de nuestras fuerzas, de modo que hasta perdimos la esperanza de salir con vida" (2 Corintios 1:8).

Sin embargo, ninguno de estos hombres cometió suicidio. Salomón aprendió esto: *Teme a Dios y guarda Sus mandamientos, porque esto concierne a toda persona* (Eclesiastés 12:13). Elías fue consolado por un ángel, se le permitió descansar y recibió una nueva comisión. Jonás recibió advertencia y reproche de Dios. Pablo aprendió que, aunque la presión que enfrentaba era muy superior a su habilidad para soportarla, el Señor puede soportar todas las cosas: *De hecho, dentro de nosotros mismos ya teníamos la sentencia de muerte, a fin de que no confiáramos en nosotros mismos, sino en Dios que resucita a los muertos* (2 Corintios 1:9).

Por lo tanto, según la Biblia, el suicidio es pecado. No es el mayor de los pecados, no es peor que otras maldades, en términos de cómo lo ve Dios, y no determina el destino eterno de una persona. Sin embargo, el suicidio definitivamente tiene un impacto profundo y duradero en los que se quedan. Las fuertes cicatrices que deja un suicidio no sanan con facilidad. Que Dios conceda su gracia a cada uno de los que están enfrentando estas pruebas hoy (Salmos 67:1). Y que cada uno de nosotros ponga su esperanza en la promesa: *Porque: "todo aquel que invoque el nombre del Señor será salvo"* (Romanos 10:13).

Si estás considerando el suicidio, por favor busca ayuda ahora. Si estás en los Estados Unidos, llama al 1-800-273-8255 (la línea nacional), acude a un hospital si puedes, llama al 911, o díselo a alguien en tu hogar, apartamento o lugar de trabajo, o dondequiera que estés. Haz lo que sea necesario para recibir ayuda.

National Hopeline Network: 1-800-422-HOPE (4673)

National Suicide Prevention Lifeline: 1-800-273-TALK (8255)

To Write Love on Her Arms: http://twloha.com/find-help

Befrienders.org: http://www.befrienders.org/directory

La línea directa para casos de suicidio en la mayoría de los países la puedes encontrar en: http://www.suicide.org/international-suicide-hotlines.html.

83. ¿QUÉ DICE LA BIBLIA ACERCA DEL ABORTO?

La Biblia nunca trata específicamente el tema del aborto; sin embargo, hay muchas enseñanzas en la Escritura que dejan muy claro cuál es el punto de vista de Dios sobre el aborto.

Jeremías 1:5 nos dice que Dios nos conoce antes de formarnos en el vientre. Salmos 139:13-16 habla sobre el papel activo de Dios en nuestra creación y formación en el vientre. Éxodo 21:22-25 prescribe el mismo castigo, la muerte, para alguien que cause la muerte de un bebé en el vientre y también para el que cometa asesinato. Esta ley y su castigo indican claramente que Dios considera a un bebé en el vientre tan ser humano como un adulto totalmente desarrollado. Para el cristiano, el aborto no es cuestión del derecho de una mujer a decidir tener un bebé. El bebé ya está presente y vivo. El aborto es un asunto de vida o muerte de un ser humano creado a imagen de Dios (Génesis 1:26-27; 9:6).

¿Qué dice la Biblia acerca del aborto? En términos sencillos, el aborto es asesinato. Es matar a un ser humano creado a imagen de Dios.

Un argumento común contra la postura cristiana sobre el aborto es: ¿y los casos de violación o incesto? A pesar de cuán difícil pudiera ser quedarse embarazada como resultado de una violación o un incesto, ¿el asesinato del bebé sería la solución? Dos errores no se convierten en un acierto. Matar intencionalmente a un niño no nacido no es la respuesta. Además, tengamos en mente que sufrir un aborto es una experiencia traumática. Parece algo sin sentido añadir un trauma adicional a la mujer. Asimismo, el aborto puede ser un medio de los violadores para encubrir sus delitos. Por ejemplo, si una menor es abusada y queda embarazada y luego se le lleva a que le practiquen un aborto, el abuso podría continuar sin castigo. El aborto nunca borrará el dolor de la violación o el incesto, pero es muy probable que añada más dolor.

Un niño concebido mediante violación o incesto es creado a imagen de Dios al igual que cualquier otro ser humano. La vida de ese niño se debe proteger tanto como la vida de cualquier otro ser humano. Las circunstancias de la concepción nunca determinan la valía de una persona o el futuro de esa persona. El bebé en esta situación es totalmente inocente y no se le debería castigar por el malvado acto de su padre. Dependiendo de la situación, la mamá quizá decida criar al niño. Si no tiene ya una comunidad de apoyo, puede acudir a muchas organizaciones e iglesias locales preparadas para caminar junto a ella. O quizá puede entregar el hijo en adopción. Hay muchas familias, algunas incapaces de tener hijos propios que están listas para recibir y amar a un niño con cualquier trasfondo.

También es importante tener en mente que los abortos por violación o incesto suponen un porcentaje muy pequeño del total de los abortos: solo un 1 por ciento de los abortos se produce por casos de violación o incesto.[2]

Un argumento que se usa a menudo contra la postura cristiana sobre el aborto es: "¿Y si la vida de la madre corre peligro?". Sinceramente, esta es la pregunta más difícil de responder sobre el asunto del aborto. En primer lugar, recordemos que esta situación es extremadamente poco frecuente. El Dr. Lamdrum Shettles, un pionero en el campo de la fecundación in vitro, escribió: "Menos de un 1 por ciento de todos los abortos se realizan para salvar la vida de la madre".[3] Al Dr. Irving Cushner, profesor de obstetricia en la facultad de medicina de la UCLA, testificando ante el senado de los EE. UU., se le preguntó sobre la frecuencia con la que son necesarios los abortos para salvar la vida de la madre o para preservar su salud física. Su respuesta: "En este país, en torno al 2 por ciento".[4]

Otros profesionales médicos van más allá, diciendo que el aborto *nunca* es necesario para salvar la vida de la madre. Más de mil profesionales de obstetricia y ginecología y expertos en salud maternal firmaron una declaración en 2012 que decía, en parte: "Como practicantes e investigadores experimentados en obstetricia y ginecología, afirmamos que el aborto directo —la destrucción intencionada del niño no nacido— no es médicamente necesario para salvar la vida de una mujer".[5] Además, en 2019 "líderes médicos que representan a más de 30 000 doctores dijeron que matar intencionalmente a un bebé no nacido a término nunca es necesario para salvar la vida de la madre".

En segundo lugar, recordemos que Dios es un Dios de milagros. Él puede preservar la vida de una madre y de su hijo a pesar de que las probabilidades médicas estén en contra. En tercer lugar, incluso en el pequeño porcentaje de abortos realizados para salvar la vida de la madre, la mayoría de esos abortos pueden evitarse con un parto inducido temprano del bebé o una cesárea. Es extremadamente poco frecuente que se deba abortar activamente a un bebé para salvar la vida de la madre. En última instancia, si la vida de la madre está realmente en riesgo, el curso de acción solo puede ser decidido por la mujer, su médico, muchas veces el padre del niño, y Dios. Cualquier mujer que enfrente esta situación extremadamente difícil debe orar al Señor pidiendo sabiduría (Santiago 1:5) para saber qué le gustaría a Dios que ella hiciera.

La gran mayoría de los abortos que se realizan hoy en día tienen que ver con mujeres que simplemente no desean tener al bebé. Como se indicó anteriormente, solo el 2 por ciento de los abortos se deben a violación, incesto o riesgo para la vida de la madre. Incluso en estos casos más difíciles que representan el 2 por ciento, el aborto nunca debería ser la primera opción. La vida de un ser humano en el útero merece todos los esfuerzos por ser preservada.

Para quienes han tenido un aborto, recuerden que el pecado de aborto no es menos perdonable que cualquier otro pecado. Mediante la fe en Cristo, todos los pecados se pueden perdonar (Juan 3:16; Romanos 8:1; Colosenses 1:14). Una mujer que ha tenido un aborto, un hombre que haya animado a tener un aborto, y un doctor que hay realizado un aborto, pueden ser perdonados y encontrar sanidad y restauración mediante la fe en Jesucristo.

84. ¿QUÉ ES LA BLASFEMIA CONTRA EL ESPÍRITU SANTO?

El concepto de blasfemia contra el Espíritu se menciona en Marcos 3:22-30 y Mateo 12:22-32. Jesús recién había hecho un milagro. Un hombre endemoniado fue llevado ante Jesús, y el Señor echó fuera al demonio, sanando al hombre de ceguera y mudez. Los testigos que presenciaron este exorcismo comenzaron a preguntarse si Jesús en realidad era el Mesías que habían esperado desde hacía tanto tiempo. Un grupo de fariseos, al oír la charla sobre el Mesías, ahogaron rápidamente cualquier fe que estuviera surgiendo en la multitud: *Este no expulsa los demonios sino por Beelzebú, el príncipe de los demonios,* dijeron (Mateo 12:24).

Jesús refuta a los fariseos con algunos argumentos lógicos para demostrar que no está expulsando demonios por el poder de Satanás (Mateo 12:25-29). Entonces habla de la blasfemia contra el Espíritu Santo: *Por eso les digo, que todo pecado y blasfemia será perdonado a los hombres, pero la blasfemia contra el Espíritu no será perdonada. Y a cualquiera que diga una palabra contra el Hijo del Hombre, se le perdonará; pero al que hable contra el Espíritu Santo, no se le perdonará ni en este siglo ni en el venidero* (vv. 31-32).

El término *blasfemia* se puede definir en términos generales como irreverencia desafiante. El término se puede aplicar a pecados como maldecir a Dios o degradar a conciencia cosas relacionadas con Dios. La blasfemia también es atribuir algo malo a Dios o negarle algún bien que deberíamos atribuirle a Él. Este caso en concreto de blasfemia, sin embargo, se llama "blasfemia contra el Espíritu" en Mateo 12:31. Los fariseos, tras haber sido testigos de la prueba irrefutable de que Jesús estaba obrando milagros en el poder del Espíritu Santo, afirmaron en cambio que el Señor estaba poseído por un demonio (Mateo 12:24). Observemos en Marcos 3:30 que Jesús es muy específico en cuanto a lo que los fariseos hicieron para cometer la blasfemia contra el Espíritu Santo: *Porque decían: "Tiene un espíritu inmundo".*

La blasfemia contra el Espíritu Santo tiene que ver con acusar a Jesucristo de estar poseído por un demonio en lugar de estar lleno del Espíritu. Este tipo particular de blasfemia no puede replicarse hoy en día. Los fariseos estaban en un momento único en la historia: tenían la Ley y los Profetas, tenían al Espíritu Santo avivando sus corazones, tenían al propio Hijo de Dios frente a ellos, y vieron con sus propios ojos los milagros que Él hizo. Nunca antes en la historia del mundo (ni después) se había otorgado tanta luz divina a los hombres; si alguien debía reconocer a Jesús por quien era, eran los fariseos. Sin embargo, eligieron la desobediencia. Atribuyeron intencionadamente la obra del Espíritu al diablo, a pesar de conocer la verdad y tener la evidencia. Jesús declaró que su ceguera intencional era imperdonable. Su blasfemia contra el Espíritu Santo fue su rechazo final de la gracia de Dios. Habían marcado su rumbo, y Dios los dejaría navegar sin obstáculos hacia la perdición.

Jesús le dijo a la multitud que la blasfemia de los fariseos contra el Espíritu Santo "no se le perdonará ni en este siglo ni en el venidero" (Mateo 12:32). Esta es otra forma de decir que su pecado nunca sería perdonado, jamás. Ni ahora ni en la eternidad. Como lo expresa Marcos 3:29: *Es culpable de pecado eterno.*

El resultado inmediato del rechazo público de los fariseos hacia Cristo (y del rechazo de Dios hacia ellos) se ve en el siguiente capítulo. Jesús, por primera vez, "les habló muchas cosas en parábolas" (Mateo 13:3; cf. Marcos 4:2). Los discípulos quedaron desconcertados por el cambio en el método de enseñanza de Jesús, y Él explicó el uso de las parábolas: *Porque a ustedes se les ha concedido conocer los misterios del reino de los cielos, pero a ellos no se les ha concedido... porque viendo no ven, y oyendo no oyen ni entienden* (Mateo 13:11, 13). Jesús comenzó a velar la verdad con parábolas y metáforas como resultado directo de la denuncia oficial de los líderes judíos en su contra.

De nuevo, la blasfemia contra el Espíritu Santo no se puede repetir hoy en día, aunque algunas personas lo intentan. Jesucristo no está en la tierra, está sentado a la diestra de Dios. Nadie puede presenciar personalmente cómo Jesús hace un milagro y después atribuir ese poder a Satanás en lugar del Espíritu.

El pecado imperdonable hoy es el estado de incredulidad continuado. El Espíritu actualmente convence al mundo no salvo de pecado, de justicia y de juicio (Juan 16:8). Resistir esa convicción y seguir sin arrepentirse voluntariamente es blasfemar contra el Espíritu. No hay perdón, ni en esta era ni en la venidera, para una persona que rechaza el impulso del Espíritu para que confíe en Jesucristo y luego muere sin creer. El amor de Dios es evidente: *Porque de tal manera amó Dios al mundo, que dio a Su Hijo unigénito, para que todo aquel que cree en Él, no se pierda, sino que tenga vida eterna* (Juan 3:16). Y la decisión es clara: *El que cree en el Hijo tiene vida eterna; pero el que no obedece al Hijo no verá la vida, sino que la ira de Dios permanece sobre él* (Juan 3:36).

85. ¿QUÉ DICE LA BIBLIA SOBRE ROMPER MALDICIONES GENERACIONALES?

La Biblia menciona las maldiciones generacionales en varios lugares (Éxodo 20:5; 34:7; Números 14:18). Dios advierte que Él es "Dios celoso, que castigo la iniquidad de los padres sobre los hijos, y sobre la tercera y la cuarta *generación* de los que me aborrecen" (Deuteronomio 5:9).

Parece injusto que Dios castigue a los hijos por los pecados de sus padres; sin embargo, hay más aquí. Los efectos del pecado se transmiten naturalmente de una generación a otra. Cuando un padre tiene un estilo de vida pecaminoso, es probable que sus hijos practiquen el mismo estilo de vida pecaminoso. En la advertencia de Éxodo 20:5 está implícito el hecho de que los hijos elegirán repetir los pecados de sus padres. Un *Tárgum* judío (una traducción judeo-aramea de la Biblia hebrea) especifica que este pasaje se refiere a "padres impíos" e "hijos rebeldes". Por lo tanto, no es injusto que Dios castigue el pecado sobre la tercera o cuarta generación; esas generaciones están cometiendo los mismos pecados que cometieron sus antepasados.

Hay una tendencia en la Iglesia en la actualidad de intentar ver cada pecado y problema como algún tipo de maldición generacional. Eso no es bíblico. El aviso de Dios de visitar la iniquidad sobre generaciones futuras es parte de la Ley del Antiguo Testamento. Una maldición generacional era una consecuencia para una nación específica (Israel) para un pecado específico (idolatría). Los libros de historia del Antiguo Testamento (especialmente Jueces) contienen el registro de este castigo divino infligido.

La cura para una maldición generacional siempre ha sido el arrepentimiento. Cuando Israel dejaba los ídolos para servir al Dios vivo, la maldición se rompía y Dios los salvaba (Jueces 3:9, 15; 1 Samuel 12:10-11). Sí, Dios prometió visitar el pecado de Israel hasta la tercera y cuarta generación, pero en el siguiente versículo prometió que derramaría "amor inagotable por mil generaciones sobre los que me aman y obedecen mis mandatos" (Éxodo 20:6, NTV). En otras palabras, la gracia de Dios perdura mil veces más que su ira.

Para alguien que esté preocupado por alguna maldición generacional, la respuesta es la salvación a través de Jesucristo. Un cristiano es una nueva criatura (2 Corintios 5:17). ¿Cómo puede un hijo de Dios seguir estando bajo la maldición de Dios (Romanos 8:1)? La cura para una "maldición generacional" es arrepentimiento del pecado en cuestión, fe en Cristo y una vida consagrada al Señor (Romanos 12:1-2).

86. ¿QUÉ ES LA SANTIFICACIÓN? ¿CUÁL ES LA DEFINICIÓN DE LA SANTIFICACIÓN CRISTIANA?

La santificación es la voluntad de Dios para nosotros (1 Tesalonicenses 4:7). La palabra *santificación* está relacionada con la palabra *santo;* ambas palabras tienen que ver con la santidad. Santificar algo es apartarlo para un uso especial; santificar una persona es hacerle santo.

Jesús habló mucho sobre la santificación en Juan 17. En el v. 16 el Señor dice: *Ellos no son del mundo, como tampoco Yo soy del mundo*, y esto es antes de su petición: *Santifícalos en la verdad; Tu palabra es verdad* (v. 17). En la teología cristiana, la santificación es un estado de separación para Dios; todos los creyentes entran en este estado cuando nacen de Dios: *Pero por obra Suya están ustedes en Cristo Jesús, el cual se hizo para nosotros sabiduría de Dios, y justificación, santificación y redención* (1 Corintios 1:30). La santificación mencionada en este versículo es una separación definitiva de los creyentes para Dios. Es una obra que Dios realiza, una parte integral de nuestra salvación y nuestra conexión con Cristo (Hebreos 10:10). Los teólogos a veces se refieren a este estado de santidad delante de Dios como santificación "posicional"; está relacionada con la justificación.

Aunque somos *posicionalmente* santos ("hechos libres de todo pecado" por la sangre de Cristo, Hechos 13:39), sabemos que seguimos pecando (1 Juan 1:10). Por eso la Biblia también se refiere a la santificación como una experiencia práctica de nuestra separación para Dios. La santificación "progresiva" o "experiencial", como se le llama a veces, es el efecto de obedecer la Palabra de Dios en nuestra vida. Es lo mismo que crecer en el Señor (2 Pedro 3:18) o la madurez espiritual. Dios comenzó la obra de hacernos como Cristo, y continúa haciéndolo (Filipenses 1:6). Este tipo de santificación es algo que el creyente debe perseguir fervientemente (1 Pedro 1:15; Hebreos 12:14) y se efectúa mediante la aplicación de la Palabra (Juan 17:17). La santificación progresiva tiene en mente apartar a los creyentes para el propósito para el que son enviados al mundo: *Como Tú me enviaste al mundo, yo también los he enviado al mundo. Y por ellos Yo me santifico, para que ellos también sean santificados en la verdad* (Juan 17:18-19). Que Jesús se apartara para el propósito de Dios es la base y también la condición de que nosotros seamos apartados (ver Juan 10:36). Somos santificados y enviados porque

Jesús lo fue. La santificación de nuestro Señor es el patrón y el poder para la nuestra. El envío y la santificación son inseparables. Por eso se nos llama *santos* (*hagioi* en griego), o *santificados*. Antes de la salvación, nuestro comportamiento daba testimonio de nuestra posición en el mundo en separación de Dios, pero ahora nuestro comportamiento debería dar testimonio de nuestra posición ante Dios en separación del mundo. Poco a poco, cada día, "los que son santificados" (Hebreos 10:14) se van pareciendo más a Cristo.

Hay un tercer sentido en el que se usa la palabra *santificación* en la Escritura: una santificación completa o suprema. Esto es lo mismo que la glorificación. Pablo ora en 1 Tesalonicenses 5:23: *Y que el mismo Dios de paz los santifique por completo; y que todo su ser, espíritu, alma y cuerpo, sea preservado irreprensible para la venida de nuestro Señor Jesucristo*. Pablo habla de Cristo como "la esperanza de la gloria" (Colosenses 1:27) y vincula la gloriosa aparición de Cristo con nuestra glorificación personal: *Cuando Cristo, nuestra vida, sea manifestado, entonces ustedes también serán manifestados con Él en gloria* (Colosenses 3:4). Este estado glorificado será nuestra separación definitiva del pecado, una santificación total en cada aspecto. *Sabemos que cuando Cristo se manifieste, seremos semejantes a Él, porque lo veremos como Él es* (1 Juan 3:2).

Como resumen, *santificación* es una traducción de la palabra griega *hagiasmos*, que significa "santidad" o "una separación". En el pasado Dios nos concedió justificación, una santidad posicional de una vez y para siempre en Cristo. En el presente, Dios nos guía a la madurez, a una santidad práctica y progresiva. En el futuro, Dios nos dará glorificación, una santidad definitiva y permanente. Estas tres fases de la santificación separan al creyente del castigo del pecado (justificación), el poder del pecado (madurez) y la presencia de pecado (glorificación).

87. ¿QUÉ QUIERE DECIR LA BIBLIA CUANDO DICE "NO JUZGUEN"?

El mandato de Jesús de no juzgar a los demás podría ser una de sus declaraciones más citadas, aunque casi siempre se cita sin tener en cuenta su contexto. Aquí está la declaración de Jesús: "No juzguen para que no sean juzgados" (Mateo 7:1). Muchas personas usan este versículo para intentar silenciar a sus críticos, interpretando que Jesús quiso decir: "No tienes derecho a decirme que estoy equivocado". Tomado de forma aislada, el mandato de Jesús de "No juzguen" parece, en efecto, excluir todas las evaluaciones negativas; sin embargo, hay mucho más en este pasaje que esas dos palabras.

El mandato de la Biblia de no juzgar a los demás no significa que no podamos mostrar discernimiento. Inmediatamente después de que Jesús dijera: *No juzguen*, añade: *No den lo santo a los perros, ni echen sus perlas delante de los cerdos* (Mateo 7:6). Un poco más adelante en el mismo sermón, dice: *Cuídense de los falsos profetas... Por sus frutos los conocerán* (vv. 15, 20). ¿Cómo vamos a discernir quiénes son los "perros", "cerdos" y "falsos profetas" si no tenemos la capacidad de hacer un juicio sobre doctrinas y acciones? Jesús nos está dando permiso para distinguir entre lo correcto y lo incorrecto.

Además, el mandato de la Biblia de no juzgar a los demás no significa que todas las acciones son igualmente morales o que la verdad es relativa. La Biblia enseña claramente que la verdad es objetiva, eterna e inseparable del carácter de Dios. Todo lo que contradice la verdad es una mentira; pero, por supuesto, llamar a algo una mentira es hacer un juicio. Llamar pecado al adulterio o al asesinato es igualmente hacer un juicio, pero también es estar de acuerdo con Dios. Cuando Jesús dijo que no juzguemos a otros, no quiso decir que nadie pueda identificar el pecado por lo que es, según la definición de *pecado* de Dios.

Y el mandato de la Biblia de no juzgar a los demás no significa que no debe haber ningún mecanismo para tratar el pecado. La Biblia tiene todo un libro titulado Jueces. Los jueces en el Antiguo Testamento fueron levantados por el propio Dios (Jueces 2:18). El sistema judicial moderno, incluidos sus jueces, es una parte necesaria de la sociedad. Al decir "No juzguen", Jesús no estaba diciendo "Todo vale".

En otra parte, Jesús da un mandato directo de juzgar: *No juzguen por la apariencia, sino juzguen con juicio justo* (Juan 7:24). Aquí tenemos una pista sobre el tipo correcto de juicio frente al tipo incorrecto. Tomando este versículo y algunos otros podemos reunir una descripción del tipo de juicio pecaminoso.

El juicio *superficial* es incorrecto. Juzgar a alguien basándose únicamente en las apariencias es pecaminoso, lo acabamos de ver en Juan 7:24. Es insensato sacar conclusiones antes de investigar los hechos (Proverbios 18:13). Simón el fariseo juzgó a una mujer por su apariencia y reputación, pero no podía ver que la mujer había sido perdonada; por lo tanto, Jesús reprendió a Simón por su juicio injusto (Lucas 7:36-50).

El juicio *hipócrita* es incorrecto. El mandato de Jesús de no juzgar a otros en Mateo 7:1 está precedido por comparaciones con hipócritas (Mateo 6:2, 5, 16) y seguido por una advertencia contra la hipocresía (Mateo 7:3-5). Cuando señalamos el pecado de otros mientras nosotros mismos cometemos el mismo pecado, nos condenamos a nosotros mismos (Romanos 2:1).

El *juicio severo e implacable* es incorrecto. Debemos ser "amables, mostrando toda consideración para con todos los hombres" (Tito 3:2). Son los misericordiosos quienes recibirán misericordia (Mateo 5:7), y como advirtió Jesús: *Porque con el juicio con que ustedes juzguen, serán juzgados; y con la medida con que midan, se les medirá* (Mateo 7:2).

El juicio *autocomplaciente* es incorrecto. Somos llamados a la humildad, y "Dios resiste a los soberbios" (Santiago 4:6). En la parábola de Jesús sobre el fariseo y el publicano, el fariseo confiaba en su propia justicia y, desde esa posición orgullosa, juzgaba al publicano; sin embargo, Dios ve el corazón y se negó a perdonar el pecado del fariseo (Lucas 18:9-14).

El juicio *falso* es incorrecto. La Biblia prohíbe claramente dar falso testimonio (Proverbios 19:5). "Que no injurien a nadie" (Tito 3:2).

A los cristianos a menudo se les acusa de juzgar o de intolerancia cuando se pronuncian en contra del pecado, pero oponerse al pecado no es incorrecto. Elevar el estándar de justicia define naturalmente la injusticia y atrae las críticas de aquellos que eligen el pecado sobre la piedad. Juan el Bautista suscitó la ira de Herodías cuando denunció su adulterio con Herodes (Marcos 6:18-19). Al final, Herodías silenció a Juan, pero no pudo silenciar la verdad (Isaías 40:8).

A los creyentes se les advierte que no juzguen a otros injusta o indebidamente, pero Jesús elogia el "juicio justo" (Juan 7:24). Debemos ser discernidores (Colosenses 1:9; 1 Tesalonicenses 5:21). Debemos predicar todo el consejo de Dios, incluyendo la enseñanza bíblica sobre el pecado (Hechos 20:27; 2 Timoteo 4:2). Debemos confrontar con suavidad a hermanos o hermanas en Cristo que yerran (Gálatas 6:1). Debemos practicar la disciplina eclesiástica (Mateo 18:15-17). Y debemos hablar la verdad en amor (Efesios 4:15).

SECCIÓN 10

PREGUNTAS ACERCA DE LA SEXUALIDAD

88. ¿QUÉ ES INMORALIDAD SEXUAL?

En el Nuevo Testamento, la palabra que se traduce en la mayoría de los casos como "inmoralidad sexual" es *porneia*. Esta palabra también se traduce como "prostitución", "fornicación" e "idolatría". Significa renunciar a la pureza sexual, y se usaba principalmente para describir las relaciones sexuales prematrimoniales. De esta palabra griega tenemos la palabra en español *pornografía*, que deriva del concepto de "vender" o "renunciar". La inmoralidad sexual es la "venta" o "renuncia" de la pureza sexual y contempla cualquier tipo de expresión fuera de los límites de un matrimonio bíblicamente definido (Mateo 19:4-5).

La conexión entre inmoralidad sexual e idolatría se entiende mejor en el contexto de 1 Corintios 6:18, que dice: *Huyan de la fornicación. Todos los demás pecados que un hombre comete están fuera del cuerpo, pero el fornicario peca contra su propio cuerpo.* El cuerpo del creyente es "templo del Espíritu Santo" (1 Corintios 6:19). La adoración de ídolos paganos a menudo conllevaba actos sexuales perversos e inmorales realizados en el templo de un dios falso. Cuando usamos nuestro cuerpo físico para propósitos inmorales, estamos imitando la adoración pagana al profanar el templo santo de Dios con hechos que Él denomina detestables (1 Corintios 6:9-11).

Las prohibiciones bíblicas contra la inmoralidad sexual a menudo van acompañadas de advertencias contra la "impureza" (Romanos 1:24; Gálatas 5:19; Efesios 4:19). Esta palabra en griego es *akatharsia,* que significa "impuro, sucio, ceremonialmente inadecuado". Connota acciones que hacen que una persona sea inadecuada para entrar en la presencia de Dios. Los que persisten en no arrepentirse de su inmoralidad e impureza no pueden entrar en la presencia de Dios. Jesús dijo: *Bienaventurados los de limpio corazón, pues ellos verán a Dios* (Mateo 5:8; cf. Salmos 24:3-4). Es imposible mantener una cercanía e intimidad saludables con Dios cuando nuestro cuerpo y alma se entregan a las impurezas de cualquier tipo.

La sexualidad es diseño de Dios, y solamente Él puede definir los parámetros para su uso. La Biblia deja claro que el sexo fue creado para disfrute entre un hombre y una mujer que están en un pacto matrimonial hasta que uno de ellos muera (Mateo 19:6). La sexualidad es su regalo de bodas sagrado para los seres humanos. Cualquier expresión de ella fuera de esos parámetros constituye un abuso del regalo de Dios. Adulterio, sexo prematrimonial, pornografía y relaciones homosexuales son cosas contrarias al diseño de Dios para el sexo. Eso hace que esas cosas sean pecaminosas.

A continuación, damos algunas objeciones comunes a los mandatos de Dios en contra de la inmoralidad sexual:

1. **No está mal si nos amamos el uno al otro.** La Biblia no hace distinción entre relaciones sexuales con y sin amor. La única distinción bíblica es entre personas casadas y

no casadas. El sexo dentro del matrimonio es bendito (Génesis 1:28); el sexo fuera del matrimonio es fornicación o "inmoralidad sexual" (1 Corintios 7:2-5).

2. **Los tiempos han cambiado, y lo que estaba mal en los tiempos bíblicos ya no se considera pecado.** La mayoría de los pasajes que condenan la inmoralidad sexual incluyen también maldades tales como egoísmo, lujuria, robar, etc. (1 Corintios 6:9-10; Gálatas 5:19-21). No tenemos problema para entender que estas otras cosas siguen siendo pecado. El carácter de Dios no cambia con la opinión de la cultura (Números 23:19; Malaquías 3:6; Hebreos 13:8).

3. **Ante los ojos de Dios estamos casados.** La falacia de esta idea es que el Dios que creó el matrimonio en primer lugar se retracta de su propio mandato para acomodar lo que Él ha llamado pecado. Dios declaró que el matrimonio fuera un hombre y una mujer unidos de por vida (Marcos 10:6-9). La Biblia a menudo usa la imagen de una boda y un pacto matrimonial como metáfora para enseñar una verdad espiritual (Mateo 22:2: Apocalipsis 19:9). Dios se toma el matrimonio muy en serio, y ve la inmoralidad según lo que es, al margen de cuán inteligentes hayamos sido a la hora de redefinirlo.

4. **Aún puedo tener una buena relación con Dios porque Él me entiende.** Proverbios 28:9 dice: *Al que aparta su oído para no oír la ley, su oración también es abominación.* Nos engañamos a nosotros mismos cuando pensamos que podemos escoger tercamente el pecado y que a Dios no le importa. Primera de Juan 2:3-4 contiene un desafío serio para los que persisten en esta forma de pensar: *Y en esto sabemos que lo hemos llegado a conocer: si guardamos Sus mandamientos. Él que dice: "Yo lo he llegado a*

> *conocer", y no guarda Sus mandamientos, es un mentiroso y la verdad no está en él.*

Hebreos 13:4 deja muy clara cuál es la expectativa de Dios para sus hijos: *Sea el matrimonio honroso en todos, y el lecho matrimonial sin deshonra, porque a los inmorales y a los adúlteros los juzgará Dios.* La inmoralidad sexual está mal. La sangre de Jesús puede limpiarnos de todo tipo de impureza cuando nos arrepentimos y recibimos su perdón (1 Juan 1:7-9), pero esa limpieza significa que tenemos que hacer morir nuestra vieja naturaleza y todas sus prácticas, incluyendo la inmoralidad sexual (Romanos 6:12-14; 8:13). Efesios 5:3 dice: *Pero que la inmoralidad, y toda impureza o avaricia, ni siquiera se mencionen entre ustedes, como corresponde a los santos.*

89. ¿QUÉ CONSTITUYE EL MATRIMONIO SEGÚN LA BIBLIA?

La Biblia no dice explícitamente en ningún lugar en qué punto considera Dios que un hombre y una mujer están casados. Debido al silencio de la Biblia en este tema, identificar el momento preciso en que un hombre y una mujer están casados ante los ojos de Dios es un asunto complejo. Estos son los tres puntos de vista más comunes: (1) Dios solo considera que un hombre y una mujer están casados cuando se casan legalmente; es decir, cuando se convierten en marido y mujer a ojos de la ley; (2) un hombre y una mujer están casados ante los ojos de Dios cuando han terminado algún tipo de ceremonia de bodas formal que conlleve votos de pacto; (3) Dios considera que un hombre y una mujer están casados en el momento en que tienen relaciones sexuales. Veamos cada una de estas tres posturas y evaluemos las fortalezas y debilidades de cada una.

1. Dios solo considera que un hombre y una mujer están casados cuando se casan legalmente. Por lo general, el apoyo bíblico que se ofrece para esta postura es el mandato de obedecer las leyes

del gobierno (Romanos 13:1-7; 1 Pedro 2:17). El argumento es que si el gobierno exige realizar ciertos procedimientos y burocracia para que el matrimonio esté reconocido, entonces una pareja debería someterse a esos procesos. Es definitivamente bíblico que una pareja se someta al gobierno siempre y cuando esos requisitos no contradigan la Palabra de Dios y sean razonables. Romanos 13:1-2 nos dice: *Sométase toda persona a las autoridades que gobiernan. Porque no hay autoridad sino de Dios, y las que existen, por Dios son constituidas. Por tanto, el que resiste a la autoridad, a lo ordenado por Dios se ha opuesto; y los que se han opuesto, recibirán condenación sobre sí mismos.*

Sin embargo, hay algunas debilidades y posibles problemas con esta postura. En primer lugar, el matrimonio existía antes de que ningún gobierno existiera. Durante miles de años, la gente se casaba sin lo que hoy conocemos como una licencia matrimonial. En segundo lugar, incluso en la actualidad hay algunos países que no tienen reconocimiento gubernamental del matrimonio o requisitos legales para el matrimonio. En tercer lugar, existen algunos gobiernos que ponen requisitos no bíblicos al matrimonio antes de que se reconozca legalmente. Por ejemplo, algunos países exigen que las bodas se realicen en una iglesia católica, según las enseñanzas católicas y oficiados por un sacerdote católico. Obviamente, para los que tienen fuertes desacuerdos con la iglesia católica y el entendimiento católico del matrimonio como un sacramento, no sería bíblico someterse a casarse en la iglesia católica. En cuarto lugar, hacer que la legitimidad de la unión matrimonial dependa solamente de los estatutos del gobierno es sancionar indirectamente la definición legal del matrimonio, la cual puede fluctuar.

2. Un hombre y una mujer están casados ante los ojos de Dios cuando han terminado algún tipo de ceremonia de bodas formal. Algunos intérpretes entienden que Dios trajera a Eva a Adán (Génesis 2:22) como la supervisión de Dios de la primera

"ceremonia" de bodas; la práctica moderna de que el padre entregue a su hija en una boda refleja la acción de Dios en el Edén. En Juan capítulo 2 Jesús asistió a una ceremonia de bodas. Jesús no habría asistido a este evento si no aprobara lo que estaba ocurriendo. La presencia de Jesús en una ceremonia de bodas no indica en modo alguno que Dios exija una ceremonia de bodas, pero sí indica que una ceremonia de bodas es aceptable ante los ojos de Dios. Casi todas las culturas en la historia humana han tenido algún tipo de ceremonia de bodas formal. En todas las culturas hay un evento, acción, pacto, voto o proclamación que está reconocido como una declaración de que un hombre y una mujer están casados.

3. Dios considera que un hombre y una mujer están casados en el momento en que tienen relaciones sexuales. Hay algunos que toman esto para decir que una pareja casada no está verdaderamente casada ante los ojos de Dios hasta haber consumado el matrimonio físicamente. Otros argumentan que si un hombre y una mujer tienen sexo, Dios considera que los dos están casados. La base para esta idea es el hecho de que la relación sexual entre un esposo y su esposa es el cumplimiento final del principio de "una sola carne" (Génesis 2:24; Mateo 19:5; Efesios 5:31). En este sentido, el coito sexual es el sello "final" de un pacto matrimonial. Sin embargo, la postura de que el coito constituye el matrimonio no tiene un buen fundamento bíblico. Si una pareja se casa legalmente y ceremonialmente, pero por alguna razón no pueden tener relaciones sexuales, aun así a esa pareja se le consideraría casada.

Sabemos que Dios no equipara las relaciones sexuales con el matrimonio con base en el hecho de que el Antiguo Testamento a menudo distingue a una esposa de una concubina. Por ejemplo, en 2 Crónicas 11:21 se describe el linaje de un rey: *Y amó Roboam a Maaca, hija de Absalón, más que a todas sus otras mujeres y concubinas. Porque había tomado dieciocho mujeres y sesenta concubinas.* En este versículo, las concubinas que tuvieron relaciones sexuales con el rey Roboam no se consideraron sus esposas y se mencionan como una categoría distinta.

Además, 1 Corintios 7:2 indica que el sexo antes del matrimonio es inmoralidad. Si las relaciones sexuales hacen que una pareja quede casada no se podría considerar inmoral, ya que la pareja estaría considerada casada en el momento en que tuvieran relaciones sexuales. No hay base bíblica para una pareja no casada que tenga sexo y luego se declaren casados, declarando así que todas las futuras relaciones sexuales sean morales y honrosas para Dios.

Algunos citan Génesis 24 y la historia de Isaac y Rebeca como un ejemplo de una pareja casada solamente por tener relaciones sexuales, sin ningún tipo de ceremonia. Pero los detalles que llevaron al matrimonio revelan que le siguió un proceso formal. El padre de Isaac, Abraham, entregó a su siervo una lista de cosas que hacer para encontrar una esposa para Isaac (Génesis 24:1-10). El siervo hizo todo lo que le pidió su amo, además de orar a Dios pidiéndole guía y confirmación (vv. 12-14). Dios le guio, y también confirmó todas las "pruebas" del siervo para mostrar que el matrimonio de Isaac y Rebeca sin duda estaba aprobado por Dios (vv. 15-27). Tan convencido estaba el siervo de la voluntad de Dios, que de inmediato le contó al hermano de Rebeca, Labán, todos los detalles que confirmaban la elección de Dios (vv. 32-49). Cuando se sirvió la cena, todos sabían que esto era de Dios, que tanto Isaac como Rebeca se deberían casar (vv. 50-51). Después se pagó una dote y se juraron contratos verbales entre ellos (vv. 52-59). Así, el matrimonio mencionado en el v. 67 estaba a duras penas basado solo en un mero acto sexual. Los procedimientos culturales y las tradiciones de dote se cumplieron, se establecieron condiciones, se vieron respuestas a la oración, y la bendición obvia de Dios estaba sobre todo el escenario.

Por lo tanto, ¿qué constituye el matrimonio ante los ojos de Dios? Pareciera que se deberían seguir los siguientes principios:

(1) mientras los requisitos sean razonables y no vayan en contra de la Biblia, un hombre y una mujer deberían buscar cualquier reconocimiento gubernamental que esté disponible; (2) un hombre y una mujer deberían seguir cualquier práctica cultural, familiar y de pacto que se emplee típicamente para reconocer a una pareja como "oficialmente casada"; (3) si es posible, un hombre y una mujer deberían consumar el matrimonio sexualmente, cumpliendo el aspecto físico del principio de "una sola carne".

90. ¿QUÉ DICE LA BIBLIA SOBRE LA HOMOSEXUALIDAD?

En la mente de algunas personas, ser homosexual está tan fuera del control de la persona como el color de la piel y la altura. Por otro lado, la Biblia declara de forma clara y constante que la actividad homosexual es pecado (Génesis 19:1-13; Levítico 18:22; 20:13; Romanos 1:26-27; 1 Corintios 6:9; 1 Timoteo 1:10). Esta desconexión conduce a mucha controversia, debate e incluso hostilidad.

Cuando examinamos lo que dice la Biblia sobre la homosexualidad, es importante distinguir entre *conducta* homosexual y la *inclinación* o *atracción* homosexual. Es la diferencia entre pecado activo y la condición pasiva de ser tentado. La conducta homosexual es pecaminosa, pero la Biblia nunca dice que es pecado ser tentado. Dicho de forma simple, luchar contra la tentación puede llevar a pecar y puede llegar como resultado del pecado de la caída, pero la lucha en sí misma no es pecado.

Romanos 1:26-27 enseña que la homosexualidad es un resultado de negar y desobedecer a Dios. Cuando las personas continúan en pecado e incredulidad, Dios les entrega a un pecado incluso más malvado y depravado para mostrarles la vanidad y la desesperanza de una vida lejos de Dios. Uno de los frutos de la rebeldía contra Dios es la homosexualidad. Primera de Corintios

6:9 proclama que los que practican la homosexualidad, y por lo tanto transgreden el orden creado de Dios, no son salvos.

Una persona puede que nazca con una susceptibilidad mayor a la homosexualidad, así como algunas personas nacen con una tendencia a la violencia y otros pecados. Eso no excusa que la persona decida pecar al ceder a los deseos pecaminosos, así como una persona que nace con una susceptibilidad mayor a explosiones de ira no justifica que ceda a esos deseos y explote ante cada provocación. Lo mismo ocurre con la susceptibilidad a la homosexualidad.

Al margen de cuáles sean nuestras inclinaciones o atracciones, no podemos continuar definiéndonos por los pecados que crucificaron a Jesús y a la vez suponer que estamos en paz con Dios. Pablo enumera muchos de los pecados que antes practicaban los corintios (la homosexualidad está en la lista); sin embargo, en 1 Corintios 6:11 les recuerda: *Y esto eran algunos de ustedes; pero fueron lavados, pero fueron santificados, pero fueron justificados en el nombre del Señor Jesucristo y en el Espíritu de nuestro Dios* (énfasis añadido). En otras palabras, algunos de los corintios antes de ser salvos vivían estilos de vida de homosexualidad; pero ningún pecado es demasiado grande ante el poder limpiador de Jesús. Una vez limpiados, ya no estamos definidos por el pecado.

El problema con la atracción homosexual es que es una atracción hacia algo que Dios ha prohibido, y cualquier deseo de algo pecaminoso al final tiene su raíz en el pecado. La naturaleza penetrante del pecado nos hace ver el mundo y nuestras propias acciones a través de una perspectiva deformada. Todos nuestros pensamientos, deseos y disposiciones están afectados. Por lo tanto, la atracción homosexual no siempre da como resultado un pecado activo y voluntario; puede que no haya una elección consciente del pecado, pero surge de la naturaleza pecaminosa. La atracción hacia personas del mismo sexo siempre es, a cierto nivel básico, una expresión de la naturaleza caída.

Como seres humanos pecaminosos que viven en un mundo pecaminoso (Romanos 3:23), estamos asediados por debilidades, tentaciones y provocaciones a pecar. Nuestro mundo está lleno de seducciones y trampas, incluyendo la seducción a practicar la homosexualidad.

La tentación de participar en conductas homosexuales es muy real para muchos. Los que luchan con la atracción homosexual a menudo dicen sufrir a lo largo de los años de desear que las cosas fueran diferentes. Las personas puede que no siempre sean capaces de controlar cómo se sienten o lo que sienten, pero *pueden* controlar lo que hacen con esos sentimientos (1 Pedro 1:5-8). Todos tenemos la responsabilidad de resistir la tentación (Efesios 6:13). Todos tenemos que ser transformados por la renovación de nuestra mente (Romanos 12:2). Todos debemos "andar en el Espíritu" para no "cumplir el deseo de la carne" (Gálatas 5:16).

Finalmente, la Biblia no describe la homosexualidad como un pecado mayor que otro. Todo pecado es ofensivo para Dios. Sin Cristo estamos perdidos, al margen de qué tipo de pecado nos haya enredado. Según la Biblia, el perdón de Dios está disponible tanto para el homosexual como para el adúltero, idólatra, asesino y ladrón. Dios promete la fuerza para vencer el pecado, incluyendo la homosexualidad, para todos los que creen en Jesucristo para su salvación (1 Corintios 6:11; 2 Corintios 5:17; Filipenses 4:13).

91. ¿QUÉ DICE LA BIBLIA SOBRE EL MATRIMONIO GAY/ ENTRE PERSONAS DEL MISMO SEXO?

Si bien es cierto que la Biblia habla sobre la homosexualidad, no menciona explícitamente el matrimonio gay o entre personas del mismo sexo. Sin embargo, está claro que la Biblia condena la homosexualidad como un pecado inmoral y no natural. Levítico 18:22 identifica el sexo homosexual como abominación, un pecado detestable. Romanos 1:26-27 declara que los deseos y los actos homosexuales son "degradantes" y "contra la naturaleza". Primera de Corintios 6:9 dice que los homosexuales son "injustos" que no heredarán el reino de Dios. Como la homosexualidad está condenada en la Biblia, deducimos que los matrimonios homosexuales no son voluntad de Dios y serían, en realidad, pecaminosos.

Cada mención del matrimonio en la Biblia se refiere a la unión de un varón y una hembra. La primera mención del matrimonio, en Génesis 2:24, lo describe como un hombre que deja a sus padres y se une a su mujer. En pasajes que contienen instrucciones con respecto al matrimonio, como 1 Corintios 7:2-16 y Efesios 5:23-33, la Biblia identifica claramente el matrimonio entre un hombre y una mujer. Bíblicamente hablando, el matrimonio es la unión de por vida de un hombre y una mujer, principalmente con el propósito de construir una familia y proveer un entorno estable para esa familia.

El entendimiento bíblico del matrimonio como la unión de un hombre y una mujer se encuentra en cada civilización humana de la historia mundial. La historia, por lo tanto, argumenta en contra del matrimonio gay. La psicología secular moderna reconoce que los hombres y las mujeres están psicológica y emocionalmente diseñados para complementarse el uno al otro. Con respecto a la familia, los psicólogos defienden que una unión entre un hombre y una mujer en la que ambos cónyuges sirven como buenos modelos de género, es el mejor entorno en el cual criar hijos bien adaptados. Así, la psicología también argumenta en contra del matrimonio gay. Anatómicamente, los hombres y las mujeres fueron diseñados claramente para encajar sexualmente. El propósito "natural" de las relaciones sexuales es la procreación, y solo una relación sexual entre un hombre y una mujer puede cumplir este propósito. De esta manera, la naturaleza argumenta en contra del matrimonio gay.

Por lo tanto, si la Biblia, la historia, la psicología y toda la naturaleza argumentan a favor del matrimonio entre un hombre y una mujer, ¿por qué hay tanta controversia hoy día? ¿Por qué a los que se oponen al matrimonio gay/entre personas del mismo sexo se les etiqueta de personas con odio o fanáticos intolerantes, por muy respetuosamente que se presente la oposición? ¿Por qué el movimiento por los derechos gay es tan agresivo a la hora de fomentar el matrimonio gay/entre personas del mismo sexo cuando la mayoría de las personas, religiosas y no religiosas, defienden que las parejas gays tengan los mismos derechos legales que las parejas casadas mediante algún tipo de unión civil?

La respuesta, según la Biblia, es que todos inherentemente saben que la homosexualidad es inmoral y contra naturaleza. Romanos 1:18-32 dice que Dios ha dejado clara la verdad, pero la verdad se rechaza y se sustituye por una mentira. La mentira después se promueve, y la verdad se suprime. Una manera de suprimir la verdad es normalizando la homosexualidad y marginando a los que se oponen a ella. Y una buena forma de normalizar la homosexualidad es poner el matrimonio gay/entre personas del mismo sexo en un plano igual que el matrimonio tradicional entre géneros opuestos.

Aprobar el matrimonio homosexual o entre personas del mismo sexo es aprobar el estilo de vida homosexual, el cual la Biblia de forma clara y coherente señala como pecaminoso. Los cristianos deberían oponerse firmemente a la idea del matrimonio gay/entre personas del mismo sexo. Además, existen fuertes argumentos lógicos en contra del matrimonio gay/entre personas del mismo sexo extraídos de contextos fuera de la Biblia. No es necesario ser un cristiano evangélico para reconocer que el matrimonio es entre un hombre y una mujer.

Según la Biblia, el matrimonio es instituido por Dios como la unión de por vida entre un hombre y una mujer (Génesis 2:21-24;

Mateo 19:4-6). El matrimonio gay/entre personas del mismo sexo es una perversión de la institución del matrimonio y una ofensa al Dios que lo creó. Como cristianos, no aprobamos ni ignoramos el pecado. En cambio, compartimos el amor de Dios y actuamos como ministros de reconciliación (2 Corintios 5:18). Señalamos el perdón de los pecados que está disponible para todos, incluidos los homosexuales, a través de Jesucristo. Hablamos la verdad en amor (Efesios 4:15) y defendemos la verdad con "mansedumbre y reverencia" (1 Pedro 3:15).

92. ¿QUÉ LE ESTÁ PERMITIDO HACER A UNA PAREJA CRISTIANA CON RESPECTO AL SEXO?

La Biblia dice que "sea el matrimonio honroso en todos, y el lecho matrimonial sin deshonra, porque a los inmorales y a los adúlteros los juzgará Dios" (Hebreos 13:4). La Escritura nunca dice lo que se le permite hacer a un esposo y su esposa sexualmente hablando, así que ¿cómo podemos saber si algo es permisible sexualmente entre un esposo y su esposa? La Biblia nos da principios generales con respecto al sexo dentro del matrimonio:

1. *El sexo debe honrar a Dios*: nuestro cuerpo está diseñado para glorificar al Señor, no para que nuestras pasiones lo controlen y tampoco para usarlo para la inmoralidad sexual (1 Corintios 6:12-13). *Por tanto, glorifiquen a Dios en su cuerpo* (1 Corintios 6:20).
2. *El sexo debe ser exclusivo*: el sexo es solamente entre un esposo y su esposa (1 Corintios 7:2).
3. *El sexo debe ser amoroso y orientado al otro*: 1 Corintios 7:3-4 enseña: *Que el marido cumpla su deber para con su mujer, e igualmente la mujer lo cumpla con el marido. La mujer no tiene autoridad sobre su propio cuerpo, sino el marido. Y asimismo el marido no tiene autoridad sobre su*

propio cuerpo, sino la mujer. Cada cónyuge cede amorosamente su cuerpo al otro.

4. *El sexo matrimonial sucede regularmente: No se priven el uno del otro, excepto de común acuerdo y por cierto tiempo, para dedicarse a la oración. Vuelvan después a juntarse, a fin de que Satanás no los tiente por causa de falta de dominio propio* (1 Corintios 7:5).

5. *El sexo matrimonial une*: la intimidad sexual une a un esposo y su esposa (1 Corintios 7:5) y solidifica el aspecto de "una carne" del matrimonio, no solo físicamente sino también en lo emocional, intelectual, espiritual y de cualquier otra manera.

Si el acto sexual en cuestión satisface estos principios, y tanto el esposo como la esposa acuerdan amarse el uno al otro de esta forma, no hay caso bíblico para declarar que sea pecado. El principio del "consentimiento mutuo" aplica a abstenerse del sexo (1 Corintios 7:5) y a cualquier cosa que se haga sexualmente dentro del matrimonio. Ningún cónyuge debería ser coaccionado a hacer algo con lo que él o ella no se sienta completamente cómodo o piense que está mal. Si un esposo y su esposa acceden ambos a querer intentar algo (por ej., sexo oral, distintas posiciones, juguetes sexuales, etc.), entonces la Biblia no da razón alguna por la que no puedan hacerlo.

Hay algunas cosas, sin embargo, que nunca son permisibles para una pareja casada. La práctica del "intercambio" o "incluir a un tercero" (tríos, cuartetos, etc.) es adulterio (Gálatas 5:19; Efesios 5:3; Colosenses 3:5; 1 Tesalonicenses 4:3). El adulterio es pecado, incluso si el cónyuge lo permite, aprueba o participa en él. Ver pornografía es otra práctica que debe estar fuera de los límites para una pareja casada. La pornografía apela a la "pasión de la carne" y "la pasión de los ojos" (1 Juan 2:16) y, por lo tanto, es condenada por Dios.

La Escritura proporciona gran libertad en la intimidad de la pareja casada. Mientras las prácticas sexuales de una pareja sean honorables a Dios, exclusivas, amorosas, orientadas al otro, unificadoras y mutuamente acordadas, llevan la bendición de Dios.

93. ¿QUÉ DICE LA BIBLIA SOBRE EL MATRIMONIO INTERRACIAL?

La Ley del Antiguo Testamento ordenaba que los israelitas no tuvieran matrimonios interraciales (Deuteronomio 7:3-4). Sin embargo, el motivo de este mandato no era el color de la piel o la etnia, sino religioso. Dios ordenó a los judíos que no tuvieran matrimonios interraciales porque los extranjeros adoraban a dioses falsos. Los israelitas podrían desviarse si se casaban con adoradores de ídolos, paganos o impíos. Eso es exactamente lo que ocurrió en Israel, según Malaquías 2:11.

Encontramos un principio similar de pureza espiritual en el Nuevo Testamento, pero no tiene nada que ver con la raza: *No estén unidos en yugo desigual con los incrédulos, pues ¿qué asociación tienen la justicia y la iniquidad? ¿O qué comunión la luz con las tinieblas?* (2 Corintios 6:14). Así como a los israelitas (creyentes en un solo Dios verdadero) se les ordenó no casarse con idólatras, también a los cristianos (creyentes en el único Dios verdadero) se les ordena que no se casen con incrédulos. La Biblia nunca dice que el matrimonio interracial esté mal. Cualquiera que prohíba el matrimonio interracial lo está haciendo sin autoridad bíblica.

Como destacó Martin Luther King Jr., se debería juzgar a una persona por su carácter y no por su color de piel. No hay lugar en la vida del cristiano para un favoritismo basado en la raza (Santiago 2:1-10). De hecho, la perspectiva bíblica es que hay solo una "raza", la raza humana, donde todos somos descendientes de Adán y Eva. A la hora de escoger pareja, un cristiano debería averiguar primero si el posible cónyuge ha nacido de nuevo por la fe en Jesucristo (Juan 3:3-5). La fe en Cristo, no el color de la piel, es el estándar bíblico para escoger pareja. El matrimonio interracial no está ni bien ni mal, sino que es un asunto de oración y decisión personal.

Una pareja que esté pensando en el matrimonio tiene que sopesar varios factores. Aunque la diferencia en el color de piel o la etnia no se debería ignorar, no debiera ser en modo alguno el factor determinante para si la pareja decide casarse o no. Una pareja interracial puede sufrir discriminación y ridículo, y deberían estar preparados para responder a tales prejuicios de manera bíblica, pero el matrimonio es honorable entre todos (Hebreos 13:4). Además, "porque no hay distinción entre judío y griego, pues el mismo Señor es Señor de todos, abundando en riquezas para todos los que le invocan" (Romanos 10:12). Un matrimonio cristiano interracial puede ser una poderosa ilustración de nuestra igualdad y unidad en Cristo.

94. ¿QUÉ DICE LA BIBLIA SOBRE EL DIVORCIO Y VOLVER A CASARSE?

En primer lugar, al margen de la postura que cada uno tome con respecto al divorcio, es importante recordar Malaquías 2:16: *"Porque Yo detesto el divorcio", dice el Señor, Dios de Israel*. Según la Biblia, el matrimonio es un compromiso de por vida. *Así que ya no son dos, sino una sola carne. Por tanto, lo que Dios ha unido, ningún hombre lo separe* (Mateo 19:6). Dios comprende, sin embargo, que como los matrimonios se componen de dos seres humanos pecadores, los divorcios ocurrirán. En el Antiguo Testamento Él estableció algunas leyes para proteger los derechos de los divorciados (Deuteronomio 24:1-4). Jesús destacó que esas leyes se dieron por la dureza de corazón de las personas, y no porque tales leyes fueran el deseo de Dios (Mateo 19:8).

La controversia con respecto a si divorciarse y volver a casarse está permitido según la Biblia gira en torno a las palabras de Jesús en Mateo 5:32 y 19:9. La frase "a no ser por causa de infidelidad" es lo único en la Escritura que podría dar el permiso de Dios para el divorcio y volver a casarse. Muchos intérpretes entienden que esta "cláusula de excepción" se refiere a la infidelidad matrimonial durante el periodo de compromiso. En la costumbre judía, a un hombre y una mujer se les consideraba casados incluso mientras estaban aún en el noviazgo o ya comprometidos. Según esta idea, la inmoralidad durante este periodo de compromiso sería la única razón válida para un divorcio.

Sin embargo, la palabra griega traducida como "infidelidad" es una palabra que puede significar cualquier forma de inmoralidad sexual. Se puede referir a fornicación, prostitución, adulterio, etc. Jesús posiblemente esté diciendo que el divorcio es permisible si se comete inmoralidad sexual. Las relaciones sexuales son una parte integral del vínculo marital: "los dos serán una sola carne" (Génesis 2:24; Mateo 19:5; Efesios 5:31); por lo tanto, cualquier ruptura de ese vínculo mediante relaciones sexuales fuera del matrimonio podría ser una razón permisible para el divorcio. De ser así, Jesús también tenía en mente el nuevo matrimonio en este pasaje. La frase "y se case con otra" (Mateo 19:9) indica que el divorcio y volver a casarse están permitidos en una ocurrencia de la cláusula de excepción, al margen de cómo se interprete la misma. Es importante notar que solo la parte inocente puede volver a casarse. Aunque no lo dice en el texto, parece implicar que el permiso para volver a casarse después del divorcio es un acto de la misericordia de Dios con la parte que sufrió la infidelidad, no con el que la cometió. Puede que haya ocasiones en las que a la parte culpable se le permita volver a casarse, pero no son evidentes en el texto.

Algunos entienden 1 Corintios 7:15 como otra "excepción", permitiendo volver a casarse si un cónyuge no creyente se divorcia de un creyente. Sin embargo, el contexto no menciona volver a casarse, sino solo dice que un creyente no está atado a continuar en un matrimonio si un cónyuge creyente le quiere dejar. Otros afirman que el abuso (conyugal o infantil) es una razón válida para el divorcio, incluso aunque no esté escrito como tal en la Biblia. Aunque esto podría variar según el caso, nunca es sabio suponer algo fuera de la Palabra de Dios.

A veces, perdido en el debate sobre la cláusula de excepción está el hecho de que, al margen de lo que signifique "infidelidad", es una concesión para el divorcio, no una obligación. Incluso cuando se comete adulterio, una pareja puede, mediante la gracia de Dios, aprender a perdonar y comenzar a reconstruir su matrimonio. Dios nos ha perdonado mucho más. Claro está, podemos seguir su ejemplo e incluso perdonar el pecado de adulterio (Efesios 4:32). Sin embargo, en muchas ocasiones un cónyuge no se arrepiente y continúa en la inmoralidad sexual. Es ahí donde Mateo 19:9 posiblemente se aplique. Muchos buscan también volver a casarse rápidamente después de un divorcio cuando Dios quizá desee que se queden solteros. Dios a veces llama a las personas a quedarse solteras para que su atención no se divida (1 Corintios 7:32-35). Volver a casarse tras un divorcio podría ser una opción en algunas circunstancias, pero eso no significa que sea la única opción.

La Biblia deja bastante claro que Dios odia el divorcio (Malaquías 2:16) y que la reconciliación y el perdón deberían marcar la vida de un creyente (Lucas 11:4; Efesios 4:32). Sin embargo, Dios reconoce que el divorcio ocurrirá incluso entre sus hijos. Un creyente que se divorcia y se vuelve a casar no debería sentirse menos amado por Dios, aunque el divorcio y volver a casarse no esté cubierto por la posible cláusula de excepción de Mateo 19:9.

95. ¿CUÁL ES LA DIFERENCIA ENTRE TENER CITAS Y CORTEJAR?

Tener citas y cortejar son dos métodos de comenzar relaciones con el sexo opuesto. Aunque hay incrédulos que tienen citas con la intención de tener una serie de relaciones físicas íntimas, para los cristianos esto no es aceptable y no debería ser la razón para tener citas. Muchos cristianos ven las citas como algo más que una amistad y mantener el aspecto de la amistad de sus salidas hasta que ambas personas estén listas para comprometerse el uno con el otro como posible pareja matrimonial. Ante todo, tener citas es un tiempo en el que el cristiano descubre si su posible pareja para el matrimonio es también creyente en Cristo. La Biblia advierte que los creyentes y los no creyentes no deberían casarse entre sí, porque los que viven en la luz (de Cristo) y los que viven en tinieblas no pueden vivir en armonía (2 Corintios 6:14-15). Los cristianos que tienen citas deberían limitar su contacto físico entre ambos para evitar la tentación (1 Corintios 6:18-20).

Los que defienden el cortejo en lugar de las citas adoptan la posición de que la pareja no debería tener contacto físico en absoluto (sin tocarse, sin darse la mano, sin besarse) hasta el matrimonio. Muchos en una relación de cortejo no pasarán tiempo juntos a menos que estén también presente algunos familiares, preferiblemente los padres. Además, las parejas en cortejo dejan claro desde el principio que sus intenciones son ver si son una pareja compatible para el matrimonio. Los que defienden el cortejo afirman que este permite que las dos personas se conozcan verdaderamente el uno al otro en un entorno platónico sin la presión de la intimidad física o sin que las emociones nublen su visión.

Hay problemas inherentes en ambos enfoques de la relación. Para los que tienen citas, pasar tiempo a solas con alguien del sexo opuesto que les parece atractivo puede acarrearles tentaciones que sean difíciles de resistir. La pareja cristiana que tiene citas debe tener límites establecidos y comprometerse a no traspasarlos. Si les resulta difícil de hacer, deben dar pasos para asegurarse que Cristo sea honrado durante su tiempo juntos y que el pecado nunca tenga la oportunidad de entrar en su relación. Si la pareja que tiene citas sigue bajo la autoridad parental, entonces los padres deben estar involucrados, informados y disponibles.

El estilo de cortejo presenta su propio conjunto de dificultades. Mientras que muchos defensores del cortejo lo ven como la única opción para encontrar una pareja, otros lo consideran opresivo y excesivamente controlador. Además, puede ser difícil conocer a la "verdadera" persona detrás de la cara pública que se muestra frente a toda la familia. Nadie es igual en un entorno grupal que en una interacción uno a uno. Si una pareja nunca está sola, no tiene esa oportunidad de relacionarse uno a uno y conocerse en una intimidad emocional y espiritual. Además, algunas situaciones de cortejo han llevado a algo similar a un matrimonio arreglado, lo cual puede fomentar el resentimiento en la pareja.

Ni las citas ni el cortejo son obligatorios en la Escritura. Al final, el carácter cristiano y la madurez espiritual de la pareja son mucho más importantes que la naturaleza exacta de cómo y cuándo pasan tiempo juntos. El resultado del proceso, al margen del método que se utilice, debe ser hombres y mujeres cristianos piadosos que se casen y formen familias que honren a Dios. *Entonces, ya sea que coman, que beban, o que hagan cualquier otra cosa, háganlo todo para la gloria de Dios* (1 Corintios 10:31).

Es una trampa creer que la preferencia personal de uno, ya sea citas o cortejar, es la única manera. Menospreciar a quienes toman la opción opuesta es orgullo. La unidad del cuerpo de Cristo es algo por lo que debemos esforzarnos, sin importar las decisiones personales que otros tomen en cuestiones de relaciones sobre las cuales la Biblia guarda silencio.

96. ¿QUÉ DICE LA BIBLIA SOBRE EL SEXO ANTES DEL MATRIMONIO?

La Biblia condena claramente los pecados sexuales: adulterio (sexo consensuado entre una persona casada y alguien que no es su cónyuge) (Proverbios 6:32; cf. 1 Corintios 6:18 y Hebreos 13:4) y fornicación (inmoralidad sexual en general) se especifican (Mateo 15:19; Romanos 1:29; 1 Corintios 5:1). El sexo antes del matrimonio, o el sexo premarital, no se trata con ese término exacto, pero entra en el rango de inmoralidad sexual.

La Biblia enseña que el sexo antes del matrimonio es inmoral en un par de pasajes distintos. Uno es 1 Corintios 7:2, que dice: *No obstante, por razón de las inmoralidades, que cada uno tenga su propia mujer, y cada una tenga su propio marido*. En este versículo, el matrimonio se presenta como la protección ante la inmoralidad sexual. La unión sexual dentro del matrimonio, que se espera, va contra la inmoralidad, que se debe evitar. Así, cualquier sexo fuera del matrimonio se considera inmoral. Esto debe incluir el sexo premarital.

Otro versículo que presenta el sexo antes del matrimonio como inmoral es Hebreos 13:4: *Sea el matrimonio honroso en todos, y el lecho matrimonial sin deshonra, porque a los inmorales y a los adúlteros los juzgará Dios*. Aquí, tenemos tanto el adulterio como la fornicación contrastados con lo que ocurre en el lecho matrimonial. El matrimonio (y el coito sexual dentro del matrimonio) es honroso; todos los demás tipos de actividad sexual se condenan como inmorales y provocan el juicio de Dios.

Con base en estos pasajes, una definición bíblica de inmoralidad sexual tendría que incluir el sexo antes del matrimonio. Eso significa que todos los versículos bíblicos que condenan la inmoralidad sexual en general también condenan el sexo antes del matrimonio. Estos incluyen Hechos 15:20; 1 Corintios 5:1; 6:13, 18;

10:8; 2 Corintios 12:21; Gálatas 5:19; Efesios 5:3; Colosenses 3:5; 1 Tesalonicenses 4:3; Judas 1:7; y Apocalipsis 21:8.

Dios diseñó el sexo, y la Biblia honra el matrimonio. Parte de honrar el matrimonio es la promoción bíblica de la abstinencia completa antes del matrimonio. Cuando dos personas no casadas tienen relaciones sexuales, están profanando el buen regalo que Dios ha dado del sexo. Antes del matrimonio, una pareja no tiene una unión vinculante y no han entrado en un pacto sagrado; sin los votos matrimoniales, no tienen derecho a explotar la culminación de tales votos.

Demasiado a menudo nos enfocamos en el aspecto "recreativo" del sexo sin reconocer que hay otro aspecto: la procreación. El sexo dentro del matrimonio es placentero, y Dios lo diseñó de esa manera. Dios quiere que hombres y mujeres disfruten de la actividad sexual dentro de los límites del matrimonio. Cantar de los Cantares 4 y varios otros pasajes bíblicos (como Proverbios 5:19) describen el placer del sexo; sin embargo, la intención de Dios para el sexo incluye la procreación de hijos. Por lo tanto, que una pareja tenga relaciones sexuales antes del matrimonio es doblemente incorrecto: disfrutan placeres que no estaban destinados para ellos y están arriesgándose a crear una vida humana fuera de la estructura familiar que Dios diseñó para cada niño.

Aunque la practicidad no determina lo correcto o lo incorrecto, seguir las instrucciones de la Biblia sobre el sexo antes del matrimonio beneficiaría enormemente a la sociedad. Si se obedeciera el mensaje de la Biblia sobre el sexo antes del matrimonio, habría muchos menos casos de enfermedades de transmisión sexual, menos abortos, menos madres solteras y embarazos no deseados, y menos niños creciendo sin ambos padres en sus vidas. La abstinencia salva vidas, protege a los bebés, da el valor adecuado a las relaciones sexuales y, lo más importante, honra a Dios. El sexo entre un esposo y su esposa es la única forma de relaciones sexuales que Dios aprueba.

97. ¿QUÉ DICE LA BIBLIA SOBRE EL SEXO ORAL?

El sexo oral, también conocido como *cunnilingus*, cuando se realiza sobre las mujeres, y *felación* cuando se realiza sobre los hombres, no se menciona en la Biblia. Hay dos preguntas principales que se hacen con respecto al sexo oral: (1) "¿El sexo oral es pecado si se hace antes del matrimonio?" y (2) "¿El sexo oral es pecado si se hace dentro del matrimonio?". Aunque la Biblia no trata específicamente ninguna de estas preguntas, hay principios bíblicos que se pueden aplicar.

¿EL SEXO ORAL ES PECADO SI SE HACE ANTES O FUERA DEL MATRIMONIO?

Esta pregunta es cada vez más común, ya que a los jóvenes se les ha dicho que el sexo oral realmente no es sexo, y porque el sexo oral se promueve como una alternativa más segura al coito (no hay riesgo de embarazo, y menos riesgo de contraer enfermedades de transmisión sexual).[1] ¿Qué dice la Biblia? Efesios 5:3 declara: *Pero que la inmoralidad, y toda impureza o avaricia, ni siquiera se mencionen entre ustedes, como corresponde a los santos*. La definición bíblica de *inmoralidad* es cualquier forma de conducta sexual fuera del matrimonio (ver 1 Corintios 7:2). Según la Biblia, todo el sexo se debe reservar para el matrimonio (Hebreos 13:4). Punto. Por lo tanto, sí, el sexo oral es siempre pecado si se hace antes o fuera del matrimonio.

¿EL SEXO ORAL ES PECADO SI SE HACE DENTRO DEL MATRIMONIO?

Muchas parejas casadas cristianas han hecho esta pregunta. La Biblia no dice en ningún lugar de forma específica lo que está permitido y lo que no sexualmente entre un esposo y su esposa. Por supuesto, cualquier actividad sexual que contemple a otra persona (intercambio, tríos, etc.) o lujuria por otra persona (pornografía) es pecaminoso. Aparte de estas dos restricciones, ¿cómo podemos saber si algo es sexualmente permitido entre un esposo y su esposa?

1. *El sexo debe honrar a Dios*: nuestros cuerpos están diseñados para glorificar al Señor, no para que nuestras pasiones lo controlen y tampoco para usarlo para la inmoralidad sexual (1 Corintios 6:12-13). *Por tanto, glorifiquen a Dios en su cuerpo* (1 Corintios 6:20).
2. *El sexo debe ser exclusivo*: el sexo es solamente entre un esposo y su esposa (1 Corintios 7:2).
3. *El sexo debe ser amoroso y orientado al otro*: 1 Corintios 7:3-4 enseña: *Que el marido cumpla su deber para con su mujer, e igualmente la mujer lo cumpla con el marido. La mujer no tiene autoridad sobre su propio cuerpo, sino el marido. Y asimismo el marido no tiene autoridad sobre su propio cuerpo, sino la mujer.* Cada cónyuge cede amorosamente su cuerpo al otro.
4. *El sexo matrimonial sucede regularmente*: *No se priven el uno del otro, excepto de común acuerdo y por cierto tiempo, para dedicarse a la oración. Vuelvan después a juntarse, a fin de que Satanás no los tiente por causa de falta de dominio propio* (1 Corintios 7:5).
5. *El sexo matrimonial une*: la intimidad sexual une a un esposo y su esposa (1 Corintios 7:5) y solidifica el aspecto de "una carne" del matrimonio, no solo en lo físico, sino en lo emocional, intelectual, espiritual y de cualquier otra manera.

El sexo oral antes del matrimonio es definitivamente un pecado. Es inmoral. No es una alternativa bíblicamente aceptable al coito para las personas no casadas. Dentro de los confines del matrimonio, el sexo oral está libre de pecado si honra a Dios, es exclusivo, amoroso, orientado al otro, unificador y mutuamente consentido.

98. MASTURBACIÓN, ¿ES PECADO SEGÚN LA BIBLIA?

La Biblia no menciona la masturbación o la autogratificación, o "sexo a solas" como a veces se le llama. En su silencio sobre el tema, la Biblia no indica si la masturbación es un pecado o no.

Un pasaje que se asocia frecuentemente con la masturbación es la historia de Onán en Génesis 38:9-10. Algunos interpretan este pasaje diciendo que "derramar semen" es un pecado. Sin embargo, eso no es lo que el pasaje está indicando. Dios condenó a Onán no por derramar su semen, sino porque fue rebelde. Onán se negó a cumplir su deber de dar un heredero a su hermano fallecido. Este pasaje no trata sobre la masturbación, sino sobre cumplir con una obligación familiar.

Un segundo pasaje que a veces se usa como evidencia de que la masturbación es pecado es Mateo 5:27-30. Jesús habla contra tener pensamientos lascivos y después dice: *Y si tu mano derecha te hace pecar, córtala y tírala.* Aunque a menudo hay una conexión entre los pensamientos de lujuria y la masturbación, es improbable que Jesús estuviera aludiendo al pecado concreto de la masturbación en este pasaje.

Aunque la Biblia no habla en ningún lugar de manera explícita sobre la masturbación, sí que destaca el propósito del sexo. Según 1 Corintios 7:2-5: *No obstante, por razón de las inmoralidades, que cada uno tenga su propia mujer, y cada una tenga su propio marido. Que el marido cumpla su deber para con su mujer, e igualmente la mujer lo cumpla con el marido. La mujer no tiene autoridad sobre su propio cuerpo, sino el marido. Y asimismo el marido no tiene autoridad sobre su propio cuerpo, sino la mujer. No se priven el uno del otro, excepto de común acuerdo y por cierto tiempo, para dedicarse a la oración. Vuelvan después a juntarse, a fin de que Satanás no los tiente por causa de falta de dominio propio.* El pasaje tiene implícitas estas verdades:

- El plan de Dios para el sexo requiere una relación, es decir, la de un esposo y su esposa (v. 2). La masturbación es sexo desconectado de una relación.
- Algo fundamental para el plan de Dios para el sexo es entregar el cuerpo al otro (v. 4). La masturbación es conservar el cuerpo para uno mismo.
- La solución para un tiempo de privación es "vuelvan después a juntarse" (v. 5). La masturbación se hace a solas, no juntos.

Primera de Corintios 7:9 identifica la salida adecuada para las personas solteras que luchan con el deseo sexual: *Pero si carecen de dominio propio, cásense. Que mejor es casarse que quemarse.* Pablo sugiere que el autocontrol es el mejor camino. A los solteros que carecen de autocontrol, Pablo no dice: "Que se masturben"; dice: "Cásense". Nuevamente, el matrimonio es la salida dada por Dios para los anhelos sexuales.

Los que creen que la masturbación no tiene importancia moral o ética argumentan que la masturbación es una "necesidad" parecida a la necesidad de comer o la necesidad de rascarse ante un picor. Sin embargo, la Biblia nunca presenta la satisfacción sexual como una necesidad. Por el contrario, Pablo dice a los no casados: "es mejor quedarse sin casar" (1 Corintios 7:8, NTV).

Ciertas acciones a menudo asociadas con la masturbación son pecaminosas y se deberían tratar: pensamientos lascivos, estimulación sexual inapropiada y uso de pornografía, por ejemplo. Si estos problemas se tratan, la masturbación se convierte en una tentación menos fuerte. Muchas personas lidian con la culpa con respecto a la masturbación, cuando en realidad harían mejor arrepintiéndose de los pecados que los llevan a masturbarse.

Entonces, ¿la masturbación es pecado? La Biblia no responde directamente esta pregunta, pero hay definitivamente algunos principios bíblicos que podemos aplicar:

1. *Entonces, ya sea que coman, que beban, o que hagan cualquier otra cosa, háganlo todo para la gloria de Dios* (1 Corintios 10:31). Si no podemos dar a Dios la gloria por algo, no deberíamos hacerlo.
2. *Todo lo que no procede de fe, es pecado* (Romanos 14:23). Si no estamos plenamente convencidos de que una actividad es honorable ante Dios, es pecado.
3. *Pero yo no me dejaré dominar por ninguna* (1 Corintios 6:12). Los cristianos tienen la responsabilidad de evitar cualquier cosa que pudiera esclavizarlos.
4. *Disciplino mi cuerpo [...] lo entreno para que haga lo que debe hacer* (1 Corintios 9:27, NTV). Negarse a uno mismo es difícil, pero la autodisciplina vale la pena.
5. *Pero el fruto del Espíritu es [...] dominio propio* (Gálatas 5:22-23). La masturbación casi siempre es una señal de *falta* de dominio propio.
6. *Y no satisfagáis los deseos de la carne. Porque el deseo de la carne es contra el Espíritu, y el del Espíritu es contra la carne; y estos se oponen entre sí, para que no hagáis lo que quisiereis* (Gálatas 5:16-17, RVR-60). Somos llamados a negarnos a nosotros mismos, no a la autogratificación.

Estas verdades deberían tener un impacto sobre lo que hacemos con nuestro cuerpo. A la luz de los principios anteriores, es dudoso que la masturbación sea una actividad que honre a Dios. Si la masturbación se pudiera hacer sin...

- lujuria en el corazón
- pensamientos inmorales
- pornografía
- autogratificación de la carne
- plena seguridad de que es bueno y correcto
- dar gracias a Dios...

entonces quizá sería permisible. Pero esas especificaciones parecen negar el sentido y propósito mismo de la masturbación.

99. ¿QUÉ DICE LA BIBLIA SOBRE LA PORNOGRAFÍA?

Con gran diferencia, los términos más buscados en el internet están relacionados con la pornografía. La pornografía está creciendo aceleradamente en el mundo de hoy. Satanás ha tenido éxito pervirtiendo el regalo de Dios del sexo quizá más que cualquier otro buen regalo de Dios. Satanás ha tomado lo que es bueno y correcto (sexo verdadero entre un esposo y su esposa) y lo ha reemplazado por lujuria, pornografía y otros pecados. La pornografía puede ser el primer paso en una cuesta resbaladiza de adicción sexual y deseos impuros (ver Romanos 6:19). La naturaleza adictiva de la pornografía está bien documentada.

Las tres categorías principales de pecado son la lujuria de la carne, la lujuria de los ojos y el orgullo de la vida (1 Juan 2:16). La pornografía hace que los usuarios tengan deseos según la carne, y es innegablemente lujurioso para los ojos. La pornografía no está entre una de las cosas en las que debemos pensar, según Filipenses 4:8. La pornografía es adictiva, y no debemos dejarnos dominar por nada (1 Corintios 6:12; 2 Pedro 2:19). La lujuria en la mente, que es la esencia de la pornografía, es ofensiva para Dios (Mateo 5:28) y destructiva (ver Proverbios 6:25-28; Efesios 4:19).

Para los que están metidos en pornografía, Dios puede dar la victoria, y de hecho la dará, a los que le buscan. ¿Estás atrapado en la pornografía y deseas liberarte de ella? Estos son algunos pasos hacia la victoria:

1. Confiesa tus pecados a Dios (1 Juan 1:9).
2. Pide a Dios que limpie, renueve y transforme tu mente (Romanos 12:2).
3. Pide a Dios que llene tu mente de cosas que sean verdaderas, honorables, justas, puras, amorosas y elogiables (Filipenses 4:8), y consume noticias que se puedan describir así.
4. Aprende a poseer tu cuerpo en santidad (1 Tesalonicenses 4:3-4).
5. Entiende el sentido correcto del sexo y confía solo en tu cónyuge para suplir esa necesidad (1 Corintios 7:1-5).
6. Sé consciente de que si andas en el Espíritu, no cumplirás los deseos de la carne (Gálatas 5:16).
7. Da pasos prácticos para reducir tu exposición a las imágenes pornográficas. Instala bloqueadores de pornografía en tu computadora, limita el uso de televisión y video, y encuentra a otro cristiano que ore por ti y te ayude rindiéndole cuentas.

Puedes encontrar libertad de la esclavitud de la pornografía. El plan de Dios para tu vida, incluyendo su deseo para tu sexualidad, es mucho mejor que cualquier seducción que te ofrezca el pecado.

100. ¿QUÉ ES EL AMOR ÁGAPE?

La palabra griega *ágape* a menudo se traduce como "amor" en el Nuevo Testamento. ¿En qué se diferencia el "amor ágape" de otro tipo de amor? La esencia del amor ágape es buena voluntad, benevolencia y deleite voluntario en el objeto de dicho amor. A diferencia de nuestra palabra *amor* en español, *ágape* no se usa en el Nuevo Testamento para referirse al amor romántico o sexual. Tampoco se refiere a una amistad cercana o al amor fraternal, para lo cual en griego se usa la palabra *filia*. El amor ágape conlleva fidelidad, compromiso y un acto de la voluntad. Se distingue de otros tipos de amor por su elevada naturaleza moral y carácter fuerte. El amor ágape está descrito de manera hermosa en 1 Corintios 13.

Fuera del Nuevo Testamento, la palabra *ágape* se usaba en varios contextos, pero en la gran mayoría de los casos en el Nuevo Testamento conlleva un significado característico. *Ágape* casi siempre se usaba para describir el amor que es de Dios y que viene de Dios, cuya naturaleza es el amor mismo: *Dios es amor* (1 Juan 4:8). Dios no solo ama; Él *es* amor. Todo lo que Dios hace fluye de su amor. *Ágape* también se usaba para describir nuestro amor por Dios (Lucas 10:27), un respeto fiel del siervo hacia su amo (Mateo 6:24) y el apego del hombre a cosas (Juan 3:19).

El tipo de amor que caracteriza a Dios no es un sentimiento cursi o sentimental como el que a menudo escuchamos. Dios ama porque esa es su naturaleza y la expresión de su ser. Él ama a los que no son amables ni atractivos, no porque nos merezcamos ser amados o por alguna excelencia que poseamos, sino porque su naturaleza es amar y Él tiene que ser fiel a su naturaleza.

El amor ágape siempre se muestra mediante lo que hace. El amor de Dios se mostró de la forma más clara en la cruz. *Pero Dios, que es rico en misericordia, por causa del gran amor con que nos amó, aun cuando estábamos muertos en nuestros delitos, nos dio vida juntamente con Cristo (por gracia ustedes han sido salvados)* (Efesios 2:4-5). No merecíamos un sacrificio así, "pero Dios demuestra su amor para con nosotros, en que siendo aún pecadores, Cristo murió por nosotros" (Romanos 5:8). El amor ágape de Dios es inmerecido, misericordioso, y busca constantemente el beneficio de aquel a quien ama. La Biblia dice que somos los receptores inmerecidos de su gran amor ágape (1 Juan 3:1). La demostración de Dios del amor ágape llevó al sacrificio del Hijo de Dios por aquellos que amaba.

Tenemos que amar a otros con amor ágape, al margen de que sean creyentes (Juan 13:34) o enemigos amargos (Mateo 5:44). Jesús nos dio la parábola del buen samaritano como un ejemplo de sacrificio por causa de otros, incluso por los que no se preocupan en absoluto por nosotros. El amor ágape según lo modeló Cristo no está basado en un sentimiento; más bien es un acto decidido de la voluntad, una gozosa decisión de poner el bienestar de otros por encima del nuestro.

El amor ágape no es algo que nos sale de modo natural. Debido a nuestra naturaleza caída, somos incapaces de producir este amor. Si tenemos que amar como Dios ama, ese amor, ese *ágape*, solo puede venir de su Fuente. Este es el amor que "ha sido derramado en nuestros corazones por medio del Espíritu Santo que nos fue dado" cuando nos convertimos en sus hijos (Romanos 5:5; cf. Gálatas 5:22). *En esto conocemos el amor: en que Él puso Su vida por nosotros. También nosotros debemos poner nuestras vidas por los hermanos* (1 Juan 3:16). Gracias al amor de Dios hacia nosotros, somos capaces de amarnos unos a otros.

NOTAS

Sección 2: Preguntas acerca de la salvación

1. C. *H. Spurgeon's Autobiography*, ed. W. J. Harrald, vol. 1, 1834-1854 (London: Passmore and Alabaster, 1897), p. 175.

Sección 4: Preguntas acerca de teología

1. William Smith, *Smith's Bible Dictionary*, rev. ed. (United States: Thomas Nelson Incorporated, 2004).

Sección 6: Preguntas acerca del Antiguo Testamento

1. Marco Polo, *The Travels of Marco Polo*, ed, Milton Rugoff, trans. William Marsden (Nueva York: Signet Classics, 1961), pp. 158-159.

2. Frederick Buechner, *The Magnificent Defeat* (San Francisco: HarperOne,1985), p. 18.

Sección 8: Preguntas acerca de religiones, sectas y cosmovisiones

1. Edward J. Hanna, "Purgatory", en la Enciclopedia católica, eds. Charles G. Herbermann et al. (Nueva York: Robert Appleton Company, 1913), 12:575.

2. Bruce R. McConkie, *Mormon Doctrine* (Salt Lake City, UT: Bookcraft, 1966), p. 670.

3. "Scriptures," en la Iglesia de Jesucristo de los santos de los últimos días, *Gospel Principles* (Salt Lake City, UT: Iglesia de Jesucristo de los santos de los últimos días, 2011).

4. McConkie, *Mormon Doctrine,* p. 321.

5. Joseph Smith, *Teachings of the Prophet Joseph Smith* (Salt Lake City, UT: Deseret Book Company, 1977), p. 345.

6. McConkie, *Mormon Doctrine,* p. 348.

7. Ver también McConkie, *Doctrina mormona,* p. 547.

8. Ver también *Enseñanzas del profeta Joseph Smith,* pp. 345–354.

9. Robert J. Matthews, *Bible Dictionary,* p. 697.

10. "Master Mason", The Grand Lodge of Ohio, consultado en línea el 15 de noviembre de 2022, www.freemason.com/master-mason.

11. R. W. Donald Gardner Hicks, Jr., "Masonry: Faith, Hope and Charity", *Proceedings,* 2004-2094.

12. "Text of President Bush's 2002 State of the Union Address", The Washington Post, 29 de enero, 2002, https://www.washingtonpost.com/wp-srv/onpolitics/transcripts/sou012902.htm.

13. Para la historia completa de la conversión de los Sawi, así como una exposición de la reforma cultural relativa a las misiones, consultar el libro de Don Richardson *Peace Child.*

Sección 9: Preguntas acerca del pecado

1. Amanda Dixon, "Vices like drinking, smoking and gambling cost Americans more than $2,400 per year ", Bankrate, 12 de diciembre de 2019, https://www.bankrate.com/surveys/financial-vices-december-2019/.

2. John C. Willke, "Fact #8: Less than 1% of all abortions are performed to save the life of a mother", AbortionFacts.com, consultado en línea el 24 de mayo de 2023, https://www.abortionfacts.com/facts/8#cite-1. (Ver la tabla titulada "Why Women Choose Abortion").

3. Landrum Shettles y David Rorvik, *Rites of Life* (Grand Rapids, MI: Zondervan Publishing House, 1983), p. 129.

4. Dr. Irving Cushner, "Testimony before the Senate Judiciary Committee's Subcommittee on the Constitution of the United States on October 14, 1981", como se cita en *The Village Voice*, 16 de julio de 1985.

5. "Dublin Declaration on Maternal Healthcare", Dublin Declaration on Maternal Health, septiembre de 2012, https://www.dublindeclaration.com /.

6. Micaiah Bilger, "30,000 Doctors Say: 'Abortion is Never Medically Necessary to Save a Mother's Life'", LifeNews, 5 de marzo de 2019, https://www.lifenews.com/2019/03/05/30000-doctors-say-abortion-is-never-medically-necessary-to-save-a-mothers-life/.

Sección 10: Preguntas acerca de la sexualidad

1. Aunque el sexo oral es más seguro que la penetración sexual en cuanto a las enfermedades de transmisión sexual, definitivamente no es seguro. Clamidia, gonorrea, herpes, VIH/SIDA y otras ETS pueden transmitirse a través del sexo oral.

RECONOCIMIENTOS

Este libro está dedicado al equipo de *Got Questions Ministries*. Sin su arduo trabajo, compromiso y pasión, este ministerio no sería posible. Por lo tanto, gracias a Melissa Houdmann, Elizabeth DeVore, Kevin Stone, Gwen Sellers, Dianna Merrill, Jeff Laird, Athalia Bufano, Robin Bower, Tiffany Shelton y Nelson Domingues. Gracias también a las más de ochocientas personas que han servido como voluntarios respondiendo preguntas para GotQuestions.org en los últimos veintidós años. El personal y los voluntarios de *Got Questions Ministries* han contribuido en gran medida a este libro en la redacción y edición. GotQuestions.org nunca ha sido, ni será, el esfuerzo de una sola persona. Sobre todo, ¡a Dios sea la gloria; grandes cosas ha hecho!

Porque de Él, por Él y para Él son todas las cosas.
A Él sea la gloria para siempre. Amén.
–Romanos 11:36

ACERCA DEL AUTOR

Shea Michael Houdmann es el presidente, CEO y fundador de *Got Questions Ministries*, la organización matriz de GotQuestions.org, uno de los sitios web cristianos más visitados del mundo, con más de mil seiscientos millones de visitas en 22 años. Con GotQuestions.org habiendo recibido más de un millón de preguntas de personas de todo el mundo, Shea tiene un profundo entendimiento de las preguntas que realmente se está haciendo la gente. Ha obtenido una maestría en teología cristiana del Seminario Teológico de Calvary y una maestría en teología con énfasis en apologética del Seminario Teológico de Dallas. Actualmente, también está cursando un doctorado en ministerio en el Seminario Teológico de Dallas. En su tiempo libre, Shea disfruta de los deportes, el senderismo, el manejo a campo traviesa, el cine y pasar tiempo con su pastor alemán.